ESQUISSE

DE

L'ÉTAT D'ALGER.

IMPRIMERIE DE GAULTIER-LAGUIONIE,
RUE DE GRENELLE-SAINT-HONORÉ, N° 55.

ESQUISSE
DE
L'ÉTAT D'ALGER,

CONSIDÉRÉ

SOUS LES RAPPORTS POLITIQUE, HISTORIQUE ET CIVIL;

CONTENANT

Un tableau statistique sur la Géographie, la Population, le Gouvernement, les Revenus, le Commerce, l'Agriculture, les Arts, les Manufactures, les Tribus, les Mœurs, les Usages, le Langage, les Événemens politiques et récens de ce pays;

Par William Shaler,
Consul-général des États-Unis à Alger.

TRADUIT DE L'ANGLAIS, ET ENRICHI DE NOTES,

PAR M. X. BIANCHI,
SECRÉTAIRE-INTERPRÈTE DU ROI,
Membre de la commission centrale de la Société géographique de Paris, membre des Sociétés asiatiques de Paris et Londres,

AVEC

Un plan d'Alger, du port, des fortifications, et d'une partie de la rade; dressé d'après d'anciens documens authentiques et des renseignemens récens,

COMMUNIQUÉS

PAR M. X. B.,
Adjoint à la mission de M. le contre-amiral, comte de la Bretonnière auprès de la régence d'Alger, en juillet 1829.

———oOo———

Paris,
LIBRAIRIE LADVOCAT,
PALAIS-ROYAL;
Marseille, CAMOIN, libraire;
Toulon, LAURENT, libraire.

1830.

PRÉFACE DU TRADUCTEUR.

Au moment où une expédition destinée à venger l'honneur national est sur le point de sortir des ports de France, et où les regards et l'attention de l'Europe entière se portent vers les rives de l'Afrique septentrionale, le public devait rechercher avec avidité les ouvrages qui traitent de cette contrée jadis célèbre, et depuis trois siècles le foyer de la piraterie.

Cet empressement peut seul expliquer le plus ou moins de succès des divers écrits qui, depuis deux mois, ont paru sur Alger, et dont l'un est déjà à sa troisième édition.

Quels que soient les titres de ces diverses brochures à la confiance du public, on ne peut disconvenir que la plupart de celles qui ont paru jusqu'à ce jour, ne sont en réalité que des extraits rédigés à la hâte d'ouvrages connus et depuis long-temps publiés sur la Barbarie.

Après le voyage du docteur Shaw, l'ouvrage de M. William Shaler, consul général des États-Unis à Alger dans ces dernières années, et publié à Boston en 1826, nous a paru devoir atteindre le but le plus important dans la circonstance présente, et c'est dans cette conviction que nous croyons être agréable au public en lui offrant cette traduction.

Rédigé sur les lieux et sous l'impression récente des événemens et des choses avec une exactitude et une impartialité remarquables, cet écrit donnera des notions précises sur l'état actuel du royaume et de la régence d'Alger, sur sa statistique, ses forces, ses revenus, ses ressources, ses rapports anciens et actuels avec les divers états de l'Europe, ainsi que sur les événemens militaires, sur la forme du gouvernement, le caractère des dominateurs et des habitans du pays.

Cet ouvrage se recommande particulièrement par la sagesse et l'impartialité de sa rédaction. Étranger aux préventions malheureusement trop communes aux personnes qui ont écrit sur ce pays, objet de tant de déclamations, l'auteur nous a paru un juge sévère, mais juste, du gouvernement et du caractère algérien. Observateur judicieux et impassible, il signale et flétrit les cruautés, les vices et l'ignorance, comme il fait connaître tout ce qui lui paraît digne d'éloge.

L'antiquité la plus reculée, dit M. Shaler, taxe les habitans de ce pays d'inconstance et de fourberie. Cette accusation n'est peut-être pas sans fondement de nos jours ; mais ils sont bien loin d'être ces farouches barbares dont le nom algérien semble réveiller l'idée. M. Shaler reconnaît dans leurs manières quelque chose de prévenant, et assure que, dans les relations ordinaires de la vie, il les a toujours trouvés civils, polis et humains.

Ce tableau de l'état d'Alger, écrit dans un style simple et concis, est divisé en sept chapitres qui offrent, sous les rapports politique, historique, géographique et civil, tout ce que dans la circonstance présente il importait le plus de connaître sur ce royaume.

Ce que l'auteur dit sur la position d'Alger, son étendue, ses fortifications et ses environs, dont il a attentivement exploré la topographie, sera, nous n'en doutons pas, apprécié par les officiers de l'armée et d'un grand secours pour la direction des opérations militaires. Ce livre contient également, sur les recettes et les dépenses annuelles de la régence, un état d'autant plus précieux, que M. Shaler le tient d'une personne qui a eu la facilité de compulser les registres, et qu'il en garantit l'authenticité.

L'ouvrage se recommande également par l'exposé des événemens politiques auxquels l'auteur a souvent pris une part active, et dont il indique l'origine et les véritables causes.

Entraîné par un sentiment de patriotisme, louable sans doute, M. Shaler a souvent exagéré l'importance des succès obtenus par la marine américaine sur la régence d'Alger, et qui en définitif se sont réduits à la prise de quelques armemens qui, sans doute, à la paix ont été restitués à la régence. Mais devait-il en conclure « que, « sans le consentement des États-Unis, jamais Al- « ger ne reprendrait son ancienne splendeur. » Qui pourrait le penser? C'est tout au plus ce qu'aurait pu dire avec plus de fondement Louis XIV, après avoir, à deux reprises différentes, détruit la marine algérienne et réduit leur ville en cendre; et l'Angleterre, après avoir brûlé tous les armemens algériens en 1816, et forcé la régence à demander la paix. Mais en livrant au public la traduction fidèle d'un ouvrage que nous regardons comme très utile dans la circonstance, nous croyons, pour ne pas multiplier les notes, devoir signaler à nos lecteurs des assertions hasardées et bien plus graves, que l'auteur se permet trop souvent pour critiquer amèrement la politique de la France avec Alger, sans apprécier ni sa position ni les embarras des circonstances. On ne peut voir sans peine cette teinte d'aigreur et de légèreté qui contraste d'une manière si frappante avec le sens et le bon esprit généralement répandu dans tout le cours de l'ouvrage. Un honorable citoyen des États-Unis comme M. Shaler n'aurait dû jamais oublier que c'est essentiellement à la France et à l'auguste famille des Bourbons que l'Amérique, sa patrie, doit son indépendance et sa liberté.

Au nombre des matériaux utiles que renferme l'appendice placé à la fin de l'ouvrage, se trouve une indication des poids et mesures d'Alger en rapport avec ceux de la France et de l'Angleterre. Pénétré de cette vérité, que les langues turque et arabe, quoique dominantes à Alger, ne sont pas celles que parlent les nombreuses tribus intérieures du royaume, M. Shaler a rendu un véritable service aux voyageurs en donnant, dans son appendice, des vocabulaires des langues chouiah, brebe, chellu et mozabi, qui complètent tout ce que Shaw, Chenier et Horneman nous avaient déjà fait connaître à cet égard.

Un journal tenu au consulat des États-Unis, et qui rend compte heure par heure des résultats de l'expédition de lord Exmouth en 1816, met le lecteur au courant des plus petits détails de cet événement remarquable, et complète l'ensemble des matériaux importans que renferme l'ouvrage de M. Shaler.

Riche de faits aussi intéressans que multipliés sur un pays qu'il nous importe tant de bien connaître, le livre de M. Shaler est, nous n'hésitons pas à le dire, celui dont la traduction pouvait le plus intéresser le public et satisfaire aux besoins du moment.

Quant à la transcription des mots arabes et turcs, répandus dans le cours de cet ouvrage, nous nous sommes efforcés, en nous conformant à l'orthographe française, de leur donner autant que possible leur véritable prononciation. Ce que nous disons ici s'applique également à l'orthographe des mots appartenant aux vocabulaires contenus dans l'appendice.

D'après la connaissance des localités et de plusieurs particularités relatives à cette régence, que nous avons été à même d'acquérir dans un voyage que nous avons fait l'été dernier à Alger, nous avons cru devoir ajouter quelques notes au texte de l'auteur, dans le double but d'exprimer notre opinion sur certains passages, et d'expliquer le sens de quelques mots peu connus des personnes qui n'ont pas fait une étude particulière des langues et de la littérature de l'Orient.

Le plan d'Alger, qui se trouve au commencement du volume, et auquel nous renvoyons souvent le lecteur, a été dressé sur d'anciens documens authentiques et des renseignemens que nous avons été à même de recueillir sur les lieux pendant notre dernier voyage à Alger.

Nous croyons, en terminant cette préface, devoir exprimer notre reconnaissance à M. Roux jeune professeur, très versé dans la langue et la littérature anglaises, qui a bien voulu nous seconder dans nos travaux et nous faciliter les moyens de mettre en peu de jours cette traduction à la disposition du public.

M. Shaler ne doute nullement de la possibilité

d'un débarquement sur la côte d'Alger. Ce consul, après avoir indiqué avec autant de clarté que de précision les moyens de se rendre maître des approches de la place, s'exprime d'une manière qui annonce une entière conviction et ne conçoit aucune difficulté. « La flotte, dit-il, « qui aurait débarqué les troupes, se montrerait « alors dans la baie pour détourner l'attention de « l'ennemi, et la ville capitulerait ou serait em- « portée d'assaut. »

Quelques jours encore, et le succès de la grande entreprise que le roi vient de confier au talent de nos généraux et au courage de nos soldats, justifiera, nous n'en doutons pas, l'heureuse prévision du consul américain.

PRÉFACE DE L'AUTEUR.

C'est avec toute la défiance d'un homme isolé et jusqu'ici étranger à des travaux littéraires, que l'auteur de ces Esquisses ose les exposer au jugement du public. L'absence d'un ouvrage qui donne une idée juste du pouvoir réel et de l'importance politique des pirates algériens; l'idée que peu d'autres personnes ont été aussi heureusement placées que lui pour connaître, d'une manière sûre, les faits dont il parle, et de faire remonter à leurs vraies causes plusieurs événemens remarquables, arrivés depuis qu'il réside dans cette ville, enfin l'influence que peut avoir, sur la prospérité du commerce américain dans la Méditerranée, la tolérance accordée à ces pirates : tels sont les motifs qui l'ont engagé à entreprendre ce travail.

Le résultat prouvera que le pouvoir effectif de ce gouvernement si redouté est tout-à-fait nul, ou du moins qu'il est bien au-dessous des prétentions qu'il a fait naître. En moins de cinquante années, les États-Unis ont donné la solution de plusieurs problèmes politiques du plus grand intérêt pour le genre humain. Ils ont aussi dépouillé le fantôme imposant de la barbarie de ses terreurs imaginaires, et livré à la risée des peuples, les fraudes à l'appui desquelles il s'était si long-temps maintenu. Il est probable que, sans leur consentement, jamais Alger ne reprendra son ancienne dignité.

L'auteur a été surtout aidé, dans la composition de ces Esquisses, par l'excellent ouvrage du docteur Shaw, sur les états de Barbarie. Il a aussi consulté avec fruit les recherches de Chénier sur les Maures, et les voyages d'Ali-Bey dans l'intérieur de l'Asie et de l'Afrique. Il regrette bien de n'avoir pas eu à sa disposition les voyages de Bruce, quoique, autant qu'il croit se le rappeler, ils ajoutent peu de lumières à ce que nous apprend le docteur Shaw. Les voyages de ce dernier dans les états de Barbarie et dans le Levant, sont, à son avis, le seul monument sur l'histoire naturelle et les antiquités du royaume d'Alger. Quoique les points géographiques, marqués dans sa relation, ne soient pas toujours très-exacts, cependant, à défaut d'un ouvrage où ils fussent mieux établis, on a préféré ces indications, avec d'autant plus de raison qu'il n'en faut pas davantage pour l'objet que se propose l'auteur, qui est de donner un simple aperçu géographique du pays. Les usages, les mœurs, les coutumes d'une société musulmane ne sont point sujets à ces révolutions si fréquentes qui altèrent celles de contrées plus civilisées. Aussi on doit croire que, sous ce rapport, il y a peu à changer aux écrits de cet écrivain.

L'objet premier du docteur Shaw était

la connaissance de la géographie, de l'histoire naturelle et des antiquités des états de Barbarie. Mais étranger à la science, autant que privé des moyens de faire des recherches certaines sur des objets aussi intéressans, l'auteur de ces Esquisses ne s'est proposé que de donner un tableau du pouvoir moral et politique d'Alger; et il ose croire que son ouvrage ne sera pas un supplément inutile à celui du docteur Shaw.

On pourrait croire qu'il aurait fallu dire quelque chose des autres états de Barbarie. Mais comme ils diffèrent essentiellement entr'eux pour la forme du gouvernement, qu'ils n'ont que très-peu de rapports dans la paix et dans la guerre, excepté ceux qu'établit une communauté de religion et de dépendance de la Porte, de laquelle le royaume de Maroc est seul excepté, l'auteur a cru devoir borner ses recherches aux états de la régence d'Alger.

Au moment où s'achevait la partie historique de ces Esquisses, il survint un événement qui occasionna une guerre de six mois avec la Grande-Bretagne. Pendant tout ce temps, il fut tenu, au consulat des États-Unis, un journal exact des moindres circonstances, un peu importantes, qui s'y rattachaient. Les événemens de cette guerre, la paix qui s'en suivit et ses effets, sont le meilleur commentaire que l'on puisse donner de la partie politique de ces Esquisses. On trouvera donc dans le dernier chapitre une copie de ce journal.

L'auteur demande grâce au public pour un certain air de vanité qu'il n'a pas pu éviter dans son récit. Seul, de tous les hommes, en position pour présenter ces faits avec exactitude, acteur principal dans les événemens qu'il raconte, par la force des circonstances, il devient le commentateur obligé de ses propres actions. Réduit à souvent parler de lui-même, il ne l'a jamais fait que comme représentant d'une nation, et le crédit que l'on voudra lui accorder, il le devra au respect qu'inspirent les États-

Unis par leur puissance et la loyauté de leur politique.

Pour ce qui est des documens authentiques insérés dans l'appendice, il ne croit pas avoir besoin d'excuse ou de commentaire, excepté pour l'extrait de Schœl sur la traite des nègres. Ce morceau y est inséré, non pas pour l'instruction des compatriotes de l'auteur qui peuvent trouver des notions plus justes dans l'excellent ouvrage de M. Walsh, mais pour faire voir quel est le point de vue sous lequel les peuples du continent de l'Europe ont envisagé la législation et les négociations de la Grande-Bretagne au sujet de cette question importante.

Persuadé que les différentes langues de ce pays offrent un sujet d'étude bien digne de l'attention des savans, l'auteur a placé dans l'appendice, comme moyen de comparaison avec le sien, tous les vocabulaires que d'autres écrivains ont publiés sur cette partie de l'Afrique. Quand les dialectes de

Siouah, de la petite Oasis, d'Angésa et des différentes tribus de Touarik auront été bien appréciés, ce que nous font espérer l'activité et les tentatives de plusieurs voyageurs anglais, l'auteur pourra proposer au jugement du public sa théorie sur la langue chouiah. Si elle était fondée, ce serait certainement une raison de prendre des mesures pour de plus profondes recherches et pour la conservation d'une langue aussi intéressante. Toujours guidé par cette pensée, l'auteur poursuivra ses recherches autant que lui permettront les circonstances et les moyens dont il peut disposer.

ESQUISSE

DE

L'ÉTAT D'ALGER.

CHAPITRE PREMIER.

Limites. — Étendue du royaume d'Alger. — Aspect général du pays. — Montagnes. — Climat. — Sol. — Animaux. — Productions naturelles. — Rivières. — Côtes. — Rades et ports. — Division politique. — Villes et population.

La partie de la Barbarie appelée royaume d'Alger, du nom de sa capitale, est bornée à l'ouest par l'empire de Maroc, au nord par la Méditerranée, à l'est, par le territoire de Tunis, et au sud par le Sahra, ou grand désert. Sa limite ouest est Trount, sur la Méditerranée. Cette place est à quarante lieues environ de la grande rivière de Moulouiah, ou Malva, et à 16' d'un degré ouest du méridien de Grenwich, qui est adopté dans les états barbaresques, comme le meilleur régulateur pour la longitude. La distance est d'environ 500 milles de ce point à Tabarca, sa limite Est située à l'embouchure de la petite rivière appelée Zaine, sous le 9° 16' longitude Est. La largeur en est plus incertaine, parce qu'on n'a jamais vérifié certains points au nord du grand désert.

Le docteur Shaw, celui de tous les géographes qui semble avoir le mieux connu cette matière, croit que sa largeur n'excède pas 40 milles à Tlemsen, Telmecen, et 60 à Alger, et qu'ainsi, pour la largeur, on peut prendre 60 milles, comme moyenne de la Méditerranée au désert de Sahra. Les Arabes désignent par le nom de Tell, ou terre labourable, la portion de pays qui n'est pas coupée par le désert. Mais il ne faut pas croire que les limites du désert soient bien déterminées, parce qu'elles sont coupées d'une infinité de montagnes, de marais et de plaines fertiles, qui, sur les cartes d'Afrique, reçoivent le nom de *Beled-el-djerid;* mais il faut les regarder comme un territoire peu connu jusqu'à ce qu'on ait fait des observations plus exactes. J'ai pris beaucoup d'informations auprès des voyageurs du pays, et sur leur témoignage, je serais tenté de lui assigner une plus grande largeur; mais ce ne sont pas là des recherches précises, capables de déterminer ces positions. Ce sont tout au plus de simples opinions, qui ne donnent pas le droit de contredire celle de ce célèbre voyageur.

Ainsi d'après ces données, le territoire d'Alger s'étend sur une surface d'environ 30,000 milles carrés. Le pays est montagneux, parcouru par des chaînes parallèles de l'Atlas, qui vont de l'ouest à l'est, d'où résulte une variété infinie de montagnes et de vallées. Les naturels assurent qu'aucune de ces montagnes n'est entièrement nue, et que leurs sommités sont habitées par les Cabylè* qui y trouvent des terres labourables pour fournir à leur subsistance et des pâturages pour la nourriture de leurs troupeaux. La partie habitable de ce beau pays, située entre le 34° et le 37° degrés de latitude nord, jouit d'une température saine et agréable, sans chaleurs accablantes en été, ni froids insupportables en hiver. Cependant, comme exception à cette remarque, on doit dire que les vents qui viennent du Sahra, et qui soufflent

* Ou *Cabail*. Ce mot qui est arabe signifie tribut, peuplade, et désigne particulièrement une des races aborigènes de l'Afrique septentrionale. N. du T.

quelquefois pendant quatre ou cinq jours dans l'été, font monter le mercure à cent huit degrés, dans le thermomètre de Farenheit. D'avril à septembre, le vent est ordinairement très-humide, mais sans pluie. De novembre à avril règne la saison des pluies. Quelquefois il y a des pluies excessives en novembre et décembre. Janvier et février sont ordinairement de beaux mois. Année commune, la quantité de pluie qui y tombe s'élève de 24 à 28 pouces.

Le sol de cette partie de l'Afrique n'a rien perdu de sa fécondité autrefois si renommée. Sa couleur varie : elle est noire dans certaine partie, rouge, dans d'autres; mais c'est partout la même fertilité, parce qu'elle est fortement imprégnée de nitre et de sel. La culture presque unique du pays c'est l'orge et le blé. Sur un acre de terre, on sème ordinairement cinq picotins, et il produit de 8 à 12 pour un, malgré le peu de développement de l'agriculture. Le blé d'Alger est d'une espèce commune, la farine qu'on en tire ressemble assez à du sable, et se pétrit difficilement; mais le pain en est excellent. Dans les marchés d'Italie, il obtient généralement la préférence, parce qu'on en fait le meilleur macaroni et les meilleures pâtes. D'anciens écrivains nous représentent cette partie de l'Afrique comme dégarnie de forêts. Rien n'y est changé aujourd'hui. Ce que l'on trouve le plus difficilement dans les plaines c'est un arbre de haute futaie. On porte bien de Boujaiah ou Bougi à Alger des bois de charpente ; mais on m'a dit qu'ils étaient d'une qualité inférieure, et n'étaient que rarement employés pour la construction des vaisseaux. L'olivier y est dans son climat natal, il réussit parfaitement partout où on lui permet de venir. On y rencontre aussi le noyer et le noisettier, les fruits en sont bons, mais ne valent pas ceux de France, d'Espagne et d'Italie. Le pays abonde en palmiers, et les dattes, ou bénates du désert sont excellentes. En général, il produit tous les fruits qui appartiennent aux climats tempérés, mais excepté la figue, la grenade et le raisin, ils sont de mauvaise qualité. Cependant, quand on examine le caractère physique de ce pays, partagé en une foule de vallées, dont la hauteur n'est pas la même, on juge que ses productions devraient être supérieures à celles d'autres contrées, s'il avait pour le cultiver des hommes civilisés et industrieux.

Les seuls métaux du royaume sont le plomb et le fer. Les Cabylè en exploitent une grande quantité qu'ils travaillent eux-mêmes. Il s'y trouve différentes espèces de terres argileuses employées par les naturels à la fabrication de vases assez grossiers. Les montagnes renferment des mines inépuisables du plus beau sel.

Le royaume d'Alger est un pays bien arrosé, abondant en sources d'eau vive, et en petits ruisseaux, mais il n'a pas de fortes rivières. La plus considérable est le Chelif, qui prend sa source dans le Sahra, au sud de la province de Titterie, à cinquante milles environ d'Alger ; lorsque grossie des eaux de plusieurs autres ruisseaux, elle est devenue une rivière assez considérable, elle tourne à l'Ouest, et suivant une ligne presque parallèle à la côte l'espace d'environ cent milles, elle se décharge dans la Méditerranée, à 1° 20′ de longitude, et à trente milles environ du cap Tennis ou Tènes, à l'ouest. Il est probable qu'elle est navigable pour des barques à une grande distance de son embouchure. Dans la saison des pluies, les eaux du Chelif sortent de leur lit, inondent une grande partie des campagnes voisines, et forment une barrière redoutable entre Oran et Alger. C'est la seule rivière un peu remarquable dans ce royaume où une foule de petits ruisseaux aboutissent à la mer. On y rencontre aussi des sources d'eaux salées et minérales.

Voici la description que le docteur Shaw nous a laissée du Hammâm, ou bain du Méréga, l'*aquæ calidæ colonia* des anciens, situé entre le Chélif et la mer, à environ soixante milles ouest d'Alger. Le bassin le plus beau et le plus fréquenté a douze pieds en carré et quatre de profondeur. L'eau, en y arrivant, a un degré de chaleur très-supportable. Sortant du premier bassin, elle va en remplir un second plus petit, où se baignent les Juifs, qui n'ont pas le droit de se mêler aux Musulmans. Autrefois un bâtiment élégant s'élevait au-dessus des bains, et des corridors en pierre s'étendaient en ceintre autour des bassins; aujourd'hui, on y est exposé à l'air; et, quand je les vis, ils étaient encombrés de pierres et de débris. Au printemps, qui est la saison des eaux, il y vient une grande quantité de monde. On dit que ces eaux sont bonnes pour les rhumatismes, la jaunisse, et beaucoup d'autres maladies chroniques et invétérées.

La côte est partout escarpée et n'offre pas, à une grande distance, de dangers qu'on ne puisse prévoir. Boujaiah et le golfe de Stora offrent seuls deux bons ports. Ceux-là sont d'une grande étendue, et présentent un abri sûr dans toutes les saisons. Je dois ces détails à un excellent capitaine de vaisseau anglais, que le mauvais temps avait forcé de relâcher dans ces deux places, pendant un voyage d'hiver, d'Alger à Bonne et de Bonne à Alger. Mais la côte est assez mal connue, et si elle était bien étudiée, elle donnerait peut-être d'autres ports également bons. De nos jours, Bonne, Alger et Oran sont les seules places que visitent des vaisseaux étrangers, parce qu'ils y trouvent un ancrage sûr dans toutes les saisons ordinaires; mais ils n'y sont pas en sûreté contre les vents du Nord, qui, dans l'hiver, y soufflent avec une violence extraordinaire. Dans la mer d'Alger se trouvent en abondance tous les poissons de la Méditerranée, et sur la côte orientale, le plus beau corail connu. Ce produit pourrait devenir une source d'industrie et de richesse pour le pays; mais dans ce moment, la France jouit seule du droit de pêche pour cette branche importante de commerce, et le gouvernement d'Alger n'en perçoit qu'un très-modique revenu.

Comme les habitans de l'intérieur sont un peuple pasteur, dont les troupeaux sont la principale richesse, et que le caractère physique du pays où abondent les pâturages, donne les moyens de nourrir des bestiaux, on y trouve en grand nombre toute espèce d'animaux domestiques, tels que le cheval, le bœuf, le chameau, le dromadaire, l'âne, le mulet, le mouton et la chèvre. Les chevaux barbes ont une grande réputation, mais je ne me rappelle pas avoir vu un seul beau cheval à Alger. Je les crois, sous tous les rapports, bien inférieurs à ceux des États-Unis. Les bœufs sont petits, et les vaches donnent très-peu de lait. La laine d'Alger est de très-bonne qualité, et sans être ni lavée, ni assortie, elle vaut, dans les marchés de France et d'Italie, cinquante francs le quintal anglais*. On y trouve du gibier en abondance, des sangliers, des lièvres, des perdrix, et, dans la saison, des cailles, des coqs de bruyère, des bécasses, des sarcelles et des canards sauvages; dans l'intérieur et sur la limite du désert sont des daims, des chevreuils et des gazelles. Les animaux féroces sont le lion, la panthère, le léopard, la hyenne, le chat sauvage et le terrible chacal. Le lion de Numidie n'a rien perdu de son caractère antique. Il est encore de nos jours le plus formidable et, s'il faut en croire le récit des naturels, le plus magnanime de son espèce.

La division politique du royaume d'Alger est en trois provinces : Oran, à l'ouest; Titterie, au sud; Constantine à l'est. La province de Titterie

---

* 112 livres de France.

a pour bornes, à l'ouest, la rivière de Ma-zafrân, (3° 12' longitude est) qui la sépare de celle d'Oran; à l'est, la Bouberak, qui la sépare de la Constantine. (4° 15' longitude est.) On croit que ces trois provinces s'étendent au sud, de la Méditerranée au désert ou Sahra. La capitale de ce royaume est située sur la côte de Titterie. (36° 48' longitude nord, et 3° 30' longitude est.) Shaw prétend qu'elle est bâtie sur l'emplacement de l'ancienne *Icosium*. Sa juridiction est très-étendue; plusieurs gouvernemens des trois provinces en ressortent directement, comme nous le verrons par la suite. Aussi on pourrait l'appeler une quatrième province. Les villes de ce royaume, à l'exception de la capitale, dont nous donnerons la description dans le chapitre suivant, sont peu importantes. *Tlemsen* ou Trémecen, située à l'ouest, près de la frontière, et à égale distance à peu près de la Méditerranée et du Sahra, était autrefois la capitale du royaume de ce nom, et une ville très-considérable. Shaw donne à son ancienne enceinte un circuit de quatre milles. Depuis l'établissement de la domination turque dans ce pays, Tlemsen, malgré les avantages de sa position, est tombé dans un état complet de décadence. On suppose qu'aujourd'hui elle renferme une population d'environ trois mille habitans. Oran est située à cinquante-quatre milles nord-est de Tlemsen. Elle a un très-bon port dans les saisons ordinaires, et s'étend sur un isthme dans une étendue de cinq milles au sud-ouest de la belle rade d'Arzeu. (35° 48′ latitude, et 6° 40′ longitude est). Elle a environ huit mille habitans. Sa situation dans un pays très-beau et très-fertile, ses deux belles rades, et le voisinage de Gibraltar et de l'Espagne en font certainement la seconde place du royaume.

A quelques milles est d'Oran, est située Mustiganem, ville maure très-importante, lorsque les Espagnols étaient maîtres d'Oran. Mais elle a perdu tous ses avantages, depuis qu'elle est revenue à la régence. Les Espagnols avaient élevé autour d'Oran des fortifications régulières, et, après l'avoir occupée environ cent ans, en vertu du dernier traité de paix avec Alger, ils l'ont rendue, dans l'espérance d'avantages qui ne se sont jamais réalisés. Bélidah ou Blidah, ville de huit ou dix mille habitans, est située au sud de la capitale, sur la limite méridionale de la plaine de Mitidjah, à la distance de vingt-quatre milles. Plus loin, à une journée de marche, et toujours dans la même direction, on trouve *Midiah*, capitale de la Tittérie. Elle a à-peu-près l'étendue et l'importance de *Bélidah*. Le voisinage de la capitale, et leur situation dans les districts les plus fertiles de la Numidie, ont procuré à ces deux villes une grande prospérité agriculturale. Constantine, capitale de la province orientale, est l'ancienne Cirta. Elle est située sur la rivière appelée Rumnel, à quarante milles environ de la mer, (36° 20' de latitude nord, et 6° 30' de longitude est). Les naturels lui donnent une population d'environ vingt-cinq mille habitans. Sa position est certainement une des plus heureuses que l'on puisse imaginer, et, sous un gouvernement raisonnable, elle aurait à espérer toutes sortes d'avantages.

Bonne ou Bona, l'ancienne *Hippo Regius*, est une ville d'environ trois ou quatre mille habitans, ayant un port commode (36° 43' de latitude nord, et 8° de longitude est). Avant la révolution française, Bonne, comme ville commerciale, était au-dessus d'Alger. C'était le rendez-vous de tout le commerce que faisait la compagnie française d'Afrique, qui avait obtenu le monopole de la pêche du corail, et d'autres priviléges commerciaux, qui ont reparu avec la restauration, mais sans avoir encore reproduit une amélioration évidente pour le commerce de Bonne. Car, si on donnait les moindres encouragemens à l'agriculture et au commerce, Bonne, favorisée par les avantages de sa position, devrait acquérir un grand développement.

Boujaiah ou Bougi, (située à 36° 45' de latitude nord et 9° 24' de longitude est) possède le meilleur port de la côte, et était autrefois le principal dépôt naval de la régence. Le pays avoisinant est montagneux et d'une fertilité rare en olives. Si Boujaiah obtenait les encouragemens qu'elle mérite, elle deviendrait une ville commerciale d'une très-grande importance. Aujourd'hui son état est des plus triste, et sa population n'excède pas deux mille habitans.

Le docteur Shaw nous a donné la description de plusieurs autres villes de la côte et de l'intérieur qui n'ont probablement rien conservé des avantages qu'elles possédaient alors. Je n'ai pu acquérir aucune lumière à leur égard, et j'en conclus qu'elles ont perdu toute influence politique ou commerciale. Je dois dire pourtant quelque chose de Cherchel, l'ancienne *Julia Cæsarea*, la ville maritime la plus importante de l'ancienne Mauritanie, qui est située à l'ouest d'Alger (2° 39' de longitude est.) A l'époque du docteur Shaw, Cherchel était une ville assez considérable, qui depuis est devenue tout-à-fait insignifiante et n'est connue aujourd'hui que comme un lieu où se fabrique une poterie grossière, que l'on vient vendre à Alger, en se servant de *sandale**, comme moyen de transport.

Il y a différentes opinions sur la population de ce royaume. Il ne s'agit pas ici d'un dénombrement exact; on ne peut tout au plus qu'en juger approximativement et par comparaison avec d'autres pays, dont les statistiques sont bien connues. Ainsi, considérant le petit nombre des villes commerciales et manufacturières, le despotisme barbare qui pèse sur le pays, et la vie pastorale, qui est encore celle d'un grand nombre de ses habitans, je pense que, malgré les avantages d'un beau climat et d'un sol fertile, la population de ce royaume, pour une surface d'environ trente milles carrés, est plutôt au-dessous qu'au-dessus d'un million.

---

* Espèce de bateaux légers.

CHAPITRE II.

Religion. — Langues. — Forme du gouvernement, soumis à la Porte ottomane. — Gouvernement des provinces. — Institutions politiques et religieuses. — Jurisprudence. — privilèges et licence des Turcs. — Finances. — Armée. — Forces de mer. — Piraterie. — Principes polititiques dont ils font l'aveu. — Traités et relations politiques avec les puissances étrangères. — Salut. — Étiquette. — Cérémonies publiques. — Ramadan. — Bayram.

L'islamisme est la seule religion professée par les Algériens; nulle autre n'y est tolérée, excepté le judaïsme pour les Hébreux. Les langues que l'on parle à Alger sont : l'arabe, le turc, l'hébreu et une quatrième langue que le docteur Shaw appelle chouiah. C'est celle des montagnards indépendans et probablement aussi une langue primitive. Le turc est la langue du gouvernement, quoique l'arabe soit dominant. On parle généralement français dans la société des agens étrangers qui résident à Alger. La langue franque, mélange barbare d'espagnol, de francais, d'italien et d'arabe, est communément employée comme moyen de communication entre les étrangers et les naturels.

Pour donner une idée exacte de la marche du gouvernement établi dans ce pays, il est nécessaire de citer quelques-uns des faits principaux de la conquête d'Alger par les Turcs.

L'an 1506, un petit roi d'Alger, Eutémie, eut l'imprudence d'implorer le secours des deux frères, Horoudj et Khayreddin, contre les Espagnols qui étaient alors maîtres d'Oran, et qui avaient mis des garnisons dans Bougie et dans la petite île qui est en face d'Alger*. Ces deux frères étaient de Mitilène. Une valeur entreprenante et beaucoup de succès leur avaient valu un grand pouvoir, une réputation brillante et un nom illustre dans toute la chrétienté. L'offre fut acceptée avec avidité, car ces deux hardis capitaines cherchaient depuis longtemps à se procurer un port pour donner plus de stabilité à leur puissance. Horoudj, à la tête

---

* Depuis, c'est-à-dire, vers 1519, cette île a été jointe au continent par la jettée en pierre qui forme aujourd'hui l'un des côtés du port. *Voyez* le plan en tête du volume.

Note du TRADUCTEUR.

de cinq mille hommes, entra en ami dans Alger; mais bientôt il assassina en secret le souverain dont il était l'allié, et se fit nommer roi à sa place. En 1518, Horoudj fut défait et tué dans une bataille contre les Espagnols, qui l'avaient chassé de Tlemsen. Hayreddin son frère le remplaça sur trône.

Hayreddin, qui était devenu plus célèbre encore que son frère, sous le même nom de Barberousse, fut à peine élevé au pouvoir, qu'il plaça son royaume sous la protection du grand-seigneur, et reçut dans la ville une garnison turque assez forte pour ôter à ses sujets Maures toute idée de reconquérir leur liberté. Plus tard il obtint le poste important de capitan-pacha, et Alger ne fut plus qu'une pachalik de la Porte. Je ne connais pas de monument historique où soit marquée d'une manière précise l'époque où les deys d'Alger devinrent purement électifs, comme ils le sont aujourd'hui. Il paraîtrait qu'ils ont continué à être nommés par la Porte jusque vers le milieu du 17° siècle. Ce fut probablement dans ce temps que le gouvernement ottoman céda à la garnison turque d'Alger le droit de se nommer ses chefs, en réservant au grand-seigneur celui de confirmation par l'envoi ou le refus du kaftan et du sabre d'office. Le premier traité conclu entre Alger et la Grande-Bretagne porte la date de 1682*. Voilà l'origine de cette fameuse régence d'Alger, qui a été pendant trois cents ans la terreur de la chrétienté et le fléau du monde civilisé.

Peu à peu, et autant qu'il leur fut possible de le faire, ces hommes simples réglèrent leur gouvernement sur l'unique modèle qui leur fût connu, celui de l'empire ottoman. Prenant le droit de conquête pour principe de leurs institutions, ils mirent à la disposition des janissaires toutes les places auxquelles étaient attachées la considération, la confiance et l'argent. Les avantages de ce gouvernement se montrent dans sa continuité, puisqu'après trois cents ans d'existence, il est encore, à quelques petites exceptions près, le même dans les formes de son administration. C'est par le fait une république militaire, gouvernée par un chef électif, nommé à vie, et ressemblant assez, sur une plus petite échelle, à l'empire romain après la mort de Commode. Ce gouvernement se compose ostensible-

---

* Le premier traité de la France avec la Régence est de 1616, c'est-à-dire, 68 ans plus ancien que celui de l'Angleterre.   N. du Trad.

ment d'un chef souverain, appelé Dey, et d'un divan ou grand conseil. Le nombre des membres du divan n'est pas limité; ils sont pris parmi les anciens militaires qui ont eu ou ont encore un commandement. Le divan élit le dey, et délibère sur toutes les affaires que celui-ci veut bien lui soumettre.

Telle est la théorie du gouvernement algérien. En vertu de ces principes, le crédit et l'importance du divan devraient s'élever ou s'abaisser selon le caractère et les talens du souverain régnant : il n'en est pas ainsi. Autrefois le divan était réellement un corps dans l'état, tenant régulièrement ses assemblées, ayant des fonds à gérer, et prétendant au droit de discuter toutes les mesures du gouvernement. De nos jours, ce n'est plus qu'un vain fantôme, dont l'existence serait même problématique, si, en 1816, Omer pacha n'avait pas convoqué un divan, pour délibérer sur les négociations entre la régence et la Grande-Bretagne. Depuis que les deys ont fait de la citadelle le lieu de leur résidence, le divan n'est plus, dans la constitution, qu'un mot sans valeur. Le dey nomme lui-même ses ministres. Ce sont : le Khaznadji, qui a dans ses attributions les finances et l'intérieur; l'Agha, ou Bach-agha qui commande en chef l'armée, et qu'on pourrait appeler ministre de la guerre; le Vèkil-Hardj, ou ministre de la marine et des affaires étrangères; le Khodgia de Cavallas, qu'on pourrait désigner sous le nom d'adjudant-général et de surintendant des domaines nationaux; et le Beit-el-mâl, ou juge des successions. Ce dernier poste est devenu très-important, à cause des revenus qui y sont attachés. Ces ministres forment le conseil privé du souverain, et sont avec lui le gouvernement de fait, où n'a rien à voir le prétendu divan. L'élection des deys d'Alger doit être confirmée par le grand-seigneur, qu'ils reconnaissent pour leur seigneur suzerain. Mais cette confirmation n'est jamais refusée, et toujours elle est accompagnée du titre de pacha à trois queues, sorte de dénomination que le souverain prend dans ses actes publics; car le nom de dey est à peine connu à Alger*. Les étrangers seuls s'en servent. Dans le principe, ce fut probablement un surnom, puisque, dans la langue turque, *dey* veut dire oncle.

* Le dey ajoute toujours ce mot *Daï*, à la suite de son nom, dans la signature des lettres ou de ses traités avec les puissances chrétiennes.   N. du Trad.

Aussitôt après leur élection, les deys d'Alger jouissent de toutes les prérogatives attachées à l'autorité souveraine ; mais leur installation solennelle n'a lieu que lorsqu'ils ont reçu le firman du grand-seigneur, qui approuve leur élection, et, avec le firman, le caftan et le sabre d'officier, qui leur sont apportés par un capidji-bachi ou messager d'état. Tous les trois ans, dans ses jours de prospérité, Alger envoie au grand-seigneur un présent qui est transporté à Constantinople, sur un vaisseau de guerre étranger, avec l'ambassadeur qui doit l'offrir. Telle est encore de nos jours l'influence de la régence, que cette mission, regardée par elle comme un titre d'honneur, n'est jamais accordée qu'au gouvernement qui se trouve pour le moment le plus avancé dans ses bonnes grâces. Ce présent est toujours magnifique, et s'élève quelquefois à la valeur de 500,000 dollars. Du reste, il paraît qu'Alger ne reconnaît pas autrement la suprématie du gouvernement ottoman ; et même, dans l'ivresse de son pouvoir imaginaire, il lui est arrivé de ne pas toujours respecter son pavillon. Comme compensation, la Porte lui envoie ordinairement un vaisseau avec des munitions de guerre et de mer, lui accordant en outre la permission de lever des troupes dans les pays soumis à sa domination.

Quoique l'élection du dey, par le principe des institutions de la régence, appartienne au divan, elle est pour l'ordinaire le résultat des intrigues d'une faction dominante parmi les janissaires, et presque toujours une sanglante tragédie. Un dey est égorgé, pour faire place à un nouvel aventurier plus heureux que lui. Ses amis et ses partisans, sont tués, pillés ou bannis, et tout cela interrompt tout au plus pendant vingt-quatre heures, le calme ordinaire des affaires publiques. Ces révolutions se succèdent avec une telle rapidité, qu'on a peine à y croire, quand on ne connaît pas les mœurs et le caractère atroce des Turcs. Un dey d'Alger est, de son vivant, le monarque le plus absolu et le mieux obéi du monde; mais son règne est toujours précaire, et pour lui une mort naturelle est un accident. Un Turc est-il une fois enrôlé dans le corps des janissaires, n'importe ce qu'il est, il peut prétendre à la souveraineté, excepté qu'il ne soit natif de Bosnie ou de Crète. Il est janissaire: voilà ses titres et ses qualités; et souvent la fortune s'est plue à tirer de l'obscurité les êtres les plus bas et les plus abjects, pour les placer sur le trône. On montre encore les tombeaux de sept aventuriers proclamés souverains et tués le même jour. Comme marque de mépris ils furent enterrés sur le grand chemin*. Celui qui est élu ne peut ni refuser ni résigner l'honneur de gouverner Alger; pour lui il n'est que deux places, le trône ou le tombeau.

Les trois provinces sont gouvernées par des beys, que nomme le souverain, et qui, avec le titre de ses lieutenans, sont par le fait investis de toute son autorité despotique. Le même pouvoir leur adjoint un vakil ou intendant. Chaque province est imposée pour une somme déterminée, selon la capacité qu'on lui suppose pour la payer. Le fisc perçoit cette somme par dividende de six mois. C'est ce que j'expliquerai plus tard, en parlant des revenus de ce royaume. La situation de ces gouverneurs est nécessairement précaire, et leur tyrannie comme l'oppression qu'ils font peser sur les provinces soumises à leur autorité, afin de se créer des ressources pour conserver leur places, sont certainement sans exemple dans l'histoire des autres peuples. Telle est la malheureuse condition des habitans de ce royaume, que la douceur et l'équité dans un gouverneur de province,

---

* *Voyez* cette indication sur le plan en tête du volume.

seraient regardées comme une tendance à la popularité, popularité que condamne le gouvernement central, et que les coupables, comme le prouve plus d'un exemple, payent de leur fortune et de leur vie.

Toutes les trois années lunaires, les beys sont obligés de venir en personne, rendre compte de leur administration au siège du gouvernement; leur entrée publique est très magnifique, mais la continuation de leur pouvoir, et leur vie même dépendent du talent qu'ils ont eu, de rassasier l'avarice des membres de la régence. Je sais, de voie sûre, que chaque visite des beys à Oran et à Constantine, ne leur coûte pas moins de trois cent mille dolars; il leur faut, dans ces occasions, acheter la faveur des officiers de la régence, dont le prix est plus ou moins élevé, selon que leur crédit est plus ou moins grand. Cependant il n'entre pas la moindre partie de ces contributions extraordinaires dans les coffres de l'état.

Les officiers de la régence d'Alger ne reçoivent pour leur salaire, que leur paie et leurs rations comme janissaires. Le pacha lui-même se soumet à cette loi, avec une apparence de simplicité primitive. Mais dans leurs rapports avec la société, ces mêmes officiers se reposent sur les privilèges de leurs places et la licence qu'elles leur donnent pour toute sorte d'exactions.

L'administration de la justice criminelle n'appartient qu'au pacha et à ses ministres. Le meurtre, le vol simple, le vol par effraction, l'incendie, la trahison, l'adultère sont punis de mort. Quand il s'agit d'un crime politique, un Turc est étranglé, mais en secret; un naturel est pendu, décapité, mutilé ou précipité d'un mur élevé, garni de grosses pointes en fer, qui l'arrêtent dans sa chute et le font périr dans de longs tourmens. Mais dans ces occasions le tchaouch, ou bourreau, a quelquefois l'humanité, si on le paye bien, d'étrangler sa victime, avant de la précipiter. Si c'est un juif, on le pend, on le décapite, ou on le brûle vivant. Les fautes légères et les petits larcins sont punis par de fortes amendes, par la bastonade ou par la peine des travaux forcés; ce dernier châtiment est le plus en usage, depuis l'abolition de l'esclavage des chrétiens : par là, au lieu d'esclaves, le gouvernement a des ouvriers pour les travaux publics.

La maxime d'Alger, contraire à celle des autres pays, établit en principes qu'il vaut mieux punir un innocent que de laisser échapper un coupable. Aussi est-ce une situation affreuse que celle des accusés comparaissant devant leurs juges, s'ils ne peuvent pas prouver leur innocence de la manière la plus évidente, ou si leur bonne fortune ne leur a pas donné de puissans protecteurs. Car, quoique la justice criminelle soit ici peu gênée par les formes, et qu'elle soit prompte comme l'éclair, elle se trouve quelquefois arrêtée par la faveur.

A Alger, la place de bourreau est un poste honorable. Tout officier public en a un qui est attaché à sa personne. Et, comme tout autre citoyen, un bourreau parvient aux premières charges de l'état. Ici, comme dans les autres pays musulmans, le code civil se compose du coran, de ses commentaires, et de quelques coutumes auxquelles l'expérience a donné force de loi. Car chez les Turcs, c'est un axiome dont on ne s'écarte jamais, que ce qui s'est fait une fois a force de loi.

Quant à l'administration de la justice, elle est, dans chaque gouvernement de la régence, entre les mains de deux cadis, l'un Maure, l'autre Turc. Ces magistrats tiennent leurs séances tous les jours, les vendredis exceptés. Ils prononcent définitivement sur toutes les affaires qui sont du ressort de leur tribunal. Il n'y a point d'avocats. Chaque partie plaide sa cause; et le jugement suit immédiatement. On suppose que les juges ne sont point toujours inaccessibles à l'argent et à l'influence du pouvoir. Mais il est probable que ce n'est guères que dans les grandes affaires. Alors la partie qui se croit lésée a le droit d'en appeler au jugement du mufti, dont les arrêts sont sans appel. Il y a aussi deux muftis, l'un Turc, l'autre Maure. Ils tiennent leurs séances deux fois la semaine. La juridiction de ces deux cours est la même; seulement dans les affaires mixtes un Turc a le droit d'être jugé par son cadi et d'en appeler par devant le mufti. Quand il se trouve dans les cours des cadis un nombre suffisant de *Khodgia*, on s'adresse à eux pour faire faire des contrats. Dans les affaires maritimes ou commerciales, où interviennent des circonstances embarrassantes, on forme un divan des consuls étrangers, dont on prend les avis.

Les frais de justice sont très-peu de chose. En général le gouvernement semble désirer que la justice soit rendue à chacun d'une manière impartiale; et la marche libre aussi bien que la prompte exécution des jugemens civils et criminels ont une grande influence sur le bien-être de la société algérienne. Autrefois il était nécessaire pour être cadi ou mufti, d'avoir pris des grades dans les écoles de Constantinople ou du Grand-

Caire. Mais les Turcs, accoutumés à occuper les plus hautes charges, sans même avoir jamais appris à lire, sont arrivés naturellement à croire qu'un homme avec du sens commun, s'il savait lire le coran, pouvait prétendre à ces emplois judiciaires. Le mufti, dans le gouvernement algérien, est un simple officier subordonné, sans la moindre influence politique.

Un poste plus important est celui du *beït-el mal*, ou juge des successions. Il est obligé de payer au trésor une somme qui dépasse de deux tiers celle que payent les beys. A ce titre il joint celui de ministre du cabinet. Il est l'héritier d'office de tous ceux qui meurent sans testament, ou qui ne laissent pas d'héritiers légitimes. Ce n'est pas sans raison que l'on redoute le pouvoir d'un pareil magistrat, aussi il arrive ordinairement qu'en l'absence d'héritiers légitimes, on fait donation de ses biens à la sainte Ka-aba* de la Mecque. Par cet arrangement sont éludées les prétentions du *bet-el-mal*. La cité sainte entretient à Alger un

---

* La Ka-aba est le temple le plus révéré des Musulmans, le point central de la direction de toutes leurs prières, et le but principal du pèlerinage qui se fait annuellement à la Mecque. N. du T.

agent chargé de surveiller les revenus immenses qu'elle doit à cette pratique religieuse.

On croit qu'il existe un relevé exact de toutes les terres du royaume soumises à la juridiction immédiate du gouvernement, mais des confiscations, chaque jour répétées et souvent arbitraires, augmentent nécessairement le domaine national, qui doit finir par être immense. Les terres qui ne touchent pas aux principales villes sont de peu de valeur. Le commerce et l'agriculture sont réduits à l'état le plus déplorable, par suite du système de prohibition, qui défend d'exporter toute espèce de produits indigènes. L'importation n'existe que pour quelques articles, qui sont pour le gouvernement un objet de monopole. Nous en parlerons plus tard. Les Turcs qui sont à la tête du gouvernement ne suivent que des idées étroites d'égoïsme, et sont jaloux de toute prospérité qui n'est pas sujette à leur contrôle. On croirait qu'ils ont par instinct une idée juste de l'état de la question. Car si on encourageait dans le pays musulman l'agriculture et le commerce, les avantages qui en résulteraient naturellement, ne tarderaient pas à se manifester; l'état s'enrichirait, la civilisation marcherait, la population s'accroîtrait, et alors cette poignée de féroces aventuriers trouverait de grands obstacles au maintien de l'autorité arbitraire qu'ils font peser sur le pays.

Le principe fondamental du gouvernement algérien est quelque chose de bien singulier. Hors l'établissement des Mameluks en Égypte, je ne crois pas que l'histoire moderne nous en offre un autre exemple. Une petite troupe d'aventuriers étrangers se saisit de l'autorité souveraine, et, dans le gouvernement qu'elle établit, réserve aux individus dont elle est composée, toutes les places auxquelles sont attachés les honneurs, l'argent et la confiance. Jusqu'ici rien d'étonnant. L'histoire est pleine de pareils traits ; mais par le principe de cette même institution, les enfans de ces étrangers, leurs propres enfans, nés dans le pays, n'ont droit de prétendre ni aux profits ni aux honneurs de ce gouvernement. Seul, un corps d'étrangers, toujours recrutés au-dehors, en jouit au détriment des naturels ; voilà ce qui est extraordinaire. Tel est cependant le principe fondamental de la régence d'Alger, à quelques exceptions près, que l'expérience a fait juger indispensables. Et pourtant, les membres de ce corps regardent ce pays comme le leur, et songent à y établir leur postérité. L'empire ottoman lui-même, dans son organisation civile et militaire, a beaucoup de traits qui rappellent le principe de la conquête, l'arrogance nationale, et le fanatisme religieux. C'est moins un gouvernement fixe qu'un camp de barbares, et, sous ce rapport, Alger est une émanation très-remarquable de ce singulier empire.

A des époques plus reculées le corps des Turcs qui occupent le royaume d'Alger, s'est rarement élevé au-dessus de cinq mille; dans ce moment des raisons particulières l'ont réduit à moins de quatre mille. Seuls ils peuvent prétendre aux premières dignités de l'état, ou aux charges lucratives et honorifiques. Mais les naturels, quoique exclus de tout emploi civil, peuvent, dans la marine, s'élever par leur mérite aux premiers degrés militaires. Reis Hamida, grand amiral d'Alger, qui, en juin 1815, périt dans la bataille où son vaisseau fut capturé par le commodore Decatur, appartenait à l'une des tribus de montagnards indépendans de l'intérieur, et n'était arrivé à ce rang que par sa valeur et la supériorité de ses talens. Les fils des Beys ont quelquefois succédé à leurs pères et des Coulogli ont été nommés Kaid, ou gouverneurs de districts. Mais ils le devaient probablement à l'argent ; car on regarde ces exemples comme contraires à l'esprit de la constitution. Le Bey d'Oran se trouvait dans un cas semblable ; mais le souvenir de sa révolte, arrivée en 1814, quand il s'avança à la tête d'une armée jusqu'à trois lieues d'Alger, empêchera sans doute le renouvellement d'un pareil exemple. Le corps des janissaires reçoit continuellement des recrues du levant qui sont pour la plupart des malheureux sortis des prisons et le rebut de la société de ces pays barbares.

Le gouvernement entretient à Constantinople et à Smyrne des agens qui engagent les recrues et les envoient à Alger sur des vaisseaux de louage. A leur arrivée ils sont soldats de fait, sous la dénomination de janissaires. On les incorpore dans les différentes barraques de la ville auxquelles ils appartiennent le reste de leur vie, quel que soit par la suite le changement de leur fortune. C'est dans les quartiers qu'ils s'élèvent par rang d'ancienneté au plus haut degré de paie, et deviennent membres du prétendu Divan, à moins que quelque heureux hasard ne les jette dans l'administration ; et il faudrait qu'ils fussent d'une ineptie bien rare, pour ne pas parvenir à quelqu'emploi avantageux. La paie d'un janissaire, à son arrivée du Levant, est tout au plus d'un demi-dolar par mois ; avec le temps elle s'élève à environ huit dolars ; c'est le maximum ; mais depuis peu les deys d'Alger, pour se rendre populaires, ont augmenté la solde des janissaires. Un corps ainsi constitué est toujours prêt à la révolte ; leurs rations se composent chaque jour de deux livres d'un assez mauvais pain. Ceux qui ne sont pas mariés sont logés dans des barraques très-commodes et très-grandes ; le gouvernement leur fournit les habillemens, les armes, les munitions à un prix très-modique. Un janissaire, dans son costume complet de bataille, porte une ou deux paires de pistolets dans sa ceinture, un cimeterre ou iatagan. Sur la poitrine, un poignard, et sur l'épaule un long mousquet. Toutes les armes sont revêtues des plus beaux ornemens, quand la fortune de l'individu lui permet de le faire. On pourrait assez justement comparer un janissaire armé de toutes pièces au valet de carreau dans le jeu de cartes.

Quoique les Turcs soient essentiellement soldats, cependant il y en a qui forment une division ou classe civile qu'on nomme la classe des khodgia, ou écrivains. Elle comprend tous ceux qui savent lire et écrire, ou qui sont en état de l'apprendre. Ce corps jouit de grands priviléges, et c'est de lui qu'on tire les écrivains pour les charges publiques. Les Turcs sont des hommes simples, prudens et sensés, ayant tous les vices et toutes les vertus d'un peuple à demi-sauvage. En général, on peut compter sur leur parole. Dans le commerce ordinaire de la vie, ils sont polis, sincères, humains. Mais dans les affaires politiques, ce sont des barbares dans toute l'étendue de ce mot. Leur bon sens paraît surtout dans leur attachement inébranlable à leurs anciennes institutions; et il en est résulté pour le gouvernement une force et une solidité qu'il ne pouvait pas tirer de la bonté de son principe. Les querelles entre Turcs sont punies par les peines les plus sévères. Ce n'est pas qu'à Alger le fort opprime le faible moins souvent qu'ailleurs; mais je n'ai jamais entendu parler d'outrage public fait par un Turc à un autre Turc. Le dernier des Ottomans rejette avec mépris toute espèce de comparaison entre lui et un naturel; et la maxime enseignée pendant plusieurs générations que les Turcs sont nés pour le commandement et les Algériens pour l'obéissance, a perdu avec le temps son caractère odieux, et n'est ici qu'un simple axiome politique.

Les jeunes Turcs sont casernés dans des barraques d'où ils ne sortent que les jeudis, sous la surveillance d'un gardien qui répond de leur conduite. Ils n'ont droit à porter le turban et à s'aventurer dans le monde, sous leur propre garantie, que lorsqu'ils ont une assez belle barbe. Quoique les Turcs, par un principe de politique bien entendu, observent scrupuleusement, et veuillent que les autres observent de même, les préceptes de leur religion, cependant l'expérience leur a démontré la nécessité de quelque tolérance en faveur d'une soldatesque effrénée. Voilà pourquoi on tolère des tavernes, que tiennent des Juifs, et où les soldats trouvent à leur disposition du vin et des liqueurs spiritueuses. Mais s'il en résultait quelques scènes scandaleuses en public, elles seraient très-sévèrement punies. Cet état de contrainte auquel sont soumis les janissaires est réellement fastidieux, et on les voit déserter quand ils le peuvent, s'ils ne sont pas liés au pays par des mariages ou des places lucratives.

On cherche continuellement à tenir en action l'orgueil et l'arrogance des janissaires; et tous les moyens sont bons, quand ils ne portent pas atteinte à la tranquillité publique. Partout un Turc a la préséance sur un naturel; et, dans les rues, ce dernier lui laisse toujours le passage libre. De temps immémorial, ils sont persuadés qu'ils ont le droit d'entrer dans les jardins qui avoisinent Alger, et d'y prendre ce qui leur plaît, fleurs, fruits et légumes. Ils n'oublient pas d'exercer ce droit dans sa plus grande extension, sans excepter même de la loi commune les jardins des consuls étrangers.

Après la paix de 1815, je fis remarquer au souverain régnant, Omer pacha, l'inconvenance d'une pratique aussi désagréable, et je l'assurai que je regarderais toute violation de l'enceinte qui m'appartenait comme une insulte nationale, et que je la traiterais comme telle. Peu à peu l'abus fut aboli pour les consuls; mais les janissaires continuent à être le fléau et l'effroi des naturels, qui ont des jardins aux environs d'Alger.

Les Turcs sont remarquables par la force de leurs corps et la beauté de leurs formes. Les privilèges de leur caste et les espérances d'une haute fortune leur donnent les moyens de faire dans le pays d'excellens mariages. Ces alliances ont produit pour la race une amélioration physique et morale. On croit que les Coul-oghli ou descendans des Turcs, s'élèvent dans le royaume à plus de vingt mille, ils n'ont pas plus de droits que les autres Algériens, aux premières dignités de l'état, seulement ils peuvent parvenir dans la marine, et obtenir des places de beys et de kaid. Ils ont encore la permission, de porter des broderies d'or, et jouissent de quelques autres privilèges aussi insignifians; mais nul lien ne les rattache aux Turcs, et ils sont rigoureusement rejetés dans la classe générale de la population algérienne.

Le service militaire se fait entre les Turcs à tour de rôle, ce qui leur donne la facilité d'embrasser la carrière civile pour laquelle ils se sentent quelque vocation, sans qu'ils perdent pour cela aucun de leurs droits; seulement ils doivent être prêts pour le service public, toutes les fois qu'on a besoin d'eux. Les fortunes de ceux qui restent en dehors du mouvement des affaires politiques sont beaucoup plus stables, que celles des autres que l'ambition pousse vers la richesse et les honneurs, dont l'acquisition et la possession sont également environnées de dangers. Il est sûr que les Turcs ont pour leur gouvernement une sorte d'attachement qui, dans ses effets, ressemble beaucoup à du patriotisme, et que tiennent toujours en action les révolutions si fréquentes qui bouleversent l'administration; la roue de la fortune tourne si souvent qu'il n'est pas un individu qui ne puisse se promettre dans sa vie un heureux hasard; voici une anecdote qui peut servir de commentaire à mon idée.

Le premier été de mon arrivée à Alger, un vieux Turc se présenta chez moi; il se donna le titre de reis ou capitaine de vaisseau, et me dit qu'il avait fait, avec le commodore Bainbridge, le voyage d'Alger à Constantinople, en qualité de membre de la députation algérienne que cet officier avait eu la mission d'y conduire. Il me parut s'intéresser beaucoup au commodore, et je crus que l'unique but de sa visite était le désir de savoir des nouvelles de sa santé et de sa position. Mais au moment de se retirer, il me dit qu'il était sans emploi, très-pauvre; et il finit par me prier de lui prêter un dolar, chose que je fis, en l'engageant à recourir à moi, quand il serait dans le besoin, l'assurant que je m'empresserais de lui être utile, autant que mes moyens me le permettraient. Plusieurs fois, dans des cérémonies publiques, je rencontrai ce même vieillard, et toujours il s'empressa de m'offrir une prise de tabac d'un air humble et affectueux, en ayant soin de se placer à une grande distance des hauts personnages auxquels je rendais visite. Quelques années plus tard, il fut élevé au poste éminent de khaznadji ou premier ministre, qu'il occupe encore aujourd'hui à l'âge de quatre-vingt-dix ans, le revenu de sa place est chaque année de 50,000 dolars.

Le caractère mâle des Turcs, et la forte constitution de leur gouvernement, ont eu un effet favorable sur le caractère vain et frivole des Maures, qui semblent être encore de nos jours ces inconstans Numides dont parle Salluste. Il semble que les Turcs, en établissant leur gouvernement à Alger, ont songé à faire de la piraterie, la source principale de leurs revenus. Les jalousies mutuelles, la faiblesse et la politique intéressée des puissances maritimes de la chrétienté, ont servi leurs calculs au-delà même de leurs espérances ; car, jusqu'à une époque assez rapprochée de nous, ils y ont trouvé non-seulement des ressources pour tous leurs besoins, mais même l'avantage d'accumuler un trésor, qui peut les soutenir encore bien des années. Depuis 1815, la piraterie a été pour eux sans avantages ; et l'état des recettes et des dépenses pour 1822, dont je donne plus bas un tableau, peut être pris comme terme moyen depuis cette époque. Les impôts qui ne regardent que l'intérieur sont fixés d'après les préceptes du coran. Si la même bonne foi présidait à leur perception, ce serait un fardeau bien léger, et en même temps une grande source de revenus pour l'état. Mais, à Alger, l'administration turque a tous les vices d'une corporation privilégiée, sans aucun de ses avantages. Pour eux, la première considération, c'est leur fortune privée; sentiment qui se fortifie dans leurs cœurs, par le caractère factieux du gouvernement, et l'incertitude du titre en vertu duquel ils ont leurs places. Les beys et les gouverneurs des provinces sont responsables des impôts, et rien de ce qui peut être enlevé n'échappe aux mains des agens militaires qui le savent. Une oppression aussi insupportable a dépeuplé le pays, en forçant les habitans à quitter des plaines fertiles, pour se retirer au sein des montagnes, dans des positions moins accessibles, et sur les limites du désert. Cet état de choses produira nécessairement l'abolition de cette institution; à moins que la Sainte-Alliance ne décide dans sa sagesse qu'elle leur doit son appui, ces hommes seront avant peu un fléau de plus pour la civilisation.

Tableau des recettes pour l'année 1822.

	Dolards espagnols.
Bey d'Oran, pour les impôts de la province.	60,000
Le même, pour le droit d'exportation.	15,000
Bey de Constantine, pour les impôts de la province.	60,000
Sept kaid, dépendant du gouvernement général, pour impôts.	16,000
Le Beit-el-Mal, pour les impôts.	40,000
Le Cheikh-el-Beled, pour les impôts.	3,000
Bey de Titterie, pour les impôts de la province.	4,000
Le khodgia des peaux, pour sa charge.	4,000
Le khodgia de la douane, pour sa charge.	800
La communauté juive, pour impôt.	6,000
Douanes, pour importations.	20,000
Rentes des domaines publics dans la ville d'Alger.	40,000
Gouvernement français, pour le monopole de la pêche du corail, à Bonne.	30,000
Monopole des laines, cires et peaux.	40,000
Tribut annuel payé par le roi de Naples.	24,000
— par le roi de Suède.	24,000
— par le roi de Danemarck.	24,000
— par le roi de Portugal.	24,000
Total.	434,800

La régence prélève en outre une taxe annuelle de deux cent mille mesures de blé sur différens cheikh arabes, et six mille mesures d'orge sur chacun des beys d'Oran et de Constantine. On les fait servir à la subsistance des marins, des soldats et des ouvriers employés aux travaux publics.

Tableau des dépenses du gouvernement en 1822.

	Dolars espagnols
Ouvriers, artistes, etc., qui travaillent dans les chantiers.	24,000
Achat de bois de charpente, cordages, etc.	60,000
Solde des officiers de mer et des marins.	75,000
Solde des militaires de tous grades.	700,000
Total.	859,000

Ainsi il existe pour le trésor un déficit de 424,200 dollars. Je dois ces documens à une personne qui a eu la facilité de compulser les registres, et qui m'en a garanti l'authenticité.

La force militaire de ce gouvernement est d'environ quinze mille hommes, tout compris, Turcs, Coul-oghli et Arabes. Les Turcs et les Coul-oghli forment l'infanterie, les Arabes la cavalerie. Ils sont distribués dans des garnisons et des camps volans, soit à Alger ou dans le royaume. Chaque année, on change la garnison turque. Ce sont les troupes qui veillent à la perception des impôts de l'état, et au maintien de l'ordre public.

Ces troupes sont en grande partie composées de Turcs et de Coul-oghli, qui sont simplement enrôlés, n'étant soldats de fait que lorsque le temps ramène l'époque de leur service, et ne donnant pas la moindre idée de ce que nous appelons organisation et discipline. C'est au contraire le corps militaire le plus insignifiant qui fût jamais. Les janissaires appartiennent à des barraques, où ils sont incorporés à leur arrivée, et où, par rang d'ancienneté, ils parviennent à être chefs de détachemens et de corps ; c'est sous ce seul rapport qu'ils peuvent être regardés comme une troupe soumise à une organisation systématique.

La marine algérienne se composait autrefois d'un grand nombre de bâtimens à rames et de chebecs. Dans les derniers temps, ces peuples ont appliqué à la construction des vaisseaux et au système de guerre maritime, les améliorations de l'Europe, grâce à la politique attentive des gouvernemens européens, qui ont eu soin de leur donner des constructeurs de vaisseaux et des ingénieurs habiles. Avant la paix de 1815, leurs forces navales se composaient de quatre frégates de quarante-quatre à cinquante canons, et d'une de trente-huit; d'une corvette de trente, d'une de vingt-six, d'une de vingt-deux, d'une autre de vingt; d'un brig de vingt, et d'une galère de cinq canons; et d'environ trente chaloupes canonnières et à mortiers. En 1816, les flottes combinées de la Hollande et de l'Angleterre leur ont détruit tous ces vaisseaux. Mais, depuis cette époque, ils en ont acheté ou construit un grand nombre : la Porte, Maroc, Tripoli, leur en ont donné d'autres; et, plus que jamais, leurs forces maritimes sont en état de seconder leurs vues. Quant au nombre, on sent qu'il doit varier d'un moment à l'autre. Je donnerai, à la fin de ce chapitre, une table de ceux qu'ils ont maintenant.

Les chantiers de la marine algérienne sont toujours bien fournis en bois de charpente, et en matériaux nécessaires à la construction, à l'armement, à l'équipement et au radoubement des vaisseaux de guerre, quelle que soit leur grandeur. Ce gouvernement entretient toujours un corps d'environ trois mille marins, qu'en cas de besoin, il pourrait aisément porter à six mille. Les navires algériens, considérés comme vaisseaux de guerre, ne méritent que le mépris. Leurs marins connaissent très-mal la manœuvre et la manière de combattre sur mer; quant à cette intrépidité téméraire, dont l'esprit d'intrigue et la basse cupidité des Européens les ont si généreusement gratifiés, elle n'est qu'une intrépidité de mot, dont la réalité n'existe nulle part. Nul peuple cependant n'est au-dessus d'eux pour l'activité, quand il s'agit de préparer un armement. Sur une frégate de premier rang, ils embarquent plus de cinq cents hommes, dont le cinquième environ est choisi parmi les Turcs, qui peuvent être regardés comme le corps des officiers et des marins. Les équipages des vaisseaux moins grands sont composés dans la même proportion.

Telle est cette régence d'Alger au grand renom, l'objet des chants des poètes, mais véritable épouvantail des enfans et des vieilles femmes, et féconde en dégradations nationales. Certes, le lecteur s'étonnera qu'à une puissance aussi insignifiante, aussi méprisable, ait été si long-temps abandonné le privilége de gêner le commerce du monde, et d'imposer des rançons qu'on ne pouvait discuter; il s'étonnera que les grandes puissances maritimes de l'Europe soient allées, au prix de sacrifices immenses d'hommes et d'argent, établir des colonies aux dernières limites du monde, tandis qu'une poignée de misérables pirates conservait, sous leurs yeux, la jouissance paisible de la plus belle portion du globe, et les soumettait à des conditions qui ressemblaient beaucoup à l'hommage d'un vassal.

Les Algériens, dont le système politique a pour principe la piraterie, s'arrogent insolemment le droit de faire la guerre à tous les états chrétiens qui n'achètent pas leur bienveillance par des traités. Ce sujet sera examiné au long dans un des chapitres suivans; il suffit de dire en passant que la Grande-Bretagne, la France, les États-Unis, la Sardaigne et la Hollande, ont, à différentes époques, résisté aux insolentes prétentions de la régence, et qu'aujourd'hui leurs relations avec Alger sont réglées par des traités indépendans, sans qu'elles aient à lui payer aucune espèce de tribut. Long-temps, l'Espagne a été avec Alger sur le même pied; mais ses rapports sont dans ce moment une espèce d'état de guerre. Les empires de Russie et d'Autriche regardent Alger comme une province de l'empire ottoman, et obligent la Porte à empêcher tout acte d'hostilité contre leurs pavillons. La Suède, le Danemarck, le Portugal et Naples lui payent un tribut annuel; le grand-duc de Toscane a acheté leur paix pour une somme une fois donnée. Alger tire un grand avantage de ses rapports avec la Toscane : souvent elle y envoie radouber ses vaisseaux; et c'est la raison pour laquelle le grand-duc a obtenu la paix à des conditions si peu onéreuses. Les Algériens affectent d'être en guerre avec tous les autres états chrétiens. Les puissances, qui ont des traités avec Alger, y entretiennent des agens diplomatiques, qui ont le titre de consuls-généraux, et jouissent des droits, priviléges et exemptions accordés, par la Porte ottomane, aux ministres étrangers qui résident à Constantinople. Seulement ils n'y ont pas le droit d'asile, qui a bien pu exister dans quelques occasions, mais que le gouvernement n'a jamais reconnu.

Suivant une pratique, qui remonte à la plus haute antiquité, il est d'usage à Alger qu'un consul, le jour de sa présentation, fasse un présent au dey et aux officiers de la régence. Cette coutume ne fut, dans le principe, qu'une simple marque de politesse; mais le temps et la dégradation toujours progressive des états chrétiens en ont fait un tribut réel, qui s'élève à 17,000 dolars environ. Même, avant d'accorder au consul la permission de débarquer, on va aux enquêtes, pour savoir s'il apporte le présent d'usage. L'offre de ces dons ne provoque de la part de ceux qui les reçoivent aucune marque de satisfaction. Souvent, au contraire, on les renvoie comme de trop peu de valeur, ensuite viennent les négociations entre les deux parties intéressées, et le résultat est presque toujours au détriment du donneur. Enfin, depuis long-temps, les présens que font les consuls, en arrivant à Alger, ont perdu le caractère de dons gratuits; la régence a porté plus loin l'insolence de ses prétentions : sous prétexte que ces consuls étaient rarement changés, elle a demandé que ces présens lui fussent faits tous les deux ans; et les puissances tributaires se sont soumises. Aujourd'hui on les nomme dons biennaux, et, dans certaines occasions, la régence a reçu, comme une dette double et distincte, des présens biennaux et consulaires. Quoique, sur les plaintes de la régence, la Grande-Bretagne ait souvent changé ses consuls, elle a toujours mis de l'économie dans ses présens, et rarement ils ont été au-dessus des sommes annuelles payées par les autres états tributaires. Mais la France et l'Espagne, sous le vain prétexte de montrer une magnificence royale, ont souvent doublé, triplé et même quadruplé la valeur des présens pour la présentation de leurs consuls.

Une escadre ou un vaisseau de guerre, en se

mettant à l'ancre devant Alger, le saluent de vingt-un coups de canon; ce salut est rendu par le même nombre. Quand le commandant descend à terre, il est salué de cinq coups de canon, et d'autant à son départ. Un consul, qu'il arrive ou qu'il parte, est également salué de cinq coups de canon. Si une escadre ou un simple vaisseau de guerre, demeurent trois jours dans la rade, on leur envoie à bord un présent de bœuf, de volaille, de pain, de fruits et de légumes. Les consuls sont obligés de payer 40 dolars pour le salut, et 14 pour le présent.

Une simplicité noble et imposante se montre dans les formes extérieures de ce gouvernement, et proclame d'une manière claire la nature de ses prétentions. Le pacha, assis sur son trône, donne indistinctement audience à tous ses officiers. Au point du jour, après les prières du matin, ils lui font leurs rapports et reçoivent ses ordres. Au moment où il se lève pour se retirer, tous inclinent leurs têtes vers la terre, et d'une voix forte font entendre ces mots : *Dieu sauve notre souverain.* Le pacha, passant pour sortir devant les différens corps qui sont rassemblés devant lui en ordre, se tourne lentement, et la main appuyée sur le cœur, il leur rend leur salut. Ceux-ci s'inclinent une seconde fois, et répètent encore le cri : *Dieu sauve notre souverain.*

Ce sont là les occasions qu'on choisit pour déposer les deys d'Alger. Au moment où le pacha quitte son trône, les conspirateurs se jettent sur lui, le saisissent par la ceinture, et l'égorgent sur la place, ou le conduisent hors de là pour l'étrangler *secundum artem.* Aussitôt son successeur est placé sur le trône d'où celui-ci vient d'être renversé.

Les fêtes qui terminent le ramadan, ou jeûne des mahométans, et celles du bayram, quarante jours plus tard, sont annoncées aux fidèles au bruit du canon et d'autres démonstrations de la joie publique; et dans ces occasions, il y a dans le palais des jeux publics : des tables y sont dressées, et tout porte le caractère de la joie et des plaisirs. On invite les consuls étrangers à assister à ces fêtes; mais ils y sont moins les représentans d'états indépendans que des vassaux mandés pour rendre hommage au souverain et témoigner de sa puissance; car ils sont confondus dans la foule des spectateurs, n'ayant point de place réservée, et quand ils viennent offrir leurs respects au pacha, ils n'ont le pas que sur le chef des Juifs. Comme une marque plus précise encore de vassalité, on exigeait que les consuls baisassent la main du pacha chaque fois qu'ils avaient à se présenter devant lui. La Grande-Bretagne, la France, l'Espagne et les Etats-Unis, se sont successivement affranchis de cette démonstration humiliante de soumission, et depuis peu cette coutume a été abolie pour tous les consuls en général. Aujourd'hui nous touchons sa main en nous inclinant devant lui. On commence même, sous différens prétextes, à se dispenser d'assister à ces réjouissances publiques.

Il est une autre cérémonie qui se fait au printemps et qui montre bien les insolentes prétentions des Turcs comme conquérans. Le khaznadji, en sa qualité de lieutenant du pacha, établit son camp hors des murs, à la porte E. de la ville. Des trois queues de cheval qui sont les insignes de sa puissance, deux sont déployées devant sa tente. L'agha, qui dans le moment représente un cheikh du pays, paraît en suppliant devant le khaznadji pour lui rendre hommage. Aussitôt on lui ordonne, d'une voix et d'un air menaçant, de fournir, pour rafraîchir l'armée, cent ou deux cents moutons, et d'en tuer lui-même à l'instant un, qui sera servi à la table de son excellence. Ces réquisitions sont envoyées de suite. Des provisions de volaille, d'œufs, de couscousou, etc., sont ensuite demandées, et l'humble cheikh s'empresse d'obéir, sans faire entendre le moindre murmure ; enfin, on lui ordonne de payer une certaine somme d'argent pour la solde des troupes. A cette demande, l'Arabe cherche des excuses, parle de sa pauvreté et d'une foule de malheurs qui le mettent hors d'état de payer à son excellence la somme qu'elle demande, malgré la meilleure volonté du monde, qui le porterait à lui complaire. Le khaznadji fait paraître alors les symptômes de la plus grande colère ; il le menace de lui trancher la tête sur le lieu même, et finit par ordonner qu'on l'enchaîne et qu'on lui donne la bastonnade jusqu'à ce qu'il ait fourni la somme exigée. L'ordre est donné et on se prépare à l'exécuter. L'Arabe alors essaye de capituler pour une somme moins considérable, mais comme toutes ses sollicitations ne peuvent pas le tirer d'embarras, les anciens de sa tribu viennent à son secours, et complètent entre eux cette somme, qui est déposée aux pieds de son excellence. Le khaznadji prend alors l'air le plus affable, donne au cheikh sa main à baiser, l'appelle son ami, le place près de lui, et lui fait servir un régal de café. Ainsi finit cette farce, portrait fidèle des relations du gouvernement algérien avec les naturels.

Voici la liste des vaisseaux composant la flotte algérienne en 1825*.

Frégates.	Miftah Elgiaha. Ben-el-hawas. Nepher Scander.	62 50 36	canons. id. id.
Corvettes.	Mazebar Estavsie. Fassia.	36 46	id. id.
Brig.	Némati khuda. Mujdaras.	18 16	id. id.
Goelettes.	Fazl-el-islam. Giaeran. Tongarda. Suria. Sciaene Deria.	24 14 14 point de canons. id.	id. id. id.
Polacre.	Zagaza.	20	canons.
Chebec.	Majorca.	10	id.

Outre cela, il y a dans le chantier trois goraelettes en construction, qu'on pourra lancer à la mer l'été prochain, et trente-cinq canonnières de grandeur ordinaire.

* Il existe quelques différences entre cette liste et le nombre indiqué sur le plan d'Alger. Ce dernier est le résultat des informations prises pendant un court séjour à Alger, au mois d'août 1829.   N. du T.

CHAPITRE III.

Alger. — Sa position. — Son étendue. — Sa topographie et ses fortifications. — Sa garnison. — Son gouvernement civil et militaire. — Richesse des habitans. — Sûreté des personnes et des propriétés. — Variété. — Caractère des habitans.—État des sciences. — Éducation des enfans.— Habillemens.—Beauté des femmes. — Améliorations des coutumes musulmanes. — Leur manière de se vêtir et de se nourrir. — Juifs. — Leur condition civile. — Etat d'oppression dans lequel ils sont tenus. — Africains étrangers établis à Alger. — Arts mécaniques. — Manufactures. — Maisons.—Rues.—Quartiers.—Crainte superstitieuse des Algériens. — Édifices publics. — Fondations pieuses. — Condition des esclaves chrétiens à l'époque où l'esclavage n'était pas aboli.—Opulence d'Alger. — Ses effets.—Société des agens étrangers.—Plaine de Métidjah.—Poids et mesures.

Alger, en arabe Aldjèzaïr, ou les Iles*, est surnommée la guerrière. C'est le centre de la richesse,

---

* *Voyez* l'indication de l'étymologie sur le plan.

du pouvoir et de l'influence de ce gouvernement absurde. Là sont ses arsenaux, où les contributions des royaumes tributaires ont accumulé toutes sortes de munitions de terre et de mer, et tous les instrumens de guerre pour la défense comme pour l'attaque. Là résident les agens des puissances étrangères, qu'amène l'intrigue ou la bassesse ; et là aussi plus d'une fois a été offert au monde le spectacle édifiant de représentans de puissans monarques, chargés de chaînes, et réduits à supporter dans des carrières les plus rudes travaux, afin de hâter la libéralité trop lente de leurs maîtres.

C'est l'opinion du docteur Shaw qu'Alger occupe l'emplacement de l'ancienne Icosium, au 36° 48' de latitude nord, et au 3° 27' de longitude est, à l'extrémité ouest, d'une belle baie qui s'étend en cercle l'espace d'environ quinze milles. La rade offre partout un ancrage sûr*, ayant de huit à soixante brasses de profondeur, et un beau lit de sable et de vase.

Avec des travaux et des dépenses énormes on

---

* Cet ancrage est dangereux sur plusieurs points. Au mois d'août 1829, le vaisseau français la Provence y perdit une ancre et une partie de son cable. N. du T.

a uni au continent la petite île d'où Alger tire son nom, par le moyen d'un mole sur lequel repose une digue en pierre qui supporte une ligne de magasins. Outre cela, un quai qui entre de six brasses dans l'eau, entoure l'extrémité sud de l'île et présente un abri sûr pour environ cinquante vaisseaux. Toutes les approches d'Alger par mer sont défendues par des travaux si redoutables et si bien garnies de canons de gros calibre qu'il y aurait de la folie à vouloir l'attaquer avec une flotte, dans le cas où l'ennemi opposerait la tactique et le courage le plus ordinaire.

L'attaque du mois d'août 1816, par les flottes combinées de la Hollande et de l'Angleterre, a fait connaître le minimum de forces navales nécessaires dans une pareille circonstance. Depuis cette époque, vis-à-vis la tête du mole a été élevée une batterie de trente-six pièces de canons de gros calibre, qui prennent en flanc la position qu'occupa la flotte de lord Exmouth[*]. Ainsi il paraît sûr qu'une attaque de même nature serait aujourd'hui infructueuse; mais des vaisseaux peuvent se mettre à l'ancre dans la rade,

---

[*] *Voyez* la position de cette flotte, sur le plan d'Alger, au commencement du volume.

hors de la portée des canons algériens, et un bombardement peut toujours réussir. Alger, bâti au bord de la mer sur une base assez large, s'élève en amphithéâtre le long d'une pente très-rapide, et, dans une circonférence d'environ un mille et demi, renferme de huit à dix mille maisons. Les rues sont très-étroites, et les toits des maisons sont si rapprochés qu'ils empêchent le soleil d'arriver jusqu'à elles, et qu'au moyen de ses terrasses plates, il serait possible d'établir une communication entre les différens quartiers. Autour de la ville, s'élèvent de hautes murailles avec des bastions et un fossé sans eau. Elle a quatre portes et point de faubourgs* : en poussant un peu plus en avant les deux lignes nord et sud, sa base comprise, on lui donnerait la forme d'un triangle irrégulier. La cassabab, ou citadelle, couronne son sommet étroit et commande avantageusement la ville et les batteries de la mer.

Tous ceux qui nous ont donné des descriptions de cette ville me semblent avoir mis bien

---

* Nous pensons, contradictoirement à l'auteur, que les deux suites non interrompues de maisons et autres constructions qui se trouvent en sortant des portes Bab-Azoun et Bab-el-Oued, constituent de véritables faubourgs.   N. du T.

de l'exagération dans l'évaluation du nombre de ses habitans. Le docteur Shaw le porte à plus de cent mille ; pour moi, quand je compare Alger à d'autres villes, dont la population est bien connue, je la réduirais à environ cinquante mille âmes.

Vu de la haute mer, Alger paraît dans sa forme et dans sa couleur, comme une voile de perroquet étendue sur un champ de verdure ; les montagnes qui l'environnent, une campagne bien cultivée toute couverte de maisons blanches parmi lesquelles sont quelquesfois de superbes édifices, présentent, à mesure qu'on s'en approche, un des plus beaux points de vue qu'offrent les rives de la Méditerranée. On a fait de grands travaux pour fortifier tous les points maritimes qui en permettaient l'approche, et, malgré tout cela, Alger n'offre par terre presque aucune défense.

Le cap Caxine*, à trois milles environ nord-ouest d'Alger, occupe l'extrémité ouest de la rade ; c'est un grand promontoire, dont les flancs escarpés s'élèvent d'environ deux cents toises au-dessus de la mer, et qui, en s'éloignant du rivage, va se former en cercle autour de la ville, et se termine doucement en une plaine, à l'em-

* Ou Aconatir.

bouchure de l'Aratch. Cette rivière après avoir parcouru la vaste plaine de Mitidja, va se perdre dans la mer, à trois milles environ sud-est d'Alger. Le promontoire s'éloigne encore plus brusquement à l'ouest et finit de ce côté à la belle rade de Sidi-Ferruch, qui dans le beau temps offre aux vaisseaux un ancrage aussi bon que celui d'Alger, un abordage sûr et facile, et sur la côte une source de bonne eau. Un marabout* que couronne un château assez beau quoique petit, est défendu par une batterie de deux ou trois canons et fait connaître cette position. C'est à l'est du marabout que l'on trouve le lieu pour jeter l'ancre, celui de l'abordage et la source d'eau.

Du cap Caxine à la ville, vous trouvez une belle route qui suit la direction du rivage, en s'appuyant à la montagne. Cette partie de la côte n'offre que des rochers escarpés, et point d'ancrage sûr. A droite, les montagnes présentent une pente rapide, et près de la ville une gorge profonde pénètre dans la campagne, où se montrent dans des sites romantiques une foule de maisons de campagne. Dans cette direction, les points abordables sont dé-

* Ce mot qui est arabe signifie en général un santon musulman, mais ici, c'est le tombeau d'un de ces personnages qu'on a voulu désigner.   N. du T.

fendus par des batteries de canons. On va aussi d'Alger à l'embouchure de l'Aratch, par une belle route qui parcourt le rivage de la mer, le long d'une plage agréable, couverte de sable et faisant partie de la baie. Cette route est une vallée belle et fertile, s'étendant un demi-mille ou un peu moins en largeur, après quoi s'élèvent des chaînes de montagnes, qui se coupent en rochers escarpés et parfois forment des enfoncemens et des gorges. Toute cette plaine est bien habitée, et produit des légumes en abondance pour la consommation d'Alger. Des châteaux, des retranchemens et des batteries défendent la côte, qui offre partout un lieu propre pour opérer un débarquement, quand le temps est favorable. De la rivière El-aratch au cap Matifou ou Temendfus, la distance est d'environ neuf milles, ce qui comprend toute la partie est de la baie d'Alger. Dans toute son étendue la côte est belle et couverte de sable; tous les endroits sont propices pour un débarquement; mais plusieurs châteaux et batteries en défendent l'approche. A partir de la plage la terre s'élève à pic environ trente ou quarante pieds, et se termine en un plateau uni, qui n'est qu'une continuation de la vallée de Métidja.

De la porte nord de la ville, ou *Bab-el-oued* en

arabe*, en suivant un chemin pavé et montueux, formant une ligne parallèle avec la partie nord du rempart, pour aller joindre l'angle sud-est de la Cassaba, la distance est d'environ dix minutes, si on va d'un pas ordinaire. De la pointe du château de l'Empereur, la distance est d'à peu près un mille, par un chemin mal tenu, pénible et pavé dans quelques endroits. Le château de l'Empereur est un polygone irrégulier, garni de bastions dans une circonférence d'environ cinq cents toises. Il commande la ville, mais il n'a ni fossés, ni chemins couverts, ni ouvrages avancés; les murs sont en briques, et s'élèvent dans certains endroits à la hauteur extraordinaire de cent pieds; dans d'autres, ils sont beaucoup moins hauts, à cause de l'inégalité du terrain; au sud-est ils offrent à l'œil une hauteur d'environ vingt pieds. A la droite du chemin qui mène à la Cassaba, le château est commandé par des hauteurs placées à la distance d'environ trois cents toises, et à l'ouest, par d'autres hauteurs, à la distance d'environ deux cent cinquante toises.

Du château de l'Empereur, pour arriver à la

---

* Ce mot signifie littéralement, *la porte de la rivière* ou *du torrent*. N. du T.

rade de Sidi-Ferruch, on parcourt environ neuf milles au milieu d'une campagne unie, agréable et fertile, se dessinant en gracieux contours et offrant un excellent terrain pour des manœuvres d'artillerie. Montre à la main, j'ai fait en trois heures ce chemin à cheval ; nous étions quinze personnes, et nous allions d'un pas ordinaire, nous trouvâmes beaucoup de sources d'eau, placées tout au plus à la distance d'un demi-mille l'une de l'autre. Mais en quittant les dernières sources, pour gagner le Marabout de Sidi-Ferruch, la direction devient ouest nord-ouest, et pendant trois milles environ on parcourt un pays nu, sablonneux et couvert de ronces. Le Marabout de Sidi-Ferruch et le petit château qui fait sa défense, s'élèvent sur une presqu'île rocailleuse et assez élevée ; on pourrait la fortifier et en faire un excellent poste militaire. Sur la plage, qui touche à cette presqu'île, est une source de très-bonne eau, qui remplit un réservoir en pierre, où les habitans du voisinage viennent laver leurs troupeaux ; nous en vîmes plusieurs que gardaient des Arabes.

Dans toutes les expéditions contre Alger, dont des troupes de terre ont fait partie, le débarquement s'est opéré dans la rade à l'est de la ville. Ça été certainement par erreur et par une ignorance impardonnable de la côte et de la topographie du pays, puisque c'est dans cette partie que sont concentrés tous ses moyens de défense. Il est clair qu'une armée pourrait opérer un débarquement dans la belle rade de Sidi-Ferruch, sans rencontrer d'obstacles; delà, une seule marche la conduirait sur les hauteurs qui commandent le château de l'Empereur, et alors, n'ayant rien qui pût l'empêcher de s'approcher des remparts, elle prendrait en peu de temps le château de vive force ou avec le secours de la mine; maître de cette position, on établirait des batteries sur une hauteur qui commande la citadelle et qu'il est aisé de reconnaître aux ruines de deux moulins à vent, ayant une forme cylindrique, et à celles d'une forteresse, qui s'appelait Stau, mais qui n'existe plus, grâce aux craintes d'un gouvernement jaloux, qui devait nécessairement la condamner puisqu'elle commandait la citadelle, et conséquemment la ville. La flotte qui aurait débarqué les troupes, se montrerait alors dans la baie pour détourner l'attention de l'ennemi, et la ville capitulerait, ou serait emportée d'assaut.

Il y a ordinairement à Alger une garnison turque de 1500 à 2000 hommes, qui se compose de vieux soldats et de nouvelles recrues que l'on discipline pour le service de l'intérieur.

Outre l'administration générale du royaume, dont le siége est à Alger, il existe un gouvernement local, comprenant un *chekh-el-beled*, ou gouverneur civil; un *kiahia* ou commandant de la milice urbaine; un *koul-agha*, ou préfet de police; et un *mesouar*, dont la surveillance s'étend sur les bains publics et les maisons de prostitution; tous les fonctionnaires sont des naturels. Il n'y a peut-être pas de ville au monde où la police soit plus active, où moins de crimes échappent à sa connaissance, et enfin où soient plus en sûreté la vie et les propriétés des citoyens.

La conséquence de cet état de prospérité, qui ne s'est jamais démenti pendant un si grand nombre d'années, a été de concentrer des richesses immenses dans des familles de particuliers, où des Turcs sont entrés par des mariages. Ainsi, quoique le pouvoir soit exclusivement dans les mains des Turcs, leurs biens viennent insensiblement se déposer dans les familles des Algériens, d'où il est rare qu'ils soient arrachés par la violence. La fortune d'un Turc est, de son vivant, ce qu'il y a de moins sûr au monde; mais un naturel ne peut prétendre à aucun emploi élevé; dans toutes les révolutions, son rôle est celui d'être passif; et sa propriété est ici aussi sûre qu'ailleurs. De tout cela on doit conclure qu'Alger est une des villes du monde la plus riche en numéraire. La veuve du pacha Ahmet, sous qui fut signée la première paix entre les États-Unis et la Régence, vient de mourir dans un âge très-avancé, et on prétend qu'elle a laissé une fortune de plusieurs millions de dollars. Les héritiers du pacha Moustafa, son successeur, auxquels les États-Unis payent une rente pour la maison qu'occupe le consul, ont à Alger, ou dans les environs, une fortune effective de 500,000 dollars. Cependant Ahmet et Moustafa furent tous les deux exécutés publiquement.

La civilisation partielle de cette partie de la Barbarie, après la chute de l'empire Romain, remonte probablement à la conquête des Arabes. Il paraît que les avantages commerciaux de l'Afrique ont fait naître ou conservé plusieurs villes maritimes dont aujourd'hui, en l'absence de monumens historiques, on chercherait vainement à connaître l'origine ou la renaissance. Alger est dans cette catégorie, et doit rentrer dans la classe obscure des autres villes de Barbarie, avant la conquête des Turcs. Ses habitans sont un mélange d'anciens Mauritaniens, de Barbares restés dans le pays à la suite d'invasions subséquentes, et d'émigrés

Espagnols et Turcs. Aujourd'hui on les désigne généralement par le nom de Maures. Ce mélange de différentes races a été loin d'être funeste; car il est peu de peuples chez qui les formes du corps soient plus belles. Leurs traits sont pleins d'expression, et la couleur de leur visage n'est guères plus foncée que celle des habitans du midi de l'Espagne.

Les étrangers ont rarement la facilité de voir les femmes maures; mais, par le peu d'occasions que le hasard m'a présentées, par le témoignage des dames étrangères qui résident à Alger, et par la beauté extraordinaire de leurs enfans, je croirais volontiers qu'elles ne le cèdent pas en beauté aux femmes des autres pays. Elles se font remarquer surtout par de belles tailles, de grands yeux noirs, de grands cils et de belles dents. Mais le genre de beauté qu'ici on estime le plus, c'est un embonpoint extraordinaire. Les femmes maures sont nubiles de très-bonne heure, et se marient souvent à douze ans ; mais aussi elles passent très-vite. On m'a dit qu'à vingt-neuf ans les plus belles femmes étaient sur le déclin de leur beauté, et que souvent à cet âge elles étaient grand'mères. L'abus qu'elles font des bains d'étuve pourrait bien en grande partie en être la cause.

L'antiquité la plus reculée accuse les habitans de ce pays d'inconstance et de fourberie ; cette accusation n'est peut-être pas sans fondement de nos jours, mais ils sont bien loin d'être ces féroces barbares dont le nom algérien réveille l'idée. Ils ont dans leurs manières quelque chose de prévenant, et dans les relations ordinaires de la vie, je les ai toujours trouvés civils, polis et humains. Je n'ai pas même vu chez eux les symptômes d'une dévotion excessive, du fanatisme et de la haine pour ceux qui suivent une religion autre que la leur. Ils professent la foi musulmane, et remplissent avec l'attention la plus scrupuleuse les pratiques qu'elle ordonne, mais sans affectation, et même, si j'en ai bien jugé, sans inimitié pour ceux qui ont une autre manière de se concilier les faveurs de la Divinité. Je sais bien que ce portrait des Algériens ne s'accorde pas avec ceux qu'en ont tracés d'autres écrivains ; qu'il contredit l'opinion commune ; mais cette opinion diffère essentiellement des idées que j'ai sur ce peuple, et que je dois à un long séjour en Barbarie. Je parle surtout des Algériens depuis cinquante ans. Un écrivain remarquable de notre époque, lord Sheffield regarde la puissance d'Alger comme un obstacle insurmontable au développement de la prospérité maritime des États-Unis, et des documens authentiques prouvent que, dans plusieurs occasions, le gouvernement français s'est empressé d'offrir son influence sur les états barbaresques pour effectuer un rapprochement entre eux et les États-Unis.

Celui qui connaît la Barbarie ne trouvera dans ces faits qu'un sujet d'indignation, de ridicule ou de mépris; car il est reconnu que les grandes puissances maritimes de l'Europe ont eu recours aux moyens les plus vils, pour soutenir ici ce qu'elles appellent leur influence, et qu'un peuple indépendant a aussi peu à gagner avec leur amitié qu'à craindre de leur inimitié dans Alger. On peut assigner plusieurs causes à l'amélioration du caractère algérien. Un gouvernement établi par des étrangers sur le droit de conquête, démocratique pour les conquérans, aristocratique pour les naturels, ayant le despotisme pour caractère général, mais veillant à une distribution impartiale de la justice, un tel gouvernement doit avoir eu une force étonnante pour réprimer le penchant vicieux du caractère numide, et pour le contenir dans les limites de la modération et des convenances. Ensuite le commerce, si puissant pour étouffer les haines nationales et religieuses, n'a pas manqué de produire ses effets ordinaires; il y a ici plusieurs maisons de commerce maures, régulièrement établies, qui jouissent d'un crédit à l'étranger, et qui cherchent à le maintenir par des marques de bonté, d'hospitalité et de confiance que leurs agens ont trouvées ailleurs dans leurs voyages.

Il est inutile de parler de l'état des sciences à Alger; ou elles n'y existent pas, ou elles sont méprisées; la médecine même y est sans prix. Leur science est toute dans des charmes et des amulettes. Quelques-uns de leurs kaid, de leurs reïs ou capitaines de vaisseaux ont appris par des étrangers à déterminer la latitude, et ils ont traduit en arabe les tables qui servent à cette opération; mais quand ils passent le détroit pour aller croiser dans l'Océan, ils ont l'habitude de prendre sur le premier vaisseau chrétien qu'ils rencontrent quelques marins en état de les conduire, jusqu'à ce qu'ils rentrent dans la Méditerranée. Le coran est toute leur littérature.

Il y a cependant à Alger beaucoup d'écoles ordinaires où les enfans de cinq, six ans et au-dessus apprennent à lire et à écrire. Je croirais volontiers, que c'est à eux que nous devons la méthode d'enseignement dite de Lancastre. Chaque élève a une planche sur laquelle les caractères peuvent facilement être écrits et effacés. Sur la planche de l'un des élèves on écrit d'une manière nette et lisible un verset du coran ; les autres élèves le copient successivement, et chacun apprend à un autre le sens des mots et la manière de former les lettres qui les composent. La leçon est répétée à haute voix par l'élève au maître qui est assis dans un coin sur ses talons, tenant en main une longue baguette, dont l'effroi maintient l'ordre et l'attention parmi ses élèves. Ainsi on apprend en même temps à lire et à écrire, et c'est probablement à cette méthode de simultanéité qu'est due cette admirable uniformité des caractères dans l'écriture des Arabes. L'éducation d'un Algérien est complète, lorsque, à la possibilité de lire et d'écrire le coran, il joint la connaissance des prières que lui enseigne le même maître. Ce système d'éducation nécessite très-peu de dépense. Les jeunes filles sont instruites dans des écoles du même genre que dirigent des femmes. Je pense que l'on croira avec moi que ces peuples sont placés à la naissance de la civilisation, et qu'il ne faudrait, pour les y conduire, qu'un gouvernement moins contraire, dans la pratique et dans la théorie, au développement de l'esprit humain.

Le costume des Algériens se compose de plusieurs vestes avec des manches ou sans manches. Elles s'ouvrent par devant, sont ornées de boutons, de dentelles et de broderies ; viennent ensuite des culottes à larges plis, qui descendent jusqu'au gras de la jambe. Souvent ils portent une ceinture à laquelle sont suspendus le yatagan et les pistolets, dans les plis, leur montre, leur bourse, etc. Le turban et les pantoufles complètent le costume. Il n'y a guère que les gens âgés qui portent des bas, et cela dans les temps froids. Ce costume change selon le rang, la richesse des individus, la saison de l'année. Celui des Turcs et des Coul-oghli est ordinairement orné de riches broderies et de franges d'or, d'argent ou de soie, selon que le veut la vanité ou le caprice. C'est à la forme, aux plis, à la couleur et à l'étoffe du turban qu'on juge de la qualité de la personne. Par dessus le vêtement est placé le *bournousse*, que l'on porte simplement sur l'épaule ou dont on s'enveloppe le corps. Le *bournousse* est une espèce de grand manteau, ayant la forme d'un cercle, au milieu duquel est un capuchon, qu'on peut mettre par-dessus le turban, et qui est une défense contre le mauvais temps. Le *bournousse* n'a pas de couture, et dans sa forme il est à la fois simple et élégant. On emploie à sa confection de très-belle laine blanche où se trouve souvent un mélange de soie; les garnitures et les franges sont de la même matière. Les *bournousse* pour l'hiver et les voyages ont la même forme, mais ils sont faits d'une étoffe plus forte, qui est impénétrable à l'eau, et dont la couleur est noire.

Selon l'opinion du docteur Shaw, le *bournousse*, sans le capuchon, est le pallium des anciens Romains, et avec le capuchon le bardocucullus des Gaulois. Les Algériens portent du linge, quand ils sont assez riches pour en acheter; mais les habitans des campagnes sont généralement étrangers à ce genre de luxe. La chemise algérienne est courte; elle a des manches très-larges, qui s'attachent sur le poignet. Le costume ordinaire des peuples de l'intérieur est un hyke, une paire de petits caleçons, et, selon les circonstances, le turban; à défaut de turban, c'est une calotte de laine rouge. Tunis est renommé pour la fabrication de ces bonnets, mais on les imite en Europe, et on vient en vendre une grande quantité à Alger.

L'hyke fut de temps immémorial le costume de la Lybie; il est en laine, a six aunes de long et deux de large; c'est peut-être la toge des anciens Romains. J'ai vu soit à Rome, soit dans le musée royal de Naples une statue de l'empereur Auguste, dans le costume de souverain pontife, et dont la robe ressemblait à l'hyke des Arabes algériens.

Les Arabes portent l'hyke, comme les Indiens de nos frontières le blanket ordinaire, d'ailleurs il sert aux mêmes usages; c'est un manteau pour le jour et une couverture pour la nuit. Il faut avouer pourtant que l'hyke est un vêtement très-incommode, parce qu'on doit toujours le tenir ouvert, et comme il est beaucoup plus grand que le blanket de nos Indiens, il est aussi plus incommode. On porte rarement l'hyke à Alger, on y préfère l'autre vêtement, parce qu'il est beaucoup plus commode. Je crois bien avoir lu quelque part, qu'un des motifs qui faisaient préférer aux anciens Romains le séjour de la campagne, était de pouvoir s'y débarrasser de la toge; et je le conçois facilement, si la toge ressemblait à l'hyke. Il y a des hykes de tous les prix, on en fait de très-beaux, soit en laine blanche, soit en laine rouge; comme couverture de lit, c'est ce qu'on peut trouver de plus chaud et de plus léger.

L'habillement des femmes maures, autant que j'ai pu m'en assurer, se compose d'une petite chemise, qui, chez les femmes de qualité, est des plus belles étoffes; d'une paire de pantalons qui s'attachent au-dessus de la cheville, d'une tunique de brocard ou d'une étoffe richement brodée et garnie de dentelles par derrière ; viennent ensuite les pantoufles, mais jamais de bas. Elles soignent beaucoup leur chevelure, et c'est une grande beauté que d'en avoir une qui descende jusqu'à terre. Peu contentes de la beauté naturelle de leurs sourcils, elles les peignent en noir, et passent un mélange de vermillon à l'extrémité de leurs doigts, à la paume de leurs mains et à la plante de leurs pieds. Leurs oreilles, leurs poignets, le dessus de leurs chevilles sont chargés de bijoux en or ; leurs doigts en sont couverts. Selon les conditions, l'argent, souvent même le cuivre, entrent dans la composition de ces bijoux. Leur coiffure nationale est une sorte de cône tronqué; dans la langue du pays on l'appelle *sarmak* ; par-dessus est rejeté un voile transparent orné de broderies plus ou moins riches. Au lieu de cette coiffure, une jeune fille porte une calotte ordinaire, garnie de sequins; quand elle sort, on reconnaît sa qualité à son pantalon de plusieurs couleurs, espèce de costume qui paraît être de la plus haute antiquité. « Sur elle, elle portait un vêtement de diverses couleurs, car c'est là le vêtement des filles du roi et la parure des vierges. » Ce vêtement est recouvert du bournousse ou de l'hyke, selon que les occasions l'exigent; sortent-elles? un voile blanc descend de leurs têtes jusqu'à terre, et vous les prendriez pour des fantômes qui fuyent dans les ténèbres des rues. Les femmes de condition ne sortent que rarement ou pour mieux dire ne sortent jamais. Cependant, les plaintes de leurs maris, sur l'extravagante recherche de leurs vêtemens, feraient croire qu'elles n'exercent pas une faible influence sur la société, et que peut-être dans le silence, elles préparent lentement l'esprit humain à la restauration de ces droits, que leur ont arrachés l'ignorance et la barbarie.

Peu de mahométans se prévalent ici de la loi qui leur permet d'avoir plusieurs femmes; généralement ils se contentent d'une seule, à laquelle, cependant, sont attachées plusieurs esclaves nègres, suivant la richesse et la dignité de la famille. Les mariages, à Alger, se font à peu près comme dans les autres pays mahométans, mais la nature du gouvernement et la condition des classes élevées qui en est une suite, ont lentement produit une révolution en faveur des femmes. Serait-il raisonnable de penser qu'une riche héritière, comme il y en a un grand nombre dans cette ville, fût livrée comme une esclave au caprice d'un barbare, qui veut bien l'épouser? Le contrat de mariage établit donc des conditions, qui la mettent sur un certain pied d'égalité avec son mari, ou du moins la protègent contre les mauvais traitemens d'un barbare. Ce serait faire injure au bon sens naturel des femmes, que de supposer qu'elles ont négligé d'augmenter ces avantages. Peu à peu les effets se sont multipliés, et il en est résulté que les femmes maures sont bien moins les esclaves de leurs maris, que celles de l'usage et d'idées antiques de décorum et de convenance.

C'est par l'intermédiaire des mères et des parentes, que se font les mariages à Alger. Les femmes algériennes peuvent se visiter entr'elles, soit dans leurs maisons, soit aux bains publics, où elles se rendent très-souvent, et qui dans l'après-midi sont consacrés à leur usage. Dans ces occasions, les parentes et les amies se réunissent, et se livrent à la joie pendant plusieurs jours, au grand dépit des hommes, que l'on chasse alors de la maison, ou que l'on relègue dans quelque coin, d'où ils ne peuvent voir cette troupe joyeuse ni en être vus.

Le mouton, le pain, la volaille, le poisson, le lait, le beurre, le fromage, l'huile, les olives et le couscousou, espèce de pâte en grain, et faite de blé à la manière du macaroni, forment la principale nourriture des peuples de Barbarie; on peut regarder le dernier mets comme leur plat national; c'est comme le macaroni pour les Italiens, et le riz pour les Indiens. Généralement on fait cuire le couscousou dans une passoire en bois, au-dessus de la vapeur de bouillon, et c'est un mets savoureux et nourrissant, quand il est bien préparé avec des œufs durs, des légumes et des herbes douces. Les pauvres qui n'ont pas toujours de quoi acheter de la viande, préparent leur couscousou avec de l'huile ou du beurre. Les simples ouvriers se contentent de pain, et y ajoutent un peu d'huile, quand ils le peuvent. Les Algériens mangent peu de bœuf. Ils tuent rarement des vaches, et jamais de veaux. Dans la saison des bons pâturages, quand les bestiaux sont dans un état prospère, on tue dans les familles, quand leurs facultés le leur permettent, un taureau ou deux. La chair en est battue et séchée, ensuite on la fait bouillir dans de l'huile, et on la dépose dans des terrines recouvertes d'huile ou de beurre fondu pour la manger plus tard. Le café est la grande dépense de ces peuples si tempérans, et l'eau est leur unique boisson.

On conçoit combien doivent être limités les

amusemens d'un peuple privé d'arts et de littérature. Les cafés, les boutiques des barbiers, et l'exercice d'une branche quelconque de commerce, ou la culture de leurs jardins, espèce de distraction qu'ils essayent tous de se procurer, dans quelque asile champêtre, interrompent ou allègent pour les hommes la triste monotonie de leur existence; mais l'unique délassement que trouvent les femmes à leurs travaux domestiques, sont les réunions aux bains publics et dans leurs maisons respectives, à l'époque des mariages, des naissances, des circoncisions, etc. Une retraite à la campagne est pour elles sans avantages, et ne leur offre tout au plus que la jouissance d'un air plus pur; car aux champs comme à la ville, la coutume les tient renfermées dans l'enceinte de leurs appartemens. L'opinion accorde aux Maures un génie naturel pour la musique. C'est une matière où je ne peux pas être juge; je remarquerai seulement qu'ils ne cultivent pas la musique comme un art, quoiqu'ils jouent de plusieurs instrumens, dont ils sont probablement les inventeurs.

Les Juifs sont ici au nombre d'environ cinq mille. Ils jouissent du libre exercice de leur religion. Dans les affaires civiles, ils sont gouvernés par leurs propres lois, et soumis à un chef de leur nation nommé par le pacha. Comme sujets algériens, ils sont libres d'aller et de s'établir là où ils veulent, et d'exercer toute espèce d'emploi légal dans l'état. On ne peut pas les réduire en esclavage. Ils payent une taxe par tête, et un double impôt sur toutes les marchandises qu'ils importent. Comme dans tous les autres pays, ils se livrent à toute sorte de commerce, et sont les seuls banquiers d'Alger. On trouve parmi eux beaucoup d'ouvriers pour les bijoux d'or et d'argent, et seuls ils sont employés par le gouvernement à la fabrication des monnaies.

Outre les qualités légales dont ils sont privés à Alger, les Juifs ont encore à y souffrir d'une affreuse oppression; il leur est défendu d'opposer de la résistance quand ils sont maltraités par un musulman, n'importe la nature de la violence. Ils sont forcés de porter des vêtemens noirs ou blancs: ils n'ont le droit ni de monter à cheval, ni de porter une arme quelconque, pas même de canne. Les mercredis et les samedis seulement ils peuvent sortir de la ville, sans en demander la permission. Mais y a-t-il des travaux pénibles et inattendus à exécuter, c'est sur les Juifs qu'ils retombent. Dans l'été de 1815, le pays fut couvert de troupes immenses de sauterelles, qui détruisaient la verdure sur leur passage. C'est alors que plusieurs centaines de Juifs reçurent ordre de protéger contre elles les jardins du pacha ; et nuit et jour il leur fallut veiller et souffrir aussi long-temps que le pays eut à nourrir ces insectes.

Plusieurs fois, quand les janissaires se sont révoltés, les Juifs ont été pillés indistinctement ; et ils sont toujours tourmentés par la crainte de voir se renouveler de pareilles scènes. Les enfans même les poursuivent dans les rues, et le cours de leur vie n'est qu'un mélange affreux de bassesse, d'oppression et d'outrages. Les descendans de Jacob ne répondent à ces insultes que par une patience inconcevable. Dès leur enfance ils s'instruisent à cette patience, et passent leur vie à la pratiquer, sans même oser murmurer contre la rigueur de leur destinée. Malgré le malheur d'une condition aussi décourageante, les Juifs, qui par leurs rapports avec les pays étrangers sont les seuls Algériens qui aient une connaissance exacte des affaires du dehors, se mêlent à toutes sortes d'intrigues, qui compromettent leur existence et plus d'une fois causent leur mort. La place de chef des Juifs s'obtient par l'argent et l'intrigue, et se conserve de même. D'une source aussi impure découlent naturellement l'oppression et la tyrannie. Dans les beaux jours de la régence, quelques maisons juives étaient parvenues, par le commerce, à une grande opulence; mais dans ces derniers temps une oppression toujours active et toujours continue a détruit entièrement la fortune de plusieurs d'entr'eux. Quelques-uns ont trouvé le moyen de passer dans d'autres pays, tandis que les Maures, qui ont une grande aptitude pour le commerce, supplantent chaque jour ceux qui ne se sont pas exilés. Le nombre et la richesse des Juifs vont toujours en s'affaiblissant, et je crois qu'aujourd'hui les Juifs d'Alger sont peut-être les restes les plus malheureux d'Israël.

Leurs mœurs, leurs coutumes, leur manière de vivre diffèrent si peu de celles des Algériens, qu'il ne vaut pas la peine d'en parler. Seulement on doit se rappeler ce que nous avons dit à l'instant même. Les Juifs d'Alger sont une belle race d'hommes, ils sont forts; mais l'état d'abjection où ils naissent, et qui les suit dans toute leur vie, a marqué leurs traits de son empreinte. Ils vous offriront bien rarement quelque chose de distingué. Il existe chez ce peuple une pratique vraiment attendrissante, et dont il est difficile d'être le témoin sans se sentir touché de respect et peut-être même de tendresse, pour cette race miraculeuse. Plusieurs Juifs, vieux et infirmes, sentant approcher le terme qui doit les rendre étrangers à toutes les choses de ce monde, meurent pour ainsi dire d'une mort civile, livrant à leurs héritiers tous leurs biens terrestres, et se réservant à peine les moyens de soutenir à Jérusalem les derniers instans de leur faible existence. En 1816, je vis un assez grand nombre de ces anciens Hébreux partir pour ce dernier pèlerinage terrestre, à bord d'un vaisseau qu'ils avaient loué et qui devait les transporter sur les côtes de la Syrie. On suppose que le nombre des Juifs s'élève, dans le royaume d'Alger, à trente mille.

La population d'Alger se compose, en grande partie, d'étrangers, qui appartiennent aux différentes tribus africaines. Indépendans du gouvernement algérien, ou du moins peu soumis à ses caprices, ils ont pour les protéger des contrats réels ou tacites. Les Mozabite, les Biscarre et les Arabes sont dans cette catégorie. Les deux premiers ont à Alger des agens qui y font leur séjour. Ces agens, appelés amine, sont des espèces de consuls, dont le gouvernement reconnaît l'autorité, et qui exercent sur leurs compatriotes une juridiction semblable à celle qui est accordée au chef des Juifs sur ce peuple. Les nègres ne font qu'une très-faible partie de la population; ce sont pour la plupart des esclaves achetés dans l'intérieur de l'Afrique ou à Tripoli, et auxquels on accorde facilement la liberté, quand ils veulent embrasser l'islamisme; ce qu'ils n'oublient jamais de faire. L'esclavage domestique a toujours été très-doux dans ce pays. C'est moins un état de servitude qu'un échange de services et de protection. Par le petit nombre de mulâtres qu'on trouve à Alger, on serait tenté de croire qu'ici, comme aux États-Unis, il existe un préjugé contre la couleur, préjugé qui est probablement le principe de l'esclavage.

Les arts nécessaires sont divisés en corporations, comme dans plusieurs des anciens états de l'Europe. Chacune de ces corporations est soumise à la juridiction d'un amine, dont l'autorité est très-étendue et très-arbitraire. Les Algériens ont beaucoup d'aptitude pour les travaux en maçonnerie et en brique, et peuvent prétendre à un certain mérite d'exécution. Leurs broderies sont délicates et pleines de goût, et on en fait beaucoup d'envois à l'étranger; mais, comme charpentiers, serruriers, cordonniers, ils en sont encore aux élémens. Les bijoutiers et les horlogers d'Alger sont des étrangers. Cette ville a des manufactures pour les objets en soie, en laine et en cuir. Le prix des objets importés du Levant s'élève chaque année à environ 80,000 dollars. On en fabrique des velours, des chals, des mouchoirs, des ceintures et des étoffes pour turbans; ces étoffes sont ornées de franges et de broderies en or; il est encore quelques autres articles qui tous se consomment dans ce pays. La France et l'Italie fourniraient probablement ces objets à un prix bien inférieur à celui auquel ils s'élèvent étant fabriqués dans ce pays; mais il n'est pas de manufactures, en Europe, qui pussent donner plus de solidité aux tissus et de beauté aux couleurs. Il n'est pas si petite tente du royaume, où les femmes ne fabriquent des étoffes, dont elles font, comme dans les temps anciens, des vêtemens pour les membres de la famille. Dans les villes et dans les principaux villages, il y a des métiers avec lesquels on en fabrique pour la vente. Une grande quantité de laine est employée à la fabrication de bournousses, d'hyks, de chals et de tapis, qui ne sortent pas du pays. On y fait des nattes de toutes sortes; quelques-unes sont très-belles, et servent même de tapis pour les appartemens. L'art de tanner et de préparer les peaux semble être très-bien connu à Alger. Les peaux de maroquin sont certainement ce qu'il y a de plus parfait dans ce genre.

Toutes les maisons d'Alger sont bâties sur le même plan. Par la description de celle que j'habite, on aura une idée juste des autres, puisqu'il n'y a de différence entre elles, que pour la grandeur et la qualité des matériaux qui les composent. Ma maison a environ soixante-quatre pieds sur chaque façade et quarante-deux de haut. Un tiers en est occupé par le rez-de-chaussée, où se trouvent, à la suite les uns des autres, des magasins, des citernes, des écuries et des arcs-boutans, qui supportent le bâtiment. Dans les autres vingt-huit pieds, sont compris deux étages se formant en cercle autour d'une cour pavée en marbre, qui a trente pieds carrés. La cour est entourée d'une galerie couverte, large de six pieds, et supportée à chaque étage par douze colonnes de marbre d'Italie, de l'ordre ionique. Chacune de ces colonnes sert de soutien à douze arches elliptiques; et ainsi se dessine, autour de la cour, une double colonnade pleine d'élégance et de beauté. Le toît est plat et en forme de terrasse, avec un parapet de quatre pieds et demi de hauteur. Du côté qui regarde la mer, il y a une troisième galerie couverte, où sont plusieurs petits appartemens.

La grandeur de la cour fait que les appartemens de la maison, qui a quatre façades, sont excessivement étroits et longs outre mesure. Ils sont très-bien entendus pour le climat, mais seraient très-incommodes dans un pays moins chaud. Deux côtés de cette maison font face à la mer, et, à chacun, il y a des croisées; mais généralement, les maisons d'Alger ne reçoivent le jour que par la cour, parce qu'on ne permet pas d'avoir des fenêtres extérieures, quand elles ont vue sur d'autres maisons. Les fenêtres de la rue, comme celles de la cour, sont garnies de fortes grilles en fer; ce qui donne aux maisons la triste apparence de prisons. Dans celles où sont construites de grandes citernes, et lors de la saison des pluies, on se procure, par le moyen des terrasses, assez d'eau pour les besoins ordinaires de la famille. A cette maison, comme à quelques autres, qui sont de la même importance, se rattache un second bâtiment qui en dépend. Il est petit, renfermé dans l'enceinte du premier, et pourtant forme réellement, sous d'autres rapports, un bâtiment à part. Il est ordinairement destiné aux femmes, à une famille dépendante ou à un fils déjà marié. Dans le système d'économie domestique, tel qu'il est entendu ici, il sert pour la cuisine, les offices, les bains, etc.

On entre dans cette maison par une porte intérieure, aussi forte et aussi solide que celle d'une forteresse; et, avec cette protection, les personnes qui l'habitent peuvent se reposer tranquillement, sans crainte d'être troublées dans leur intérieur. Tous les étages ont un pavé en marbre ou en tuiles de Hollande, sur lesquelles est un vernis; et souvent même, les appartemens en sont garnis sur les côtés, à la hauteur d'environ quatre pieds, mais alors, elles sont plus belles que celles du parquet. Dans toutes les maisons d'Alger, il y a un petit appartement placé à la porte extérieure, en-dehors de l'enceinte du bâtiment. C'est là que le maître de la maison reçoit des visites et s'occupe d'affaires. Car, à cause des femmes, un étranger n'entre jamais dans la demeure d'un Algérien; il faut pour cela des circonstances extraordinaires. Cet appartement, qu'on appelle le skiffa, est très-grand et très-beau dans la maison que j'occupe. Les maisons d'Alger sont blanchies en-dehors avec le plus grand soin, ce qui, à une certaine distance, donne à la ville beaucoup d'apparence. Je suis entré dans les plus grands détails sur la maison que j'habite, autant pour faire comprendre au lecteur le système d'architecture employé à Alger, que pour lui donner une idée de la valeur des propriétés. On suppose que cette maison a coûté, pour la faire bâtir, environ 100,000 dollars, et j'en paye chaque année un loyer de 250 dollars. Dans leurs jours de prospérité, les Algériens étaient très-jaloux de se bâtir de belles maisons, et il serait facile d'en trouver dans la ville plusieurs aussi belles, ou plus belles, que celle que j'habite. Il est défendu à tous les Musulmans, sous les peines les plus sévères, de visiter, pendant le jour, les terrasses de leurs maisons, qui sont alors réservées pour les femmes. Mais cette défense ne s'étend pas jusqu'aux chrétiens : nous pouvons quelquefois, dans de belles soirées, entrevoir ces charmantes captives, qui profitent des momens que leur accorde la loi, pour respirer à leur aise sur les terrasses de leurs demeures.

On a déjà vu que les rues d'Alger ne sont que de simples allées; il en est même plusieurs où deux personnes à cheval ne pourraient passer sans se heurter ; mais elles sont pavées et généralement bien tenues ; il y en a une cependant, qu'on pourrait appeler la grande rue, et où, avec beaucoup de précaution, deux charettes passeraient de front sans se rencontrer. Cette rue a un demi-mille de longueur, elle est tortueuse et s'étend depuis le *bab-el-ouved*, ou porte du nord, jusqu'au *bab-Azoun* ou porte du sud.

C'est dans cette rue que l'on trouve les principaux cafés et les principales boutiques de barbiers, gens qui se mêlent ici, comme ailleurs, de prononcer en oracles sur les nouvelles politiques; là l'indolent Algérien vient passer ses heures d'ennui, déguster son café, discuter des nouvelles et faire sa partie d'échecs et de dames ; là aussi se trouvent les seuls magasins un peu importans qui soient à Alger ; mais on pourrait bien mieux les appeler des étals où sont exposés les objets les plus communs. C'est là que l'on voit un cordonnier, assis gravement les jambes croisées, auprès des chaussures qu'il a fabriquées, et que sa main peut atteindre, sans qu'il ait besoin de se lever.

La ville d'Alger est divisée en quartiers séparés, dont les portes se ferment après les prières du soir, et près desquelles veillent des Biscarre aveugles qui les ouvrent aux personnes que la nécessité force d'y passer pendant la nuit;

7

et qui se conforment à l'ordonnance de police. Cette ordonnance porte qu'un musulman ou un chrétien qui va dans les rues quand il est nuit, doit avoir une lanterne allumée; mais un juif doit porter une lumière sans lanterne; car, dans toutes occasions les juifs sont frappés de distinctions humiliantes. Toute personne qui ne se conformerait pas à l'ordonnance, serait arrêtée et punie.

Les portes extérieures de la ville sont fermées au coucher du soleil, et ouvertes à son lever. Les Algériens sont un peuple superstitieux, croyant aux sortiléges, et à l'intervention des puissances surnaturelles; par là s'est formée chez eux la croyance que leur ville sera prise un vendredi par des chrétiens portant des uniformes rouges; et voilà pourquoi ce jour là les portes de la ville sont fermées de onze heures du matin à une heure de l'après-midi.

Les édifices publics d'Alger consistent en neuf grandes mosquées, sans compter plusieurs autres temples également consacrés au culte; quatre caseries ou barraques, pour les soldats turcs; trois colléges; cinq bagnes, qui servaient autrefois pour les esclaves chrétiens; plusieurs bazars, ou marchés; et l'ancien palais des deys d'Alger.

Je ne donnerai pas de détails sur les mosquées, que je n'ai pu visiter. Quant aux autres édifices, leur grandeur seule et leurs ornemens les distinguent de la maison que j'habite, et dont je viens de donner une description. La cassaba, ou citadelle, aujourd'hui la résidence des deys d'Alger, est une enceinte immense entourée de fortifications, et placée dans la partie supérieure de la ville, sur un terrain qui est environ un dixième de l'enceinte commune. Il s'y trouve une grande mosquée, plusieurs palais et des logemens pour une nombreuse garnison. Les collèges dont j'ai parlé sont des fondations pieuses où s'élèvent les docteurs de la vraie foi, c'est-à-dire, où on leur enseigne à lire, écrire et à expliquer le coran. L'un d'eux est réservé aux Cabylè. Je ne dois pas passer sous silence les bains publics; mais ils ne diffèrent en rien de ceux de Constantinople, du grand Caire et des autres villes du Levant, si bien décrits par lady Montague, Savary et d'autres voyageurs. Une description détaillée ne pourrait qu'être fastidieuse, seulement je ferai remarquer qu'ils sont en grand nombre, bien tenus et très-fréquentés.

Quoique l'esclavage des chrétiens soit aboli à Alger depuis 1816, il me semble que, parlant de ce pays, autrefois si terrible sous ce rapport, je dois dire quelque chose du traitement auquel étaient soumis les malheureux chrétiens, que leur destinée avait rendus esclaves des Algériens.

Il y a environ cinquante ans que le gouvernement algérien défendit toute croisière particulière, et que les captifs commencèrent à n'être que les esclaves de la régence. Auparavant, elle les protégeait d'une manière prompte et efficace contre les attaques et les outrages des naturels; il est du devoir de tout homme impartial de dire que leur condition n'était pas généralement plus malheureuse que celle des prisonniers de guerre dans plusieurs pays civilisés et chrétiens.

Les femmes captives étaient toujours traitées avec le respect dû à leur sexe; le travail que l'on exigeait des hommes n'avait rien d'excessif; ceux qui pouvaient trouver une caution pour répondre qu'ils ne s'évaderaient pas, étaient libres d'aller où il leur plaisait, en payant chaque mois une modique rétribution. Il y avait à Alger une foule d'emplois lucratifs qui étaient toujours occupés par des esclaves, et qui devenaient pour eux une source de richesses; ceux qui étaient employés dans les palais ou qui s'attachaient à la personne des grands officiers de l'état, étaient traités avec la plus grande douceur; il suffisait enfin qu'ils eussent de l'activité pour qu'ils trouvassent les moyens d'être heureux. Souvent c'était avec regret qu'ils s'éloignaient du lieu de leur esclavage; et l'on doit croire qu'en quittant le pays ils emportaient d'assez fortes sommes d'argent. Il serait ridicule de prétendre que le caprice et la brutalité de leurs gardiens et de leurs surveillans ne les exposait pas quelquefois à des traitemens cruels, mais en cela ils étaient soumis à cette loi générale qui fait de l'homme dans l'état de captivité un être sans défense et sans protection.

Ces marchés d'esclaves, dont on a fait tant de bruit dans le monde, ne sont qu'une accusation sans réalité, depuis la suppression des croisières particulières; car, comme il y avait rarement aliénation pour les esclaves qui appartenaient au gouvernement, et qu'ils n'étaient tout au plus qu'une cession de faveur, il devait être bien rare de voir un esclave chrétien exposé en vente. Il faut avouer que des cessions faites à des favoris amenaient quelquefois de ces expositions dans des marchés, et que plus d'une fois il y en eut qui, vendus à des Juifs, furent ensuite revendus par eux; mais je n'en pense pas moins que les cas ont dû être très-rares. Le plus grand malheur des esclaves chrétiens dans Alger était cette froide et lâche indifférence de leurs gouvernemens, qui, insensibles à leur malheureuse position, leur ôtaient jusqu'à l'espoir de se voir racheter un jour. Il ne faut pas aller pourtant jusqu'à savoir gré à la régence d'avoir supprimé les croisières particulières; son but, son sentiment unique était cet esprit de monopole et d'avarice qui est le caractère et la règle de toute sa conduite.

Par ce même système de monopole, et par la prohibition mise sur l'exportation de produits indigènes, le gouvernement a ruiné le commerce, et presque anéanti l'agriculture dans le royaume. La pêche du corail sur la côte orientale, et l'exportation des laines, des peaux, de la cire et d'environ 16,000 mesures de blé hors du pays par le port de Bonne, est affermée à la France pour la somme de 30,000 dollars chaque année. Le bey d'Oran paye chaque année une ferme de 15,000 dollars pour le droit d'exportation de toute cette province. Les peaux, la cire, la laine, rentrent dans le monopole public, que le gouvernement vend chaque année au plus offrant. Le sel est encore de ce monopole. L'exportation des huiles et des peaux préparées est expressément prohibée, excepté quand ces objets sont destinés aux provinces de l'empire Ottoman. Il faut encore une permission spéciale pour exporter des grains et des bestiaux. La conséquence de ces prohibitions absurdes a été de porter le produit de l'huile et des grains souvent au-dessous et jamais au-dessus des besoins des habitans, dans le pays du monde, peut-être, le plus fertile. En 1819, il y eut une si grande disette de grains, qu'on fut obligé d'importer de l'étranger plus de 50,000 boisseaux de blé, seulement pour la consommation d'Alger.

Les droits d'importation, pour les marchandises étrangères, sont fixés à cinq pour cent, et à dix, quand l'importation est faite par des Juifs ou par des étrangers, qui n'ont pas de traités avec la régence. Voici le tableau des exportations et importations de ce royaume, pour l'année 1822. Il est copié sur des documens authentiques, et donne une idée juste du commerce de ce pays.

Importations pour 1822.

Dollars d'Espagne.

De la Grande-Bretagne; des fabriques de l'Inde et de l'Angleterre.	500,000
De l'Espagne; soie, brocards, sucres, poivre, cafés: des manufactures allemandes et anglaises.	300,000
De la France; sucre, café, poivre, acier, étoffes, et autres objets.	200,000
Du Levant; soie brute et manufacturée.	100,000
De la France et de l'Italie; bijoux, joyaux, diamans, etc.	100,000
Total.	1,200,000

Exportations pour 1822.

Dollars d'Espagne.

Des ports du royaume pour Marseille, Livourne et Gênes; 20,000 quintaux de laine, à 8 dollars le quintal.	160,000
10,000 quintaux de peaux, à 8 dollars.	80,000
600 id. de cire, à 30 dolars le quintal.	18,000
Plumes d'autruches, et autres petits articles.	15,000
Total.	273,000

Ainsi, chaque année, il existe pour Alger un déficit de 937,000 dollars payés à l'étranger, somme énorme pour un royaume où il y a peu de ressources actives. Si donc le commerce intérieur d'Alger ne produit pas une compensation à ce déficit, dans le commerce avec l'étranger, il est évident que l'état finira par être épuisé et ruiné. Mais ce trafic est très-chanceux; car Alger, qui compte, avec assez de raisons, sur les ressources qu'il trouvait dans la guerre et la piraterie, a négligé, plus que tous les autres états de Barbarie, d'entretenir des rapports commerciaux avec l'intérieur de l'Afrique. Une petite caravane fait le commerce d'Oran à Tembouctou, par Tafilet, qui est la route de cette ville mystérieuse; il existe aussi des rapports établis avec les Biscarre et les Mozabe, qui habitent les limites du désert, au sud d'Alger.

J'ai pris des informations auprès d'hommes qui appartenaient à ces tribus, et ils m'ont dit que leurs communications directes avec l'intérieur de l'Afrique ne dépassaient pas Gadamès. Gadamès est l'entrepôt de Tunis; et c'est par ces tribus qu'Alger communique avec les pays de l'intérieur de l'Afrique, Joma, Tripoli et Mourzouk. En échange des objets sortis des manufactures de l'Europe et des grains de leurs pays, ils reçoivent des paillettes d'or, des plumes d'autruche, des dattes et des chameaux. Alger achète chaque année à Tripoli quelques esclaves qui sont payés en denrées du pays. Mais d'après l'état languissant du commerce avec l'intérieur, et la rivalité de Tunis, qui ayant toujours mieux compris ses intérêts, s'est toujours aussi appliquée à se pourvoir de marchandises étrangères; d'après la rivalité de Maroc, de Tripoli et de l'Egypte, on peut, sans courir grand risque de se tromper, conclure que la plus grande partie du déficit que nous avons indiqué, est couverte par l'argent de la ville qui serait bientôt épuisée si le gouvernement ne rétablissait pas l'équilibre avec une somme d'environ 500,000 dollars, qu'il tire de ses coffres chaque année.

Pendant trois cents ans, Alger a joui du privilége lucratif de piller à sa fantaisie le monde commerçant; la conséquence de cet état a été une grande accumulation de richesses dans cette ville de pirates, et on doit la regarder comme une des plus riches du monde en espèces et en bijoux. Cette longue prospérité a produit encore un autre effet, c'est l'embellissement de ses environs : ces lieux naturellement romantiques et beaux, ont été ornés de charmantes villas, dont le nombre est au moins de mille. Quelques-unes de ces retraites sont de jolies maisons de campagne, dans le style mauresque; seulement il en est qui sont abandonnées et tombent en ruines, parce qu'on a prétendu qu'elles étaient habitées par des esprits; et pour des hommes aussi superstitieux que les Algériens, il n'en faut pas davantage pour leur faire fuir une maison, quel que soit d'ailleurs le cri de leur avarice.

Ils montrent peu de goût dans l'arrangement de leurs jardins. L'extérieur en est souvent magnifique, mais généralement le charme cesse quand on voit l'intérieur. La magnificence de ces heureux brigands a au moins un avantage, c'est de procurer aux agens étrangers qui résident à Alger, de beaux logemens à la ville et à la campagne, à des prix très-modérés, et tous les fruits et les légumes qu'ils peuvent désirer.

Nous avons déjà dit que la ville d'Alger n'a pas de faubourgs. Ses environs, dans l'étendue à-peu-près d'un demi-mille, sont occupés par des cimetières qui étalent le lugubre spectacle de tombes rongées par le temps et de monumens tombant en ruines. Ils ne sont pas fermés de murs, et servent de pâturages pour des animaux domestiques. Souvent aussi il arrive que le chacal, cherchant une proie, se nourrisse du corps que l'on vient d'enterrer. Je n'ai pas vu que ces peuples eussent une répugnance à laisser visiter ces dernières demeures de l'homme par des étrangers. Les Maures aiment à élever à grands frais des monumens funéraires à la mémoire de leurs parens, mais ensuite ou les abandonne au caprice des événemens, et bientôt ce ne sont plus que des ruines, la proie du premier venu. Les agens étrangers qui sont établis à Alger, n'ont de rapports avec les Turcs ou les naturels, qu'en leur qualité d'agens. Leur société est entr'eux. Mais les représentans des puissances étrangères sont pour l'ordinaire des hommes de talent et d'honneur, initiés à tous les secrets de leurs gouvernemens, et de la réunion de leurs familles il se forme une des sociétés les plus aimables et les plus bienveillantes que j'aie jamais rencontrées. La manière de vivre est pleine d'élégance et d'éclat, mais point de ces formes ennuyeuses et fatigantes qui la gênent autre part. Si le sort m'appelait à des fonctions autres que celles que je remplis à Alger, je regretterai le reste de ma vie cette douce hospitalité, et le charme de ces réunions pleines d'agrémens.

La plaine de Métidjah, dont la partie est touche à la ville, est probablement une des plus belles étendues de terrain qui existent sur notre globe, à la considérer sous le rapport de sa température, de sa fertilité et de sa position. Elle occupe une surface d'environ trois cent trente lieues carrées. Une foule de sources et plusieurs ruisseaux qui descendent des montagnes environnantes, l'arrosent de leurs eaux; et relativement à son étendue il n'y a pas de contrée qui pût nourrir une population aussi nombreuse. Si ce malheureux pays pouvait, par l'enchaînement des choses, jouir encore une fois des bienfaits de la civilisation, Alger, aidé des seules ressources de la plaine de Metidjah, deviendrait une des villes les plus opulentes des côtes de la Méditerranée. Mais l'action silencieuse du despotisme barbare de son gouvernement ne laisse à sa surface que le désert, la stérilité et la solitude.

CHAPITRE IV.

Des différentes nations ou tribus qui habitent le royaume d'Alger.—Leur origine probable.—Leurs mœurs.—Leur religion.—Leur langue-Tuariks.

Quoique les Turcs soient un peuple primitif, ils ne sont, dans l'Afrique, que des conquérans, habitans passagers du pays. Peu à peu, ils se mêlent avec les Maures; et si de nouvelles recrues, venues du dehors, n'en faisaient pas chaque jour un peuple nouveau, ils se perdraient bientôt dans la masse de la population algérienne. Ils sont observateurs rigoureux de la loi de Mahomet, et parlent la langue dont le gouvernement se sert dans ses actes.

L'ancien nom des Maures, *Mauri*, est probablement un terme générique, pour désigner tous les habitans de Maroc et de la Barbarie. Mais comme tout ce qui se rapporte à ce pays n'est indiqué que d'une manière très-vague, j'ai cru qu'il valait mieux, pour l'objet que je me propose, ne comprendre sous cette dénomination que les habitans du royaume d'Alger. Les Maures, qui forment la grande majorité de la population des villes, sont un mélange d'anciens Africains, d'Arabes et d'émigrés espagnols, qui se modifient continuellement par des alliances avec les Turcs et avec les Africains de l'intérieur, à qui leur séjour dans les villes, le temps, le changement d'habitudes, et leurs alliances avec les familles maures, font perdre insensiblement leur caractère primitif. Leur langue est un dialecte de l'arabe, qu'on pourrait appeler dialecte maure. Ils suivent la loi de Mahomet, et, quoiqu'ils appartiennent à plusieurs races, ils forment un peuple distinct, qui a son caractère national; et, sous ce rapport, ils ont une grande analogie avec les peuples de la Grande-Bretagne et des États-Unis. L'esprit naturel des Maures, et la souplesse de leur caractère, me feraient croire qu'ils pourraient s'élever au plus haut degré de civilisation, s'ils étaient secondés par les circonstances.

Les Arabes habitent les plaines de ce royaume : ils vivent sous des tentes, et changent continuellement le lieu de leur résidence, selon les saisons et l'abondance des pâturages. Ils ont les mœurs des peuples pasteurs, et, probablement aussi, les vices et les vertus de leurs ancêtres primitifs. On ne peut qu'établir des conjectures sur la nature des rapports qui se sont formés entre ces Arabes et les anciens habitans des plaines de la Mauritanie, dont ils sont devenus les conquérans et les possesseurs. Ils parlent l'arabe, professent le mahométisme; et leur caractère moral et physique, leurs mœurs, leurs coutumes, rappellent si exactement les Arabes de l'Asie, dont tant d'illustres voyageurs nous ont donné des descriptions, que je crois inutile d'en parler ici.

Les Arabes sont tributaires du gouvernement algérien; mais, sous d'autres rapports, c'est un peuple indépendant, régi par ses propres lois, sous des cheihk tirés de son sein. Quand le despotisme des beys leur paraît trop pesant, ils s'y soustraient en passant dans une autre province ou même dans le désert. C'est ainsi que les plaines fertiles de Bonne, dans la province de Constantine, sont, dans ces derniers temps, devenues presque désertes par l'éloignement des Arabes, qui ont fui devant une tyrannie trop accablante pour qu'ils pussent la supporter. Dans ces occasions, c'est ordinairement le royaume de Tunis qu'ils ont choisi pour le lieu de leur retraite. Les Arabes composent la cavalerie auxiliaire, qui fait avec les Turcs le service des provinces.

Les Biscarre habitent le midi de ce royaume, sur les confins du désert, au sud du grand lac d'eau salée, qui s'appelle *Chott*. Ils ont le teint brun, le caractère sérieux; leurs manières, leurs mœurs, leur caractère, diffèrent essentiellement de ceux des Arabes et des autres tribus africaines. Cependant, par leur langue, qui est un dialecte corrompu de l'Arabe, il paraîtrait qu'ils sont des restes de ce peuple célèbre, et que leurs mœurs se sont altérées par une vie sédentaire et par leurs alliances avec les Africains. Cette conjecture acquiert une nouvelle force, quand on pense qu'ils habitent une portion de territoire, nécessairement traversée par ce torrent d'Asiatiques qui envahirent et conquirent l'Afrique dans le VII° siècle. Les Biscarre sont soumis à la régence, qui n'a pas de sujets plus fidèles. Le gouvernement maintient sur leur territoire une garnison turque, quoiqu'ils soient à Alger soumis à la juridiction d'un amine biscarre, qui réside dans la ville, et dont le gouvernement reconnaît l'autorité. Le naturel des Biscarre est la complaisance et la fidélité. On les prend, dans les principales maisons,

8

pour domestiques de confiance : ils ont le monopole des boulangeries, sont les seuls commissionnaires d'Alger, et seuls sont employés par le gouvernement aux travaux publics. Ils sont encore les agens du commerce entre Alger et Gadames. La cécité est une maladie très-commune dans cette petite nation, et probablement elle est due à leur séjour dans le désert. On trouve ici beaucoup de Biscarre aveugles, qui sont chargés de la surveillance des rues et des portes intérieures pendant la nuit. Ils n'ont d'autre religion que le mahométisme.

Les Beni-Mozaab de Shaw ou Mozabite habitent un district du désert, au sud d'Alger, à vingt jours de marche environ pour une caravane, dont cinq jours au moins, passé les frontières de la régence, sans trouver d'eau. Je dis environ vingt jours d'Alger, quoique la chose puisse paraître étrange, parce qu'il m'a été impossible d'avoir des données positives sur la distance. On m'a même assuré qu'il y avait pour quarante jours de marche. Le gouvernement ne peut se défaire d'un sentiment de crainte et de défiance qu'il nourrit contre tous ces peuples, excepté contre les Cabylè. Par des informations que je dois croire exactes, j'ai su que ce petit peuple se partage en cinq districts, Gordica, Bérigan, Ouargala, Engoussa et Nadeam. Dans la carte d'Afrique du major Rennel, ces lieux sont placés entre les 31° et 33° de latitude nord, ce qui contredit tout-à-fait mes informations, à moins qu'on ne réduise à quinze milles une journée de marche pour une caravane. Mais il me semble qu'il pourrait y avoir erreur de plus d'un côté, puisque jamais il n'y a eu d'observations exactes pour déterminer ces points.

Un Thalib de ce pays, qui habite à Alger, m'a appris que chacune de ces tribus était gouvernée par un conseil de douze notables choisis par le peuple; que leur population, à ce qu'il pensait, était de deux cent cinquante mille âmes, chose qui me semble exagérée; qu'il ne savait pas qu'elles eussent jamais été en guerre avec aucun autre peuple, mais qu'il y avait beaucoup de querelles de famille. D'après lui il pleut rarement dans le pays. Ils boivent de l'eau de source. Ils cultivent bien un peu d'orge, mais les dattes sont le produit le plus important du pays. Autour de cette contrée s'élèvent de hautes montagnes escarpées, où l'on trouve des mines d'or. Ils connaissent Tembouctou, mais ils n'ont de rapports, avec l'intérieur de l'Afrique, que par Gadames et Tafilè.

Les Mozabite sont des hommes tranquilles, actifs et commerçans, connus par leur probité et leur bonne foi en affaires. Ils sont tout-à-fait indépendans de ce gouvernement. Leurs priviléges et leur commerce sont protégés par des contrats écrits, consentis par la régence, et, dans les affaires civiles, ils ne connaissent que la juridiction de leur amine, qui réside à Alger. Je crois qu'ils jouissent ici de beaucoup d'avantages. Agens privilégiés du commerce d'Alger avec l'intérieur de l'Afrique, ils ont le monopole des bains publics, des boucheries et des moulins de la ville. Les Mozabite sont blancs, mais leurs traits et leur air sont ceux des Arabes. Ils suivent la loi de Mahomet, mais s'en écartent dans quelques points qu'il m'est impossible d'expliquer. Ils refusent de faire les cérémonies de leur culte dans les mosquées publiques, et en ont une hors de la ville dans un moulin, où ils ont droit de s'assembler. On m'a dit que ce qui les empêchait de se servir des mosquées publiques, c'était parce qu'ils les regardaient comme des lieux impurs, à cause des égoûts qui sont pratiqués en dessous. Les Mozabite parlent le dialecte commun à toutes les tribus que l'on désigne sous le nom de Cabylè; mais on trouve dans leur langage plus de pureté et d'élégance, sans doute par suite de leurs habitudes pacifiques et de leur vie commerciale.

De ce fait et de leur position géographique, on doit conclure que c'est un peuple original, qui n'a jamais été conquis. Mais sont-ils les descendans des anciens Gétules, ou une colonie de Cabylè? c'est ce qu'il est impossible de dire. Les Mozabite, en échange des grains et des produits des manufactures étrangères, portent à Alger des esclaves, de la poudre d'or, des plumes d'autruche, des chameaux et des dattes. Mais je crois ce commerce très-limité. Le Thalib avec qui je m'entretins connaissait très-bien les Tuarik. Il me dit que c'étaient des hommes sauvages, voleurs, cruels; qu'ils habitaient le désert et parlaient la même langue que ses compatriotes. Je lui montrai les gravures coloriées du voyage du capitaine Lyon, représentant des Tuarik avec leur costume national. Il les reconnut à l'instant; les examina ensuite avec la plus grande attention, et me dit que c'était un portrait fidèle de ces hommes terribles.

Les Cabylè sont les peuples de cette partie de l'Afrique qui méritent le plus d'être étudiés. Ils ont toujours maintenu leur indépendance contre le gouvernement algérien, et descendent probablement de ces anciens Numido-Mauritaniens, que n'ont jamais soumis les armes d'aucun des conquérans de l'Afrique, depuis les Carthaginois jusqu'à nos jours. Leur nom de Cabylè vient du mot arabe *kabilet** qui veut dire *tribu*. Ce nom, quelque peu sonnant qu'il soit, fait assez connaître leur situation politique. Car ils n'ont pas d'autre séjour que les montagnes occupant toutes les branches de l'Atlas qui vont à l'est, et tirent des dénominations particulières des noms différens de ces montagnes en arabe, tels que : Beni-Chouv, Beni-Zeroual, Beni-Zouaouah, Beni-Abben, etc.; ce qui veut dire dans cette langue enfans ou habitans de ces montagnes. Chaque montagne a son état ou république indépendante. On les appelle aussi Béreber ou Berber, d'où est venu probablement le nom de Barbarie, qui sert à désigner cette partie de l'Afrique, et qui doit être une corruption du mot Bérébéria, mot employé par les Espagnols au lieu de celui de Barbarie. Mais ce ne sont là que des mots classiques; car ces peuples ne se doutent nullement s'ils sont *Bereber* ou *Berber*.

Les Cabylè sont blancs, de taille moyenne, nerveux, robustes, actifs, comme sont d'ordinaire les montagnards, et toujours maigres. Ils ont l'es-

* *Voyez* la note page 11.

prit vif, les mœurs sociales, et d'heureuses dispositions. Beaucoup d'entre eux qui ont le teint clair, des cheveux blonds; rappellent plutôt des paysans du nord de l'Europe que des habitans de l'Afrique. Le docteur Shaw parle d'une tribu de Cabylè qui habitent les monts Auress, (Mons Aurasius, mons Audus, au sud de la Constantine, où était située l'ancienne Lambésa,) dont tous les habitans ont le teint clair. Depuis, Bruce a visité ces montagnes, et il confirme le récit du docteur Shaw.

Ces faits et les qualités morales des Cabylè, qualités qui n'appartiennent pas du tout aux peuplades de l'Afrique, m'ont conduit à penser que c'étaient des descendans des Vandales, qui, après la destruction de leur empire en Afrique par Bélisaire, se réfugièrent dans les montagnes, où leur race s'est perpétuée jusqu'à ce jour. Mais leur langue ne présente pas la moindre trace du tudesque, et tout en croyant que le sang vandale est venu se mêler avec le leur, il faut leur chercher une autre origine.

Les Cabylè habitent toujours les montagnes jusqu'à leurs cimes les plus élevées. Ils y ont des villages, (*daskerah*) formés de huttes en terre et en osier. S'ils descendent dans la plaine c'est comme ennemis ou aventuriers. Leur gouvernement se compose d'une aristocratie et d'une démocratie trop peu puissante pour imposer leurs lois à une population turbulente et guerrière. De temps immémorial, leurs chefs sont choisis parmi les notables; mais leur autorité est très-limitée. On m'a dit que parmi eux la puissance des familles et le nombre des alliances faisaient principalement la sûreté des personnes et des propriétés.

Cependant les Cabylè sont un peuple actif et intelligent. Ils tirent de l'agriculture et de leurs troupeaux tout ce qu'il faut à leur subsistance. Ils fabriquent beaucoup de tissus en laine pour leur usage particulier, et l'on doit à leur travail presque toute l'huile qui se consomme dans le pays. Ils exploitent les mines de fer qui se trouvent dans leurs montagnes, convertissent en fonte les minéraux qu'ils en ont extraits, et en fabriquent une foule d'ustensiles assez grossiers et des outils aratoires pour les Maures. Ils connaissent aussi la fabrication de l'acier qui leur sert à la confection de toutes sortes d'armes, et d'une grande quantité de petits objets de coutellerie. Ils connaissent encore la manière de faire la poudre à canon. Comme ils ne consomment presque aucun des produits des manufactures étrangères, il a dû se rassembler dans leurs montagnes de grandes richesses en numéraire. Les Cabylè forment la classe la plus nombreuse de la population algérienne, et bientôt ce serait d'eux que les autres recevraient la loi, s'ils étaient capables d'union ; mais ils sont partagés en un millier de petites républiques, que tourmentent continuellement des guerres intestines. Le gouvernement algérien entretient ces guerres de familles, et, profitant de leur penchant à la discorde, les divise pour les dominer. Mais ils portent dans le cœur un sentiment d'indépendance qu'on ne saurait vaincre, et l'histoire de la domination algérienne ne présente pas une seule tribu Cabylè que les armes aient tout-à-fait domptée. Ils résistent jusqu'à l'extrémité, et quand la résistance est devenue désormais impossible, leurs débris vont se perdre dans une autre tribu. Les Turcs connaissent si bien leur esprit d'indépendance qu'en cas de guerre, ils se contentent de ravager leur territoire; les Cabylè qui opposent à leur attaque une tactique moins habile, sont forcés par ces ravages à renouveler la paix. Les tribus les plus puissantes habitent les montagnes de la Constantine.

Les *Beni Abbas*, qui occupent les passages des montagnes entre Alger et Constantine, pourraient seuls défier toutes les forces de la régence, s'ils avaient assez d'art pour profiter des moyens qui sont à leur disposition. Dans les parties maritimes de cette province, les Cabylè et les Turcs sont toujours dans un état de guerre. Ils sont les maîtres du pays qui s'étend tout autour du golfe de Stora. Ennemis des Turcs, ils traitent comme tels tous les étrangers qu'un malheureux hasard soumet à leur pouvoir, et non contens de les piller, ils les tuent. A la faveur des traités de paix avec Alger, beaucoup d'individus appartenant à ces tribus, cherchent de l'emploi à Alger et dans son voisinage. Ils se font bergers, laboureurs et domestiques chez les étrangers. Dans ce dernier état ils se montrent intelligens, actifs et honnêtes.

Le gouvernement algérien qui est jaloux de l'intelligence et du courage des Cabylè, s'oppose à ce qu'ils soient admis dans les familles de citoyens pour un emploi quelconque, et les éloigne de tout établissement public et particulier dans Alger. Depuis vingt ans seulement les consuls se sont débarrassés du préjugé que l'on cherche à entretenir contre les Cabylè, et les prennent pour domestiques dans leurs maisons. Leurs gages sont ordinairement de deux dollars et demi par mois. Les Cabylè ont pour le lieu qui les a vu naître un si grand attachement, qu'on a bien de la peine à les garder six mois, sans qu'ils aillent voir une fois encore leurs montagnes, au risque de perdre leurs emplois dans des familles qu'ils aiment et qui les traitent avec douceur. Enfin, tel est l'empire de ce sentiment national, qu'il m'est arrivé de voir une fois tous mes domestiques m'abandonner tout-à-coup, sous prétexte que leur pays était en guerre, et avait droit à leurs services. Tant qu'ils sont sous la main des Algériens, qui n'entendent pas raillerie en matière de religion, ils se soumettent à toutes les pratiques qu'ordonne la loi de Mahomet; mais je sais d'eux que lorsqu'ils sont dans leur pays, ils ne sont soumis à aucune de ces pratiques, et qu'ils n'ont même rien qui les remplace. Il y a pour eux à Alger une fondation où ils reçoivent une instruction gratuite.

Les Cabylè parlent une langue qui est probablement une langue primitive. Le docteur Shaw dit que dans les montagnes de l'Atlas on l'appelle le sillah, et dans le reste de la Barbarie chouiah, mais il ne nous dit rien de son origine. Je ne peux pas savoir si ces noms sont ou ne sont pas aujourd'hui en usage. Plus bas, quand je parle de cette langue, je l'appelle chouiah ; et cependant, si l'innovation n'était pas trop grande, je serais tenté de l'appeler langue des Lybiens, nom qui me semble plus caractéristique et plus juste.

Tous les autres habitans de cette partie de l'Afrique ont une origine à-peu-près connue. Il ne reste qu'à dire quelque chose de celle des Cabylè. Leur extérieur, leurs mœurs, leurs goûts, sont si peu ceux des autres peuples de ce pays, qui ont quelques rapports de parenté avec les Arabes, qu'ils parlent un dialecte si singulier qu'il faut absolument chercher leur origine dans une époque antérieure à celle de la domination des Arabes. L'histoire nous laisse croire que cette partie de l'Afrique ne fut jamais entièrement soumise aux Carthaginois. Cette nation commerçante semble n'avoir eu pour but que d'établir des comptoirs ou colonies sur les côtes de la mer, et de dominer dans l'Afrique par l'influence de son commerce. C'est un fait clairement démontré par la seconde guerre punique, où Rome fit en Afrique des traités contre elle avec des princes indépendans, qui furent la cause principale de ses succès dans la guerre entre Scipion et Annibal.

L'empire des Carthaginois en Afrique a beaucoup de rapports avec celui des Anglais dans les

Indes. Leur principal objet était le commerce et l'argent. Mais l'expérience a prouvé qu'un pareil gouvernement est incapable de faire adopter ses lois, ses institutions et sa langue aux nations soumises à sa domination ou à son influence. Rome suivit une politique contraire, qui devait nécessairement surmonter toutes les difficultés de cette espèce. Ses institutions et sa langue marchaient de front avec ses conquêtes; et cependant dans la Grèce et dans l'Asie, même dans la Calabre, sa langue ne fut jamais qu'un moyen de communication entre l'empire et ces pays. Plus tard, lorsque le siège de l'empire fut transféré à Constantinople, le grec fut insensiblement substitué au latin, qu'il finit par faire oublier totalement. Les traces de la langue des Romains ont disparu en Afrique par la conquête des Sarrasins.

Les mêmes faits se présentent dans l'histoire d'Angleterre. Toute l'adresse et la puissance des conquérans normands ne purent faire que le français devînt dominant. Aussitôt que le gouvernement eut cessé d'être étranger, les Anglais reprirent leur dialecte national; celui des vainqueurs disparut. On trouve encore de nos jours le celtique dans plusieurs provinces du nord de l'Europe, où la domination des étrangers n'a été qu'imparfaite. Si la politique des Romains qui était si sage, si profonde et si persévérante, ne put, dans une domination de plusieurs siècles, faire adopter sa langue aux tribus africaines, il faut croire que les Carthaginois ne furent pas plus heureux, et que la langue chouiah est antérieure à celle des Phéniciens en Afrique.

Si cette langue était d'origine phénicienne, elle appartiendrait à la classe appelée *chemitiqua* ou *sémitique*, et aurait naturellement de l'analogie avec l'hébreu et l'arabe. Je ne suis pas juge dans cette matière ; mais j'ai pour moi le témoignage du savant docteur Shaw, qui s'accorde avec celui des Juifs et des Arabes qui habitent ce pays. Or, si cette langue n'est pas dérivée du phénicien, il est absolument nécessaire qu'elle soit d'une origine aussi ancienne que quelqu'autre langue connue, et que la naissance des peuples chez qui elle est en usage, remonte à la plus haute antiquité.

Je lis dans Hérodote la remarque suivante : Autant qu'il m'est possible de le déterminer, je dirai que quatre nations habitent ce pays ; deux sont aborigènes, deux étrangères. Les Éthiopiens et les Africains sont les aborigènes. Les uns sont au nord, les autres au sud de l'Afrique. Les étrangers sont les Grecs et les Phéniciens. Le témoignage de cet ancien historien est confirmé par celui de tous les voyageurs en Afrique.

L'opinion d'Hérodote sur l'origine des premiers habitans de l'Afrique est si naturelle et si simple, qu'il ne faut ni un excès de crédulité, ni de grands efforts d'imagination pour s'y soumettre. Je pense au contraire qu'il sera difficile, à quelqu'un qui réfléchit, de croire, avec Salluste, que cette partie de l'Afrique a été peuplée par des soldats de l'armée d'Hercule, qui s'était débandée en Espagne. Les prétendues colonnes de Procope, avec des inscriptions phéniciennes portant que les premiers habitans du pays étaient des Chananéens que le brigand Josué avait chassés de leur patrie, me semblent aussi peu dignes de foi que ce récit sur le corps du géant Anthée que fit déterrer Sertorius, et qui avait soixante coudées de long, comme nous l'apprenons par Plutarque, dans la vie de cet illustre Romain.

Il est vrai que l'Europe peut, à des époques éloignées, avoir été traversée par des hordes de Barbares asiatiques qui avaient quitté leur pays, puisque la chose est arrivée dans des temps plus rapprochés de nous. Ces hordes de Barbares peuvent bien avoir passé d'Espagne en Afrique, et ces envahissemens nous avoir été présentés comme les conquêtes d'Hercule ; mais c'est une supposition purement gratuite. Je donnerai, dans l'appendice, un tableau de la langue chouiah, ou langue des Cabylè, aussi complet qu'il m'a été possible de le faire avec les vocabulaires du docteur Shaw, et d'autres auteurs qui ont parlé de ce pays. Toutes ces tribus emploient l'alphabet des Arabes, et je n'ai pu savoir s'ils s'en servent pour écrire dans leur langue. Je sens toute mon insuffisance pour discuter une question aussi importante ; mais comme je n'ai d'autre but que de porter de ce côté l'attention de ceux qui sont en état d'en juger, je pense que les remarques ajoutées aux recherches déjà faites ne paraîtront pas déplacées. La langue chouiah est parlée par toutes les tribus de l'Atlas et des chaînes qui traversent les royaumes d'Alger et de Tunis, par les peuplades du désert, depuis Maroc jusqu'à Siouah, la prétendue Asie de Jupiter Ammon. Il n'y a que les parties où pénétrèrent les armes des Arabes, et soumises à leur domination, où elle ne soit pas usitée. Dans tous ces pays, elle est si peu différente d'un lieu à un autre, qu'on peut, en parlant le dialecte d'une tribu, se faire comprendre de toutes les autres, c'est-à-dire d'une foule de tribus établies sur une grande partie du territoire africain, et qui ont dans leur caractère moral et physique beaucoup de traits de ressemblance.

Quoique les Cabylè soient un peuple intelligent, ayant des dispositions sociales et douces, on ne trouve pas en eux l'aptitude naturelle des Maures et des Arabes pour le commerce. L'indépendance paraît être le premier besoin de leur âme, et, pour elle, ils se soumettent volontiers à toutes les privations d'un climat rigoureux. Au moins, c'est là aujourd'hui leur condition politique. Des causes particulières peuvent bien leur avoir fait envoyer chez leurs voisins le superflu de leur population, et fonder des colonies dans un pays qui semble n'avoir jamais eu rien de stable dans ses institutions; mais leur position, dans des montagnes, n'a pas dû être un attrait capable d'attirer des étrangers parmi eux. Ainsi leur langage a dû se conserver pur dans une longue suite d'âges. Un peuple, ainsi constitué, sans une religion qui lui fût propre, a dû embrasser facilement celle de ses voisins, surtout parce qu'en la recevant il ne s'engageait à rien; et que l'islamisme, qui ne demande que très-peu de connaissances, est la religion qui convient le mieux à un peuple dans l'état de barbarie. Aujourd'hui on regarde les Cabylè comme des musulmans de nom.

D'après les récits des célèbres voyageurs Horneman et Lyon sur les Tuarik, nous savons que c'est un peuple blanc, nombreux, brave, guerrier, et dont les mœurs et la conduite indépendante contrastent d'une manière frappante avec l'esprit de bassesse qui se pratique à la cour du Fezzan. Horneman les appelle *un grand peuple*, et le capitaine Lyon dit qu'il ne vit jamais une si belle race d'hommes. Ils occupent ce pays immense qui s'étend entre le Fezzan, le pays de Tibbous, le Soudan, Tembouctou, Maroc et les frontières sud de la Barbarie. Cependant la plus grande partie de ce pays immense doit être un désert inhabité. Horneman remarque, en parlant de Siouah, qu'on y parle la langue des Tuarik, et il en donne un petit vocabulaire. Il semble qu'il peut y avoir quelques rapports entre les mots Siouah et Shouiah, et un des petits villages de ce district s'appelle Agrini, mot qui peut venir d'*Aragum*, qui signifie pain, sans doute pour désigner un pays abondant en blé, et d'une grande fertilité.

Lyon remarque qu'ils parlent la langue des Béréhère ou Berber, qui occupent les montagnes de

Maroc et de la Barbarie. Il l'appelle *Irkhna*, mais sans en donner de vocabulaire. Ces peuples vantent beaucoup l'antiquité de leur langue, et prétendent que Noé la parlait de préférence à toute autre : ils ne comprennent pas l'arabe, et, malgré leur attention superstitieuse à observer toutes les formes prescrites par la loi de Mahomet, ils ne savent pas un mot de sa doctrine. Ces deux voyageurs rapportent que plusieurs tribus Tuarik sont encore idolâtres. Il n'y aurait donc rien d'absurde à croire que les Tuarik sont un peuple primitif, qui n'a jamais été conquis, et chez qui s'est conservé le dépôt d'une ancienne langue; que cette langue, identifiée avec le chouiah, qui est la langue des Cabylè, doit être l'une des plus anciennes langues du monde, ayant résisté et survécu aux conquêtes des Carthaginois, des Romains, des Vandales et des Arabes.

On peut faire remarquer en passant, que la difficulté de faire des conquêtes à l'est de la Lybie a dû conserver ces langues primitives dans toute leur pureté. L'Égypte, que l'histoire des temps les plus éloignés nous représente comme un royaume très-peuplé et très-puissant, entourée comme elle l'est, de toutes parts, de ses déserts de sable, a dû présenter une barrière insurmontable aux inondations des Barbares d'Asie, tandis que l'Europe a reçu les flots de ces hordes sauvages, qu'on a vues se succéder et se chasser mutuellement, entraînant dans une ruine commune la civilisation, les institutions et les langues. Par-là, peut s'expliquer cette grande variété d'idiomes pour un pays aussi peu étendu que l'Europe.

L'invasion de la Lybie par l'armée de Cambyse, après la soumission entière de l'Égypte, est le seul exemple de cette nature; mais on sait que son armée périt toute entière dans le désert. La marche d'Alexandre, depuis l'Égypte jusqu'au temple de Jupiter Ammon, a quelque chose de miraculeux. L'itinéraire de Horneman démontre qu'aujourd'hui la chose serait impossible. Il paraîtrait donc que les nations lybiennes restèrent à l'état qui avait été le leur dans des époques antérieures à nos connaissances historiques; et que les colonies maritimes des Phéniciens et des Grecs purent seules avoir sur elles quelque influence morale, jusqu'au temps où elles arrivèrent à être mieux connues par le moyen des Carthaginois et des Romains. Depuis ces époques, l'histoire nous donne, de loin à loin, quelques notions sur ces peuplades, sous le nom de Numides, de Mauritains, de Massyliens, de Massasyliens, etc. Toujours elles résistent, toujours sont vaincues, mais jamais domptées. Telles nous les retrouvons encore aujourd'hui.

CHAPITRE V.

De l'histoire politique d'Alger, depuis 1810 jusqu'à 1825.

Des bandits tels que les Algériens, qui, dans l'orgueil de la barbarie et de l'ignorance, méprisent les arts, les sciences et les progrès d'une société civilisée, ne mériteraient pas l'attention de l'histoire, si, par une fatalité bien étrange, non moins honteuse qu'insultante pour des peuples civilisés, ils n'étaient pas entrés comme membres dans le système politique de l'Europe. Caressés, encouragés, par les deux premières puissances maritimes du monde; dans leur insolence à mépriser les lois des nations, ils sont devenus, entre leurs mains, des instrumens nécessaires pour tourmenter le commerce des petits états, et leur en réserver le monopole.

Voltaire parle du bombardement d'Alger, par

la flotte de Louis XIV, comme de l'un des faits d'armes les plus mémorables du règne du ce monarque si plein de vanité. Celui de 1816, par les flottes combinées de la Hollande et de l'Angleterre, n'est pas moins célèbre dans l'opinion ; mais ces deux expéditions n'ont été qu'un vain étalage de puissance contre un ennemi bien méprisable, et tout au plus une leçon pour lui apprendre qu'en respectant les intérêts de la France et de l'Angleterre, il pouvait se jouer du reste du monde, et le piller impunément. Dans ces deux occasions, ils ont été, il est vrai, humiliés jusqu'à terre, et les vainqueurs n'avaient qu'à vouloir pour faire cesser leurs incursions ; mais à la gloire de délivrer le monde de ce fléau, ils ont préféré la conservation de leur influence dans les conseils de la régence, pour en faire à leur gré un instrument de mal contre d'autres états. Depuis cette époque, ces deux grandes puissances se sont disputé cette influence avec des chances de succès qui ont suivi les variations de leur fortune.

Il est vrai que la malheureuse expédition de l'Espagne contre Alger *, et l'incapacité comme la négligence des Portugais, dans une guerre de plusieurs années contre cette même puissance, ont

* 1775.

donné un air d'importance et de dignité à cette régence, qui ne repose sur aucun fondement. Je n'ai pas à ma disposition de monumens authentiques pour étudier l'histoire d'Alger en remontant à des époques éloignées ; mais si je les avais que pourraient-ils m'apprendre, si ce n'est de sanglantes atrocités trop affreuses pour réveiller l'intérêt ou obtenir l'indulgence des gouvernemens de l'Europe pour les insolentes prétentions de ces barbares, la honte de la civilisation. Aussi ne regretté-je pas d'en être privé. Mon intention est donc seulement d'offrir un précis rapide de leurs guerres et de leurs relations avec les puissances étrangères, depuis 1810, époque à laquelle leur orgueil et leur puissance semblaient s'accroître, tandis qu'ils étaient déjà à la veille de leur décadence.

Aussitôt après la paix de 1783, quand les États-Unis devinrent une puissance indépendante, Alger leur déclara la guerre, en vertu des droits qu'on voulait bien lui accorder. En 1785 deux vaisseaux américains furent capturés dans l'Océan. Par là leur commerce fut entravé dans la Méditerranée. Mais à cette époque le Portugal était en guerre avec la régence, et par suite de la politique adoptée dans de pareilles circonstances, il avait une croisière dans le détroit de Gibraltar, qui empêchait généralement les vaisseaux algériens de sortir de la Méditerranée, et protégeait ainsi la liberté du commerce américain dans l'Océan. Le commerce maritime des Etats-Unis resta dans cet état équivoque jusqu'à l'année 1793, où une trêve fut négociée, par le gouvernement anglais, entre Alger et le Portugal. Aussitôt les croisières algériennes se jetèrent dans l'Océan, et cette même année furent capturés onze bâtimens marchands américains, qui arrivèrent prisonniers à Alger avec leurs équipages.

Cette circonstance porta le nombre des citoyens américains esclaves à Alger, à plus de cent, et fit naître dans leur nation un noble sentiment d'intérêt pour leur malheur. Des difficultés qui étaient la conséquence inévitable de la guerre de l'indépendance, avaient été enfin surmontées par les Etats-Unis, grâce à une excellente constitution qui semblait leur promettre l'avenir le plus heureux. Mais leur dette publique était immense, et dans le dénûment où ils étaient de forces navales, la guerre avec Alger devint pour eux une véritable calamité nationale. On essaya donc d'une négociation avec la régence, pour délivrer les citoyens américains esclaves à Alger, ainsi que d'un traité de paix qui mît à l'avenir le commerce à l'abri de pareilles déprédations. C'était dans le moment tout ce que pouvait faire le gouvernement. Le colonel Humphreys, ministre des Etats-Unis à Lisbonne, fut donc chargé par le président de conduire les négociations. En conséquence Joseph Donaldson reçut la commission d'aller à Alger; et en septembre 1795, il négocia avec la régence un traité de paix, par lequel les Etats-Unis s'engageaient à payer aux Algériens une somme de 721,000 dollars, tant pour la rançon des esclaves américains, que pour les présens, gratifications, etc., en usage à cette époque. De son côté le dey d'Alger s'engageait à ménager aux Etats-Unis des traités de paix avec les régences de Tunis et de Tripoli. Les finances et le crédit des Etats-Unis étaient alors dans un état si déplorable, qu'on eut beaucoup de peine à prélever la somme nécessaire pour terminer les négociations. Le payement fut même assez retardé pour réveiller les craintes de la régence et lui faire faire de nouvelles demandes. Comme dans ce moment je ne peux pas consulter les registres publics où sont consignés les détails de cette négociation, je dirai seulement, et cela suffira pour l'objet que je me propose, que Joel Burlow, nommé commissaire ad hoc par les Etats-Unis, mit fin, en 1796, à cette ennuyeuse négociation, par le payement de la somme fixée l'année précédente par Donaldson et par de nouveaux sacrifices qui, en y comprenant les pertes occasionnées pour le prélèvement de cet argent, portèrent le prix de la paix à plus d'un million de dollars.

Par ce traité, les États-Unis devenaient en outre tributaires d'Alger, pour une somme annuelle de 12,000 sequins, ce qui fait environ 22,000 dollars, qu'ils devaient payer en munitions de guerre et de mer. Par l'évaluation arbitraire qu'on faisait à Alger de ces objets, évaluation à laquelle les circonstances forçaient les États-Unis de consentir, ce tribut était presque doublé. Pour les présens, ils restaient soumis à la loi commune.

Ainsi, sous l'empire de circonstances impérieuses, les États-Unis devinrent tributaires de la régence. Plus tard, quand leur commerce s'agrandit et prit une extension extraordinaire, les demandes des Algériens s'élevèrent encore, et le gouvernement américain fut obligé de céder pour éviter une rupture qui aurait produit des pertes immenses pour son commerce et de grands embarras politiques. Telle était la nature des relations des États-Unis avec Alger, quand, sans être provoquée, la régence lui déclara la guerre.

Les relations de la France avec la régence ont toujours eu un caractère, sinon plus amical, du moins plus intéressé que celles des autres puissances. La France avait été le premier des états chrétiens à contracter une alliance avec la Porte ottomane; et la première aussi elle avait arrêté les déprédations des Algériens, châtié leur insolence, et par là elle avait laissé dans l'esprit de ces barbares des impressions profondes et favorables à sa politique. C'est une opinion reçue par les Algériens, qu'ils ne doivent jamais provoquer les hostilités de la France. Avant la révolution, le gouvernement français avait acquis pour un tribut annuel très modique, le commerce exclusif de la province de Constantine, le privilége de la pêche du corail, et le droit d'avoir une garnison à La Cala, près de Bonne. Une compagnie, autorisée par le gouvernement, sous le nom de compagnie d'Afrique, exploitait ces avantages avec l'ardeur et l'industrie qui caractérisent cette nation intelligente.

Le commerce maritime de Marseille avec tous les pays que baigne la Méditerranée était immense; et par suite des hostilités de la régence contre les états italiens, son pavillon ne trouvait de rivaux dans la Méditerranée que l'Angleterre et les puissances du Nord. Sa politique à Alger était adroite, insinuante, persuasive et persévérante. Ses agens étaient en général gens habiles, et connaissant très-bien les intérêts de leur pays. Avec des présens faits à propos, de l'or, comme moyen de corruption, ils se conciliaient la faveur des individus qui composaient le gouvernement algérien et de leurs subordonnés; peu leur importait l'argent, la dignité même de la France, s'ils atteignaient le but, le seul but de leur ambition, les avantages du commerce français. Les Algériens, qui étaient dans le secret de leur politique, ont pris en conséquence plus d'une fois les plus grandes libertés contre le pavillon français, sachant bien que les discussions qui en résulteraient se termineraient nécessairement à leur avantage. Cependant il est probable que les agens français leur ont fait remarquer plus d'une fois, et non pas inutilement, qu'il pouvait être dangereux de trop oser contre la patience d'un grand et puissant état.

Jamais la France ne s'abaissa jusqu'à payer un tribut à Alger, mais toujours ses présens furent magnifiques et offerts à propos. Il est même probable qu'en masse elle paye indirectement aux Algériens plus qu'aucune autre nation, et toujours elle s'est montrée obséquieuse et disposée à leur rendre des services empressés, souvent même au mépris du droit des gens. Cet état de choses cessa à la révolution française, époque à laquelle la Porte, pour se venger de l'invasion de l'Égypte par la France, força le gouvernement algérien de lui déclarer la guerre. Mais ce ne fut qu'une guerre de nom, que les Algériens faisaient contre leur gré, et dans l'idée qu'elle était funeste à leurs intérêts. Napoléon, quand il fut élevé au consulat, renouvela le traité d'alliance entre la France et Alger; et dans la suite, usant de l'influence que lui donnaient l'intrigue, d'anciennes impressions en faveur de la France, et la crainte de sa puissance, il força la régence à rendre la liberté aux esclaves originaires des différens états de l'Italie, qui avaient été incorporés à l'empire français, et qu'il fit reconnaître comme partie intégrante de ce même empire. Mais à mesure que la Grande-Bretagne acquit sur mer une supériorité marquée, l'influence de la France alla en déclinant. L'Angleterre obtint le privilége de la pêche du corail que perdit la France, et à l'époque dont nous parlons, tout avait passé du côté de sa rivale.*

* En 1815 la France rentra à cet égard dans toute la plénitude des droits que lui donnaient ses anciens traités avec la régence. N. du T.

Depuis la paix honteuse de 1785, après la malheureuse expédition du comte O'Reilly en 1774*, et les bombardemens qui eurent lieu jusqu'en 1784, sous l'amiral Barcelo, mais qui furent inutiles, parce qu'on manqua de persévérance, l'Espagne a perdu toute influence à Alger. Pleins de mépris pour une puissance qui était incapable d'user des moyens qu'elle avait à sa disposition, les Algériens ont fait peser sur elle les outrages les plus insultans, d'où sont résultés les plus grands maux pour ce pays. Depuis lors, sous les prétextes les plus frivoles, il lui a fallu se soumettre aux exactions les plus rigoureuses.

Nous devons ici parler de la Hollande, parce que c'est le premier état civilisé qui ait payé un tribut à Alger, et que la politique n'était qu'un simple calcul d'intérêt, sans la moindre dignité nationale. Toute la politique des puissances du nord de l'Europe s'est réduite à obtenir la paix aux conditions les plus avantageuses pour les deux partis. Les Algériens ont été touchés de leur bonne foi et de leur fidélité à remplir les conditions stipulées, quoique souvent la régence n'ait eu d'autre règle de conduite que son intérêt ou plutôt son avarice. Mais, de leur côté, ces

---

* Cette expédition eut lieu en juillet 1775.   N. du T.

états oublient aussi quelquefois les conditions des traités qui les unissent à la régence.

L'Angleterre a toujours visé au même but que la France; mais ses moyens ont été différens:

Quand l'Europe a été en paix, elle n'a guère songé à flatter l'orgueil et l'arrogance des Algériens, et s'est bien gardée de prodiguer ses présens, quand les circonstances n'avaient rien d'impérieux. Même, elle a choisi au hasard les agens qui devaient la représenter; et, plus d'une fois, ce choix est tombé sur des hommes assez communs, jouissant d'un pouvoir très-limité, et soumis à la juridiction du commandant de leurs flottes dans la Méditerranée, ou des gouverneurs de Minorque, de Gibraltar ou de Malte.

Probablement le manque d'instructions nécessaires a souvent induit ces agens en erreur; car, plus d'une fois, ils ont été rappelés sur les plaintes de la régence. Mais la Grande-Bretagne, sans avoir, dans sa politique à l'égard d'Alger, la même persévérance et le même but que la France, a toujours réclamé, et non pas en vain, d'être au moins son égale en considération. En temps de guerre, elle a aussi rivalisé avec elle de complaisance pour ces pirates, sans conserver la dignité de son caractère.

Je suis porté à croire, d'après la politique erronée suivie à Alger par la Grande-Bretagne, qu'Alger a été vu sous l'influence d'anciennes impressions, quand la Hollande était une rivale formidable de la marine anglaise, et que l'importance réelle de cette régence barbaresque n'a pas été justement appréciée; car je ne trouve pas que l'Angleterre ait généralement intrigué dans ce pays contre une autre puissance que la France. Avant 1816, quand elle s'interposa en faveur de ses alliés, bien qu'elle ait hâté les négociations, elle a rarement obtenu des conditions plus favorables que celles qui auraient été accordées sans son intervention. Il n'est pas possible d'expliquer autrement l'étrange condescendance de l'Angleterre envers une puissance, si l'on peut appeler ainsi la régence d'Alger, incapable de lui faire aucun mal, ou de lui rendre aucun service essentiel. Il n'y aurait jamais eu nécessité de bombarder Alger, entreprise qui coûta beaucoup d'hommes et d'argent, si, par suite d'une indulgence déplacée, les Algériens ne s'étaient follement flattés de l'espoir qu'ils pourraient résister à des puissances de premier rang, par conséquent à l'Angleterre elle-même.

Telle était la situation politique des différens

états, connus et représentés à la cour du dey, en 1810, quand le Portugal combattait pour son existence politique; quand ce royaume était envahi par les Français, ou occupé militairement par son alliée, et que les débris de sa marine marchande étaient exposés aux brigandages des Algériens, qui venaient de capturer une de ses plus belles frégates, à la honte de la marine portugaise; alors la Grande-Bretagne se détermina à exercer son influence en faveur de son allié, et à le délivrer, au moins pour le moment, des vexations de cet ennemi. Le secrétaire de la légation anglaise à la cour de Lisbonne s'embarqua, au mois de mai de la même année, pour Alger, et négocia une trêve, ou plutôt les articles préliminaires d'un traité de paix entre le Portugal et la régence; les conditions furent que le premier payerait la somme de 698,337 dollars, pour la rançon de six cent quinze esclaves, sujets du Portugal. La Grande-Bretagne s'engageait d'ailleurs à amener la conclusion d'un traité définitif. Dans le cours de l'année suivante, la rançon fut payée, et les esclaves recouvrèrent leur liberté.

En 1812, un traité définitif fut conclu, par les soins de M. A'Court, ministre de la Grande-Bretagne, à Alger. Aux termes de ce traité, le Portugal lui paya en sus environ un demi-million de dollars ; s'engagea pour un tribut annuel de 24,000, sans compter le présent pour la présentation d'un consul, et celui qui revient tous les deux ans.

Le consul anglais fut, par suite de ce traité, nommé consul du Portugal, chargé qu'il remplit encore, et pour laquelle il reçoit des appointemens et les gratifications ordinaires. Sir William A'Court s'est depuis distingué, en sa qualité de représentant de son souverain, dans deux occasions importantes, et ne sera pas sans doute passé sous silence par l'historien du déclin de l'influence anglaise sur le continent de l'Europe.

Dans la même année 1810, quand la violence de la guerre avait chassé de l'Océan le commerce des états neutres, les puissances tributaires d'Alger, entr'autres les Etats-Unis, ne purent alors envoyer les contributions d'approvisionnement naval et militaire, stipulées par leurs traités respectifs. Les Algériens donc étaient sur le point de suspendre forcément leurs pirateries ; lorsque l'Angleterre eut l'inconcevable générosité de leur envoyer, sous l'escorte d'un vaisseau de guerre, deux gros bâtimens et un brig chargés de mâts et mâtereaux, câbles, cordages, poudre à canon, boulets, etc. Ce convoi arriva à Alger le 16 mai 1810.

Les Algériens regardèrent toujours cet envoi comme don gratuit. Cependant on demanda depuis le payement de ces fournitures ; lord Exmouth l'exigea et l'obtint probablement après le bombardement d'Alger en 1816.

En septembre 1811, un petit navire caboteur algérien fut pris et coulé à fond par un corsaire sicilien appelé la Rondinella ; le 22 du même mois, un corsaire espagnol, commandé par un capitaine appelé Barcelo, arriva à Bonne pour se ravitailler. Le capitaine fut accusé d'être l'auteur de la perte du caboteur ; et le gouvernement algérien exigea du vice-consul espagnol, que le gouvernail et les voiles du corsaire fussent enlevés, jusqu'à ce que l'affaire fût éclaircie et toute satisfaction obtenue. En vain le corsaire donna les preuves les plus satisfaisantes de son innocence : le vaisseau allait être saisi. Le capitaine, comptant peu sur la justice algérienne, partit la nuit suivante, laissant ses papiers dans les mains du vice-consul. Le dey, informé de cette affaire se fit amener, chargé de chaînes, le vice-consul espagnol. Cet homme, âgé de soixante-cinq ans, fut conduit enchaîné à Alger, condamné à un travail pénible dans les carrières, et traité avec la plus grande inhumanité. Les capitaines et les équipages de deux vaisseaux qui se trouvaient alors dans le port d'Alger, partagèrent le sort du vice-consul, et leurs cargaisons, estimées plus de 20,000 dollars furent confisquées.

L'innocence des Espagnols était clairement démontrée : on n'eut aucun égard à leurs réclamations, et le dey demanda une somme énorme à l'Espagne pour renouer avec elle des relations de paix. Dans cette extrémité, l'Espagne eut recours à la médiation de sa puissante alliée, l'Angleterre. Il en résulta que le vaisseau de ligne anglais *the Indompted*, fut envoyé à Alger avec plus de 70,000 dollars, rassemblés avec peine dans un pays désolé par la guerre. Son commandant, le capitaine Adam, fut chargé de la négociation, et réussit en représentant au dey que, dans sa triste position, l'Espagne ne pouvait lui offrir davantage. En même temps, afin d'appuyer la négociation, le vice-consul fut élevé à la dignité de consul-général, et le présent qu'on a coutume de faire en de telles occasions fut remis par l'intermédiaire du gouvernement anglais.

Quelque temps après la Grande-Bretagne, qui

était maîtresse absolue dans la Sicile, paraît avoir jugé à propos de protéger le cabotage de cette île et les malheureux habitans des côtes, contre les déprédations des Algériens, surtout parce qu'elle pouvait alléguer que les différens ports d'Italie occupés par les Français étaient ainsi protégés. Elle employa donc pour cela son influence à Alger, et une trève fut obtenue pour la Sicile, sans cependant que les Siciliens qui étaient esclaves à Alger fussent mis en liberté. Je n'ai jamais pu savoir si cette trève fut achetée ou non.

En avril 1812, une lettre du prince régent d'Angleterre au dey d'Alger fut apportée par le drogman de ce dernier, au colonel Léar, alors consul général des États-Unis en Barbarie, pour qu'il la traduisît en langue franque. En voici un extrait :

« Le prince régent, au nom de son père Georges III, déclare que la longue maladie du roi l'a empêché de répondre plutôt à la lettre qui lui a été apportée en Angleterre de la part du dey, par son ambassadeur Hadgi-Hassan.

» — Il assure le dey de son amitié, fondée sur les traités.

» — Il garantit à la capitale des états barbaresques la protection de ses flottes, aussi long-temps que la bonne intelligence subsistera entre les deux nations.

» Les flottes de la Grande-Bretagne dominent toutes les mers, et sont la terreur de tous les états maritimes. Quiconque s'opposera à sa puissance, payera cher son audace.

» Il prie le dey de ne pas permettre que les ennemis de la Grande-Bretagne portent atteinte à la bonne intelligence qui subsiste maintenant entre les deux nations, et de ne pas écouter leurs perfides insinuations.

» Son ambassadeur lui rendra compte de l'accueil qui lui a été fait en Angleterre.

» Il envoie en présent au dey quelques productions des manufactures de son royaume.

» Donné à la cour de Carlton-house, le 4 janvier 1812. »

Ce document extraordinaire, signé par le prince régent, et contresigné par lord Liverpool, par lequel la Grande-Bretagne s'oblige à une alliance défensive, à la seule condition de la part des Algériens de respecter les traités existant entre les deux nations, démontre pleinement quels égards, quels ménagemens on avait pour ces barbares, à la cour de Carlton-house.

A cette époque, les Algériens avaient atteint

le plus haut degré de puissance et de considération auquel ils pouvaient aspirer. Leur amitié était recherchée par les plus grandes puissances maritimes : ils croyaient, par la prise d'une frégate européenne en combat singulier, avoir établi leur grandeur maritime sur une base solide. Leur guerre avec Tunis avait été heureuse; la prise d'une frégate tunisienne avait aussi enflé leur orgueil; ils avaient même osé insulter le grand-seigneur, en capturant quelques vaisseaux grecs portant son pavillon. Alors ils se vantaient d'être la première puissance maritime après l'Angleterre.

Ce fut à cette époque que le dey se décida à déclarer la guerre aux États-Unis, politique fatale, qui, soit directement, soit indirectement, a été cause des plus grands malheurs qu'Alger ait jamais éprouvés, et dont les effets ne cesseront probablement que par la perte de son indépendance et l'extinction de ses pirateries.

La régence adopta cette mesure sur l'avis de certains juifs qui avaient alors beaucoup de crédit auprès du dey, et qui étaient à la tête d'un établissement commercial d'une grande importance. En informant le dey de l'extension prodigieuse du commerce maritime des États-Unis, et de la douceur avec laquelle ils avaient supporté les déprédations des puissances belligérantes, ces juifs concluaient assez naturellement qu'Alger pouvait se permettre les mêmes exactions, et probablement obtenir une somme considérable pour le renouvellement du traité de paix. Et en effet, en prenant pour règle le cours ordinaire des affaires humaines, ils ne pouvaient pas être taxés d'une grande erreur. Ils ne pouvaient pas prévoir qu'au moment où ils donnaient un tel conseil, les États-Unis avaient déclaré la guerre à l'Angleterre. Ce qui, nécessairement, devait éloigner leurs vaisseaux de la Méditerranée, et faire dépendre l'issue de la guerre d'une cause tout autre que l'influence des Algériens.

Le moment qui fut choisi par le dey, pour la déclaration de guerre contre les États-Unis, donna à cette mesure le caractère le plus prononcé d'une hostilité préméditée. Le 17 juillet 1812, un vaisseau américain, the Alleghani, arriva à Alger avec le tribut qui était alors dû à la régence par les États-Unis. Ce vaisseau fut reçu avec les démonstrations d'une apparente satisfaction. On commençait à le décharger : le dey envoya demander les factures de toute la cargaison. Lorsqu'on les lui montra, il témoigna le plus grand mécontentement, et ne trouvant pas la quantité de poudre et les gros câbles qu'il prétendait avoir positivement demandés. Son indignation s'accrut lorsqu'il apprit que le même vaisseau avait frété pour Maroc quelques tonneaux de poudre, qui avaient été débarqués à Gibraltar, et quelques marchandises particulières. Il affecta de regarder cette conduite des États-Unis comme injurieuse à sa personne.

En conséquence il ordonna au consul de payer en numéraire le tribut dû à la régence par les États-Unis, et de quitter Alger le 25 du même mois avec sa famille et tous les sujets américains qui pouvaient se trouver dans les états de la régence, sous peine de voir le vaisseau et sa cargaison confisqués, et lui-même avec sa famille et ses concitoyens réduits à l'esclavage. Le consul soutint avec fermeté les intérêts de son pays, fit toutes les représentations convenables contre cette conduite arbitraire, mais en vain : il fut forcé de partir au jour fixé.

Au milieu de septembre suivant, un petit brig américain de onze hommes d'équipage fut capturé par un croiseur algérien. Cette prise insignifiante devait être le seul avantage qu'ils retireraient d'une guerre déclarée avec tant d'insolence, et dans l'espoir des plus brillans succès. L'année suivante le gouvernement américain fit une démarche indirecte pour obtenir, à prix d'argent, la liberté de ses sujets esclaves à Alger. Mais le dey rejeta positivement toute négociation à ce sujet, déclarant qu'il regardait ses esclaves américains comme au-dessus de toute rançon.

L'empereur Napoléon, ainsi que nous l'avons vu plus haut, avait forcé les états barbaresques de respecter les personnes et les propriétés des habitans des côtes et des îles de la Méditerranée qui étaient passées sous sa domination. Mais lorsqu'ils virent sa fortune décliner, ces barbares recommencèrent leurs courses contre l'Italie restée sans défense. La Hollande en se séparant de l'empire français et en se joignant à la coalition formée pour le rétablissement de l'ordre, de la liberté et de la légitimité, fut exposée aussi aux attaques des Algériens. La Suède aussi s'étant réunie à la coalition se trouva dans le même cas; car les Algériens prenant pour prétexte le retard apporté au payement du tribut annuel ordonnèrent de capturer les vaisseaux Suédois, et en juillet 1814, sept prises sous le pavillon de cette nation entrèrent à Alger. Les cargaisons de quatre de ces bâtimens consistant en toiles, sucre, café, sel, etc., estimées environ un demi million de dollars, furent confisquées. Le bâtiment qui portait le tribut étant arrivé sur ces entrefaites sous l'escorte d'un vaisseau de guerre, les Suédois obtinrent le renouvellement de la paix, leurs vaisseaux furent rendus, ainsi qu'une partie de leurs cargaisons qui fut reconnue comme propriété suédoise; mais le reste estimé un demi million, comme nous l'avons dit plus haut devint la proie des croiseurs.

Pendant la même croisière, deux vaisseaux capturés par les Algériens jetèrent l'ancre, par accident, dans la baie de Gibraltar. Là ils furent pris en charge par le commandant anglais, et escortés par un brig de guerre jusqu'à Alger, où ils arrivèrent au mois d'août de la même année. Une de ces prises était sous pavillon anglais et fut aussitôt relâchée. L'autre, vaisseau epagnol, fut déclaré de bonne prise.

L'année 1814 est peut-être l'époque la plus remarquable dans l'histoire de la civilation. Une longue guerre, qui, dans ses progrès, enveloppa graduellement toutes les nations, fut terminée par la dissolution de la masse la plus colossale qui ait étonné les hommes. Le gouvernement pacifique des Etats-Unis, qui avait été aussi entraîné par le torrent, conclut une paix honorable avec la Grande-Bretagne, le 24 décembre de cette année; et alors fut éteinte la dernière étincelle de ces guerres qui désolaient la chrétienté.

Il ne resta plus qu'Alger, que ce méprisable repaire de brigands, qui osât interrompre le repos général du genre humain. A la fin de cette année, les représentans de tous les états civilisés de l'Europe s'assemblèrent en congrès à Vienne. Là devaient être fondées et établies sur des bases larges et solides de la justice et de l'équité, l'indépendance et le bonheur de toutes les nations. Des conseils permanens furent nommés pour discuter toutes les grandes questions de l'intérêt général de l'Europe, et le congrès continua jusqu'à l'année suivante ses séances, qui furent interrompues par un autre grand événement.

Les travaux de cette illustre assemblée ont-ils justifié nos espérances? c'est ce que je ne rechercherai pas ici. Mais comme on y traitait des questions d'un caractère aussi général que la suppression totale de la traite des nègres, questions fortement appuyées par le crédit et l'influence d'une grande puissance maritime, sur des principes d'humanité, de religion et de philanthropie, on devait raisonnablement s'attendre à voir le congrès s'élever contre les prétentions anti-sociales de ces barbares, qui tenaient alors deux mille européens dans leurs fers; et prendre des mesures pour supprimer leurs pirateries, si funestes au commerce, si honteuses pour la civilisation. La Grande-Bretagne qui tenait justement le premier rang dans cette assemblée, paraît avoir appuyé fortement de son influence la suppression de la traite des Nègres, que repoussaient, par des motifs d'intérêt, la France, l'Espagne et le Portugal. Elle ne s'opposa que faiblement à l'asservissement de l'Italie, de la Pologne, de Venise, de Gênes, et même au démembrement des anciens états qui composaient le royaume de Saxe; mais elle resta sourde à toutes les propositions faites contre les pirates d'Alger. Lorsque plus tard son principal ministre au congrès fut questionné vivement à ce sujet dans le parlement, il allégua comme excuse les traités existant entre l'Angleterre et les états barbaresques. L'historien du congrès de Vienne n'hésite pas à accuser les ministres anglais d'égoïsme et de vues intéressées et oppressives. Mais il se préparait un événement de nature à déconcerter les vues de cette puissance en faveur des pirates barbaresques, et à rendre à l'avenir sa protection inutile. Aussitôt après la ratification du traité de Gand, le congrès des Etats-Unis, alors assemblé, ne pouvant plus long-temps supporter l'idée de payer un tribut aux Algériens, leur déclara la guerre, et fit les préparatifs nécessaires pour envoyer dans la Méditerranée des forces navales qui pussent ou forcer la régence à conclure la paix, ou protéger le commerce contre le brigandage de ses croiseurs. A cette occasion je fus choisi par le président, conjointement avec les capitaines Bainbridge et Decatur, commandans de l'escadre, pour traiter de la paix avec Alger. Je partis de New-York en mai 1815 avec le dernier, qui commandait la première division, composée de trois frégates, un sloop, un brig, trois schooners. Nous entrâmes au commencement de juin dans la Méditerranée, et le 16 du même mois, nous rencontrâmes et prîmes, à la hauteur du cap Gatte, une frégate algérienne. Deux jours après nous prîmes un gros brig, et le 28 du même mois, nous parûmes à la hauteur d'Alger. Conformément à nos instructions, nous proposons à la régence les conditions auxquelles elle peut renouveler la paix avec les Etats-Unis. Les Algériens parurent confondus par ces événemens, et comme ils avaient tous leurs croiseurs en course, ils acceptèrent, presque sans discussion, les conditions que nous leur dictâmes. Le traité fut signé le 30 juin, et le soir du même jour je débarquai à

Alger comme consul-général des Etats-Unis, titre que m'avait conféré le président, dans le cas où la paix serait conclue.

Ces évènemens se succédèrent si rapidement que je pouvais à peine y croire. Que la régence d'Alger cédât à la première menace, voilà ce qui me paraissait incompréhensible; mais un léger examen me découvrit le ridicule fantôme de leur puissance je regrettai que nos instructions ne nous permissent pas de leur infliger un châtiment plus exemplaire. Après mon installation comme consul général, j'envoyai par le brig l'Épervier, une copie du traité pour le soumettre à la ratification du gouvernement. Notre commission dissoute, le commodore Decatur se dirigea avec son escadre vers Tunis et Tripoli, et força les gouvernemens à lui rendre la valeur intégrale de plusieurs prises envoyées dans leurs ports par un corsaire américain pendant la dernière guerre, et qui y avaient été saisies par des vaisseaux de guerre anglais, contre les lois des nations et la foi des traités existant entre les États-Unis et ces régences. Cette leçon fit sur les puissances barbaresques l'impression la plus profonde qu'ils eussent ressentie depuis leur infâme existence.

Vers cette époque, l'empereur Napoléon, réparant ses forces comme un nouvel Antée, rencontra, dans les champs de Waterloo, les armées confédérées de l'Europe, et fut une seconde fois renversé. Alors les souverains victorieux se réunirent à Paris, pour délibérer sur les destinées du genre humain. Ce fut là qu'ils reçurent la nouvelle du châtiment infligé aux Algériens par l'escadre américaine, et de la paix qui s'en suivit entre les deux nations. Cet événement, dans des temps ordinaires, n'eût été important que pour les parties intéressées. Mais il montra si clairement la faiblesse des Algériens, que toutes les puissances furent étonnées de voir l'Angleterre refuser de concourir à réprimer leurs brigandages, dans le moment même où elle pressait l'abolition de la traite des nègres; et, depuis ce temps, le gouvernement anglais paraît avoir changé de conduite à l'égard des états barbaresques, ainsi qu'on le verra dans la suite.

Au milieu de juillet de cette même année, une escadre hollandaise, commandée par un contre-amiral, et composée de quatre frégates, un sloop et un brig, parut devant Alger, et, par l'intermédiaire du consul anglais, offrit de renouer un traité de paix, d'après les anciennes conditions. Mais ces propositions furent rejetées; on voulait que la Hollande consentît à payer les arrérages de tributs, présens, etc. montant à une somme énorme. La négociation fut donc rompue.

Pendant le reste de cette année, et l'hiver suivant, les vaisseaux anglais se succédèrent rapidement dans la baie d'Alger. Ces visites réitérées parurent annoncer quelque mouvement extraordinaire. Dans le même temps, on m'avertit à plusieurs reprises (et je ne pouvais douter de l'exactitude de ces communications) que la régence d'Alger regardait les démonstrations hostiles des États-Unis, dans la Méditerranée, comme une pure gasconnade qui serait sans effet ; et qu'en montrant de la fermeté, elle les forcerait de nouveau à payer un tribut, pour soustraire le commerce américain à des attaques qu'ils ne pouvaient repousser. Il faut avouer aussi que le mauvais état des finances de notre gouvernement, et par conséquent le peu de crédit qu'il avait alors en Europe, pouvaient fortifier cette opinion.

En avril 1816, le commandant anglais dans la Méditerranée, l'amiral lord Exmouth, arriva dans la baie d'Alger, avec une flotte de vingt-cinq voiles, dont six vaisseaux de ligne : avec cet appareil menaçant, il proposa à la régence des conditions de paix avec les royaumes de Sardaigne et de Naples qui furent acceptées après une légère discussion. En voici la teneur :

Le roi de Sardaigne s'engageait à payer 500 dollars pour chacun de ses sujets retenus esclaves à Alger, à rendre, sans rançon, tous les Algériens qu'il avait en son pouvoir, à offrir un présent consulaire qui n'excèderait pas 5000 livres sterling; en retour, il devait être traité sur le même pied que la Grande-Bretagne elle-même.

Le roi de Naples s'engageait à payer 1000 dollars pour chacun de ses sujets retenus dans les fers à Alger; de plus, tous les deux ans, les présens consulaires accoutumés, enfin un tribut annuel comme le Portugal. Les esclaves devaient être mis en liberté, sur le payement de leur rançon; on devait en faire trois divisions, de manière à ce qu'ils pussent être tous libres au bout de deux ans.

La première division immédiatement, à la condition que l'Angleterre s'engagerait pour le montant de leur rançon. Ces traités de paix furent mutuellement garantis par les puissances contractantes. Un fait remarquable qui mérite d'être consigné ici, c'est qu'à cette occasion trente-trois Maltais, ou habitans de Gibraltar furent délivrés sans rançon comme sujets anglais.

Ce traité en faveur de la Sardaigne était sans

contrédit plus avantageux qu'elle ne pouvait l'espérer, et donnerait à la Grande-Bretagne des droits incontestables à la reconnaissance de cette puissance, et même à l'approbation du monde, si l'on ne savait pas qu'à ce prix fut sacrifiée l'indépendance de l'ancienne république de Gênes, garantie cependant par des promesses solennelles.

Le gouverneur français évacua la ville par capitulation, et le 26 avril le général en chef anglais publia une proclamation par laquelle la Grande-Bretagne s'engageait à rétablir les institutions et l'indépendance de l'ancienne république génoise.

On ne peut dire la même chose du traité conclu dans le même temps pour Naples. Ce ne fut pas même un service. Car certes, pour la somme énorme stipulée comme rançon de ses sujets esclaves d'Alger, somme qui montait à plus d'un million de dollars, Naples aurait pu obtenir des conditions au moins égales, sans en avoir l'obligation à un tiers. Sous quelque point de vue que l'on considère la conduite de l'Angleterre dans cette circonstance, on ne peut y trouver rien de cette noblesse, dont elle se vante et à laquelle elle a souvent des droits; car une pareille conduite sanctionne les prétentions insolentes de ces barbares et leur assure une espèce de prime d'encouragement pour leurs pirateries contre le monde civilisé.

Aussitôt après le départ de la flotte anglaise, le dey qui avait évidemment cédé à des suggestions ennemies contre les États-Unis, prétextant la lenteur que nous mettions à rendre un brig algérien pris par le commodore Decatur avant la paix, déclara que le traité conclu au mois de juin de l'année précédente, avait été violé par nous; et cependant il savait bien que ce vaisseau envoyé à Carthagène y était retenu par le gouvernement Espagnol, sous prétexte qu'il avait été capturé dans les limites de sa juridiction. A cette déclaration, je me retirai à bord de l'escadre américaine qui se trouvait alors dans la baie d'Alger, et là, je conclus, avec le gouvernement de la régence, une convention verbale. Les questions en litige devaient être soumises au président par le dey lui-même dans une lettre cachetée, et le traité recevoir son exécution provisoire jusqu'à la réponse. Je revins alors à mon poste.

Au mois de mai suivant, le commandant anglais, avec toutes ses forces, revint de Tunis dans la baie d'Alger, probablement d'après de nouvelles instructions. On ne sait pas quelles propositions il fit à ce gouvernement ; mais il paraît qu'elles étaient tout-à-fait opposées aux conditions qui avaient été stipulées un mois auparavant. Une politique si changeante et si peu convenable aurait étonné et confondu un cabinet plus éclairé que celui d'Alger. Le dey agit, en cette occasion, avec autant de fermeté que de prudence. Il soumit les demandes qui lui étaient faites, non-seulement au divan assemblé exprès pour cette affaire, mais encore aux soldats dans leurs casernes. Ils jurèrent tous de le soutenir. Alors il répondit à l'amiral anglais que la régence d'Alger étant une dépendance de l'empire ottoman, il ne pouvait admettre les propositions de l'Angleterre, sans consulter son suzerain, le grand-seigneur, et demanda six mois pour avoir sa réponse.

Lord Exmouth menaça alors Alger d'une destruction complète, si le dey persistait dans ses refus, et lui accorda trois heures pour méditer sa réponse. Le dey alors reprocha à l'amiral sa conduite étrange et contradictoire, qui ôtait toute confiance dans les engagemens pris avec lui, rejeta ses propositions, et le somma d'éloigner ses vaisseaux de la portée des batteries de la ville. Lord Exmouth se retira à bord, et manifesta l'intention d'attaquer la place. Mais en s'approchant, avec plusieurs de ses officiers, d'un vaisseau algérien, il fut insulté de la manière la plus grossière et la plus indécente. Le consul anglais fut arrêté et gardé à vue dans sa maison, et sa femme et ses enfans arrachés violemment de leur maison de campagne furent traînés dans la ville de la manière la plus indigne et la plus offensante.

Le dey considéra dès-lors la guerre comme commencée avec l'Angleterre, et parmi les mesures de sûreté qui suivirent les menaces de l'amiral, menaces dont l'exécution nous paraissait prochaine et infaillible, il envoya aux gouverneurs de Bonne et d'Oran l'ordre de s'assurer de tous les sujets anglais, et de tout étranger vivant dans les états d'Alger, sous la protection de l'Angleterre. Ces ordres furent exécutés avec une rigoureuse exactitude à Bonne, où il se trouvait un grand nombre d'Italiens et de Corses occupés de la pêche du corail, sous la protection et avec le privilége de l'Angleterre : et plusieurs d'entre eux qui firent résistance ou qui cherchèrent leur salut dans la fuite, furent massacrés. La régence avait le droit de s'assurer de leurs personnes. Ils résistèrent à ses ordres : ils durent être réduits par la force, et auraient éprouvé le même sort dans tout autre pays, et dans des circonstances semblables. Mais on peut reprocher à l'amiral anglais de n'avoir pas, en partant de Tunis, pour une mission aussi délicate et aussi dangereuse, détaché de sa flotte une force capable de protéger ces pêcheurs, ou au moins de ne pas les avoir avertis du danger dans lequel ils pouvaient se trouver enveloppés, par suite de ses opérations.

Dans le même temps, les affaires se rétablirent provisoirement sans hostilités; l'amiral anglais ayant accordé le temps nécessaire pour obtenir la réponse de la Porte sur l'objet de la querelle, le dey consentit à faire participer aux avantages du traité subsistant entre l'Angleterre et lui, le royaume de Hanôvre, comme dépendant de cette couronne, et reçut le présent d'usage. La frégate anglaise *The Tagus* fut mise à la disposition du dey, pour transporter son ambassadeur et ses présens à Constantinople. Lord Exmouth changea d'épée avec lui, et reçut en présent un cheval et d'autres animaux. Ainsi tout esprit d'hostilité paraissait apaisé.

Pour un spectateur indifférent, ce fut une chose curieuse de voir, après des démonstrations si hostiles, l'étendard ottoman déployé à bord d'une frégate anglaise, parce qu'elle avait l'honneur de recevoir un ambassadeur algérien. La nouvelle des négociations de l'amiral anglais à Alger excita l'indignation générale, et attira au gouvernement britannique des reproches sur ses vues intéressées et préjudiciables aux autres nations.

Cependant le but de la Grande-Bretagne ne fut pas atteint par ces négociations, et comme l'honneur national avait été évidemment compromis, une autre expédition plus efficace devenait nécessaire, comme une conséquence naturelle de l'inutilité de la première. Bientôt une puissante escadre fut équipée à Portsmouth, fit voile en juillet pour la Méditerranée, et fut renforcée à Gibraltar par un grand nombre de chaloupes canonnières et par six frégates hollandaises, sous les ordres du vice-amiral baron Vander-Capellen. Les flottes combinées partirent de Gibraltar le 14 août, sous le commandement du même amiral anglais, lord Exmouth, et arrivèrent devant Alger le 27 du même mois.

On avait été averti à Alger de cette expédition par les gazettes françaises, ce qui fit échouer la tentative d'un sloop armé, envoyé pour soustraire le consul anglais et sa famille au danger qu'ils pouvaient courir dans le bombardement. Les femmes de sa maison cependant eurent le bonheur de tromper la vigilance des Algériens, sous le déguisement d'officiers de marine, et de se réfugier à bord. Avec elles était un enfant en bas âge. A la nouvelle de leur fuite, on arrêta le consul, les officiers et les équipages de deux chaloupes du sloop, alors amarrées au rivage. Le premier fut gardé à vue dans sa maison, les autres dans le bagne. L'amiral anglais, à son arrivée devant Alger, envoya l'ultimatum de son gouvernement, demandant une réponse dans un temps déterminé. Le dey montra dans cette circonstance une hésitation indigne de son caractère; car non-seulement il laissa le parlementaire partir sans réponse, mais encore les flottes combinées prendre, sans résistance, leurs positions d'attaque.

L'intrépidité physique, l'ignorance et la présomption, étaient opposées à la discipline, au courage et au talent. Le résultat ne pouvait être douteux. Alger, après une bataille sanglante qui dura neuf heures, demanda grâce au vainqueur, et celui-ci, déclarant que l'Angleterre ne faisait pas la guerre pour détruire des villes, exigea comme prix de la paix, la délivrance de tous les esclaves chrétiens; la restitution de 350,000 dollars qui avaient été payés par les rois de Naples et de Sardaigne pour la rançon de leurs sujets délivrés au mois d'avril précédent; et pour l'avenir la renonciation au droit de réduire en esclavage les sujets des états chrétiens. Ces conditions furent promptement acceptées, et la paix rétablie entre la régence et l'Angleterre.

Le baron Vander-Capellen, commandant en chef les forces hollandaises dans la Méditerranée, prit une part active et remarquable à cette bataille, et, de concert avec l'amiral anglais, força la régence d'Alger à conclure la paix avec les Pays-Bas sur le même pied que l'Angleterre. Aussitôt après, il se dirigea avec sa flotte vers Tripoli, où il conclut aussi avec ce gouvernement insignifiant un traité de paix, par lequel le royaume des Pays-Bas consentait à payer à Tripoli un tribut de cinq mille dollars.

Cette bataille d'Alger fut regardée en Angleterre comme un glorieux triomphe qui lui donnait des droits à la reconnaissance de toutes les nations. Des titres, des décorations, des pensions furent, à cette occasion, distribués avec une prodigalité inusitée dans ce pays, excepté dans les réjouissances nationales. On espérait sans doute beaucoup du succès de cette expédition, au congrès qui allait se réunir à Aix-la-Chapelle.

On s'accorde à rendre justice au courage, à la fermeté, et au talent qui furent déployés par les flottes combinées dans la bataille d'Alger; c'était assez pour leur gloire, si elle n'avait pas été déjà établie. Mais il est permis de croire que pour des motifs aussi peu importans que ceux renfermés dans son ultimatum, l'amiral anglais ne devait pas mettre une armée aussi brave aux prises avec des Algériens, retranchés derrière des murs de pierres presqu'indestructibles, et opposant à son attaque des batteries de trois rangs de canons. Si les Algériens avaient dirigé le feu de leurs batteries, vraiment formidables, contre les vaisseaux de leurs ennemis, qu'ils pouvaient aisément atteindre, il est probable qu'ils les auraient tellement maltraités, que ceux-ci n'auraient pu prendre position pour l'attaque; mais ils laissèrent la flotte combinée arriver sans opposition, tourner le mole et rendre inutiles leurs principales batteries. Sans cela l'Angleterre eût éprouvé la mortification d'être battue par les Algériens. La suppression de ce repaire de pirates n'entrait pas évidemment dans le plan du gouvernement anglais; car si le genre de forces employées était mal calculé pour prendre la ville, le dey ne fut pas moins complètement vaincu; et j'ai la conviction que si l'attaque eût été renouvelée le lendemain, la ville eût été évacuée par les Turcs et aurait pu être occupée par les soldats de marine.

Cette vengeance signalée, si fatale aux Algériens à cause de la délivrance des esclaves chrétiens et de l'obligation de n'en plus faire à l'avenir, fut généralement avantageuse au monde civilisé : c'est ce qu'on ne peut révoquer en doute. Mais il est un fait bien constant, c'est que les Algériens n'ont pas renoncé à leur politique. Leur ville est encore un repaire de bandits qui n'attendent qu'une occasion favorable pour redevenir aussi dangereux qu'auparavant.

Aussitôt après la conclusion de la paix, la régence s'occupa de réparer ses pertes. Elle envoya un ministre à Constantinople, et travailla avec activité à relever ses fortifications endommagées, puisqu'en moins d'une année elles furent mises dans un état de défense aussi formidable qu'auparavant.

Dans le même temps, le président recevant la lettre écrite par le dey au mois d'avril, me choisit conjointement avec Isaac Chauncey, commandant en chef les forces navales des États-Unis dans la Méditerranée, pour renouveler le traité de paix avec Alger. Après ce qui venait de se passer, nous ne pouvions rencontrer d'obstacles ; aussi un traité, dicté par nous, fut-il signé à Alger le 23 décembre suivant.

Au mois de septembre 1817, une de ces révolutions si fréquentes dans ce pays barbare coûta la vie à Omar-Pacha, et plaça sur le trône d'Alger Ali-Khodgia. Comme Omar fut un des hommes les plus remarquables qui portèrent le sceptre d'Alger, j'ai pensé qu'on lirait avec plaisir quelques détails sur sa vie.

Suivant ce que nous avons dit plus haut, il est superflu de remarquer que les institutions fondamentales d'Alger n'accordent qu'à des Turcs les premières charges de l'état. Le corps de Turcs comprend des étrangers de toutes les nations qui viennent à Alger pour y être janissaires*; cette milice choisit elle-même ses officiers, se recrute dans le levant, et se compose de tout ce qu'il y a de plus vil chez ces nations barbares. En arrivant à Alger, ces recrues sont enrôlées comme soldats, et ne doivent leur avancement qu'à leur mérite ou au simple hasard. La vie d'un obscur aventurier excite généralement peu d'intérêt, mais quand par

* Par étrangers de toutes les nations, on doit seulement entendre les Turcs nés dans les diverses provinces de l'empire ottoman, où se font les recrutemens pour Alger. N. du T.

son génie il s'élance hors de la sphère d'ignorance et d'obscurité qui semblait devoir le retenir, et paraît avec éclat sur la scène du monde, alors il mérite qu'on recherche avec soin tout ce qui le concerne, et qu'on signale son caractère et ses actions.

Tel fut le destin d'Omar, né dans l'île de Métélin (l'ancienne Lesbos). A son avénement au trône d'Alger en 1814, il avait quarante-trois ans. On dit qu'il descendait de renégats grecs. Sa taille était d'environ cinq pieds dix ou onze pouces. Il était robuste, actif et bien fait, son teint était brun, sa barbe épaisse, brillante, noire, et parsemée de blanc, ses traits étaient réguliers, ses yeux noirs et pleins d'expression ne regardaient jamais personne en face et ne se levaient qu'à la dérobée sur ceux à qui il parlait : sa figure était sérieuse; quand il était de bonne humeur, ce dey avait quelque chose d'agréable et de séduisant. Était-il mécontent, son air devenait sombre, triste, repoussant; il y avait cependant de la gravité dans son maintien, de l'affabilité dans ses manières; jamais il ne sortait de son caractère, quelle que fût la gravité de la circonstance; il hésitait quelquefois, embarrassé en parlant, il semblait que son orgueil ne lui cachait pas son ignorance.

Omar avait un bon sens naturel, une intelligence vive et beaucoup de dignité dans le caractère. Lorsqu'il voulut écrire au président des États-Unis, il me demanda si l'on comprenait la langue turque en Amérique. Je lui répondis qu'il y avait des hommes qui entendaient l'Arabe. Il me dit qu'il n'était pas convenable pour lui, d'écrire dans une autre langue que la sienne, mais qu'il ferait traduire sa lettre en Arabe pour faciliter la connaissance de son contenu au gouvernement américain. Son courage intrépide lui avait acquis de bonne heure le glorieux surnom de Terrible. Mais il était, dit-on, dans sa vie privée, d'une modération exemplaire, et sa morale sévère suivait rigoureusement les lois de la religion qu'il professait. Il n'avait qu'une femme dont il eut trois enfans, et passait avec eux ses heures de loisirs, paraissant jouir, dans son intérieur, du bonheur le plus parfait. Après que ses affaires étaient terminées, rien n'était plus ordinaire que de le voir rentrer chez lui suivi d'un seul domestique qui portait une lanterne. Après qu'il se fut élevé au souverain pouvoir, on citait de lui plusieurs traits d'amitié et de reconnaissance; je ne l'ai jamais entendu accuser d'injustice.

Omar vint à Alger à l'âge de trente-trois ans, avec son frère aîné qui, à ce qu'il paraît, devait être un homme de mérite, puisqu'il obtint promptement la charge de khalif ou intendant de la province orientale. Comme Omar l'accompagnait toujours, il acquit une connaissance approfondie des affaires intérieures du royaume. La guerre avec Tunis, les troubles et les insurrections, qui agitaient alors Alger, lui offrirent l'occasion de faire briller son courage et son intelligence. Son frère étant devenu suspect, fut mis à mort par l'ordre d'Ahmet pacha, Omar évita le même sort en se réfugiant dans les casernes, où il fut protégé par les soldats, dont il était adoré. Ahmet périt peu de temps après, et eut pour successeur Ali, qui après un règne de quelques mois, laissa le trône à Hadgi-Ali pacha. Celui-ci à cause de ses cruautés, reçut le surnom de tigre; il est également célèbre par sa déclaration de guerre aux États-Unis. Ce fut à lui qu'Omar dut le poste important d'agha ou commandant en chef, dans lequel il se distingua par la vigueur de son administration et surtout par son heureuse fermeté dans la rébellion du bey d'Oran, rébellion qui menaçait l'existence politique d'Alger. On reproche à Omar quelques actes de cruauté tout à fait inutiles; l'accusation est probablement fondée, j'aimerais mieux toutefois attribuer ces actes de cruauté aux mœurs féroces de ces peuples, qu'au penchant particulier d'Omar. L'histoire moderne des nations civilisées ne nous fournit-elle pas aussi autant d'exemples de violence et de cruauté, que de modération et de justice.

Mais il y a quelques circonstances relatives à l'élévation d'Omar, qui ne paraissent pas mériter la même excuse, et qui font frémir d'horreur. Tandis qu'il était avec son armée dans l'intérieur du royaume, Hadgi-Ali, que des actes d'une cruauté capricieuse avaient rendu tout-à-fait insupportable, fut assassiné. A cette nouvelle, l'Agha retourna dans la capitale; on lui offrit, d'un consentement unanime, la couronne qu'il eût pu recevoir sans crime. Par des motifs qui sont inconnus, il refusa cet honneur précaire, et pressa l'élection de celui qui était alors Khaznadji, ou premier ministre. Aujourd'hui, on sait peu de chose de ce dernier, si ce n'est que c'était un homme modéré, sage et très-âgé. Il refusa aussi ce dangereux honneur; mais on lui signifia qu'il fallait opter entre la couronne et la mort. Quatorze jours après, ce vieillard fut massacré; on ne sait pour quels motifs, et l'agha monta sur le trône. Hadgi-Ali pacha, quoique vieux et faible, avait un nombreux sérail. Ses femmes furent respectées, durant le règne éphémère de son successeur immédiat, mais par l'ordre d'Omar, à son avénement au trône, elles furent toutes mises à mort. Il est difficile de trouver une excuse plausible pour tant de barbarie.

La folie et la présomption de Hadgi-Ali avaient engagé les Algériens dans une guerre ouverte avec les États-Unis et la Hollande. Le pavillon ottoman avait été insulté, et les relations de la France et de l'Espagne avec Alger étaient très-peu rassurantes. Le rôle qu'Omar avait à jouer, en parvenant au trône, était difficile et délicat. Ce qui reste à dire de ce personnage a principalement rapport aux circonstances politiques de son règne dont nous avons parlé plus haut. Elles se succédèrent avec rapidité, firent briller ses talens, et enfin le montrèrent sous un jour aussi avantageux qu'éclatant.

La considération que témoignaient à la régence les états maritimes, l'avait éblouie : elle se faisait illusion sur sa puissance, et croyait que toutes les nations achèteraient son amitié par les plus grands sacrifices. Ce charme fut dissipé par la prise de deux de ses vaisseaux par le commodore Decatur, et par l'arrivée de cet officier-général devant Alger avec son escadre victorieuse, tandis que tous les bâtimens Algériens tenaient la mer. Omar eut le bon sens de comprendre le danger de sa position, et, cédant aux circonstances, accepta les propositions du vainqueur. Si plus tard sa conduite parut équivoque, s'il se montra disposé à recommencer la guerre, il faut moins en accuser la mauvaise foi du pacha, que cette politique si long-temps tolérée des Algériens, qui avaient si bien l'art d'en profiter, et le soin qu'on avait de leur représenter sous un faux jour les intentions et les ressources des États-Unis.

En conséquence des négociations des premiers états de l'Europe, après la paix de Paris en 1815, la Grande-Bretagne changea de politique à l'égard des états barbaresques, et l'amiral lord Exmouth fut envoyé, comme nous l'avons vu plus haut, à Alger, avec une flotte formidable. Cependant la conduite de l'Angleterre, qui dans cette circonstance peut paraître louable, si on en juge d'après des principes généraux, est tout-à-fait contraire aux droits des nations et à la bonne foi. Si on songe aux relations d'amitié qui existaient entre les deux peuples. Alger n'avait pas offensé le gouvernement anglais, et n'avait donné nul prétexte à des hostilités. Le massacre de Bonne fut allégué depuis comme un outrage qui justifiait la guerre : mais considéré sans prévention, on verra que le gouvernement algérien n'était pas coupable, et que, dans cette malheureuse affaire, il ne fit qu'user d'un droit qui appartient à tous les gouvernemens. Un événement semblable était arrivé en Angleterre l'année précécente, à Dartmoor, dépôt des prisonniers de guerre. On exigeait que la régence renonçât aux principes sur lesquels elle avait établi son crédit politique, et son importance, avec le consentement du monde, pendant une longue suite de siècles, ce qui plaçait Omar dans une position difficile, et attirait sur lui une grande responsabilité. J'ai donné plus haut l'historique de ces négociations et des résultats de la guerre qui s'en suivit. L'arrestation du consul anglais, gardé à vue dans sa maison, est excusable dans de telles circonstances, comme mesure de sûreté; et pour la justifier on n'a pas besoin de chercher des exemples dans les usages de la Porte ottomane. Mais plus tard ce même consul fut renfermé dans un cachot et chargé de chaînes pesantes, et l'on accuserait avec raison le dey d'une vengeance basse et féroce, si l'on n'avait pas à dire pour sa défense que l'indignation de la populace algérienne avait été excitée contre les Anglais au plus haut point. Pendant la bataille beaucoup de Turcs, qui probablement n'avaient guère envie d'y prendre part, entraient sans cesse dans ma maison, et en sortaient en vomissant des menaces contre le consul anglais. Ce fut lorsque la bataille était évidemment perdue, et qu'une populace furieuse voulait tomber sur lui; ce fut alors que le dey le fit charger de chaînes et traîner en prison. Il dut son salut à cette mesure, et j'ai toujours cru que le dey n'avait donné ces ordres rigoureux que dans l'espoir de lui sauver la vie.

Pendant la bataille du 27 août, la conduite d'Omar fut celle d'un homme brave et sensé. On ne peut lui reprocher qu'une faute, c'est de n'avoir pas fait feu sur les vaisseaux ennemis avant qu'ils eussent pris position, et ce par suite d'une résolution, très-mal entendue, de ne pas commencer les hostilités. Il avait aussi commis la faute impardonnable de ne pas vouloir répondre à leur parlementaire.

Omar se montra toujours partout où était le danger. Il mit lui-même plusieurs fois le feu aux batteries de mer, et continua à se battre jusqu'à ce qu'une plus longue résistance fût devenue inutile. Il céda aux prières de ses amis et de ses officiers, quand il accepta les conditions de l'amiral anglais. Le chevalier Aukarloo, consul général de Suède, qu'Omar chargea d'aller, en qualité de messager, à bord de l'amiral anglais, m'apprit qu'il avait été témoin de cette scène, et que le dey montra la répugnance la moins équivoque à recevoir les termes proposés. Son opinion, qu'il répéta souvent, était qu'il fallait abandonner la ville, et se retirer sous leurs tentes. Dans les négociations qui suivirent, il conserva ce calme qui distingua toujours son caractère, demandant au commissaire anglais de lui dire, une fois pour toutes, quelles étaient les prétentions de son gouvernement.

Il est prouvé que l'homme qui se montre toujours égal aux circonstances, dans lesquelles la fortune le place, ne peut manquer de capacité. Les résultats de la bataille du 27 août donnèrent au dey l'occasion de déployer la fermeté de son caractère, et son talent pour les affaires. On peut, sans injustice, appeler les Algériens un peuple de brigands turbulens, factieux, superstitieux. Leur flotte était détruite, leurs remparts en ruine, leur existence politique semblait compromise. Depuis long-temps, ils s'étaient imaginés que leur chef n'était pas heureux dans ses entreprises; (et un dey d'Alger ne survit pas long-temps à une pareille opinion) dans cette circonstance, ils témoignaient hautement leur résolution de le sacrifier à leur désespoir. Omar, connaissant le danger qu'il courait, visita les casernes, et harangua les soldats; il leur représenta que leur malheur, quoique grand, n'était pas irréparable; qu'il leur restait encore beaucoup de ressources; qu'avec de la patience et du courage, la puissance d'Alger pouvait devenir plus redoutable qu'auparavant; que la désunion, au contraire, et des conseils violens perdraient tout; mais qu'enfin, s'ils le croyaient un obstacle au rétablissement de leur fortune, ils n'avaient qu'à le prendre pour victime. Ce discours, une distribution d'argent faite à propos et l'influence de ses amis apaisèrent une fermentation qui, sans cela, eût fini par la plus violente explosion. En même temps, il fit venir, des parties les plus éloignées du royaume, des ouvriers et des matériaux; et, à force de persévérance et d'activité, en surveillant lui-même les travaux, il mit Alger, à la fin de l'année, dans un meilleur état de défense qu'elle n'avait jamais été. Dans le même temps, il engagea à son service un grand nombre de plongeurs napolitains, et nettoya le port de tout ce qui l'encombrait. Il acheta et équipa quatre corsaires, mit un sloop de guerre en chantier, et adopta tous les moyens nécessaires pour rendre à Alger son crédit maritime.

Au mois d'octobre qui suivit la bataille, le commodore Chancey arriva à la hauteur d'Alger avec son escadre ainsi composée : le *Washington*, le *Java*, les *États-Unis*, la *Constellation*, l'*Érié* et le *Pak-Cock*. Dans l'état où se trouvaient alors les Algériens, une flotte de six vaisseaux suffisait pour renverser leurs ouvrages défensifs et détruire la ville. Ils étaient dans la plus grande consternation; et, quand j'allai au-devant de la flotte, ils ne purent me cacher la crainte qu'ils avaient d'être attaqués, bien que je les assurasse que cette visite n'avait qu'un but pacifique, et que les Américains n'entreprendraient rien contre eux, sans que j'eusse préalablement été informé de leurs résolutions. A mon retour, je fus reçu per le dey; honneur peu ordinaire, et qui indiquait son extrême inquiétude. Je lui dis combien j'étais fâché de ce manque de confiance dans l'honneur national, et l'assurai que si les différens qui existaient entre les deux puissances venaient à se terminer par des hostilités, nous n'en n'agirions pas moins d'après les principes rigoureux de l'honneur. Omar parut sentir ce reproche, et allégua pour excuse qu'il n'avait pu savoir si les vaisseaux signalés étaient américains, et que j'avais vu moi-même combien il avait été victime de fausses apparences. Car les Algériens ont toujours affecté de croire qu'ils avaient été trompés par les flottes combinées portant pavillon parlementaire. Le jour suivant, le commodore Chancey, ayant avec lui les officiers de son escadre, fit une visite au dey, qui parut sensible à cette attention.

Sur l'avis du commodore je m'embarquai avec lui à bord du Washington, afin de nous concerter ensemble à la réception des dépêches que nous attendions. A notre arrivée à Gibraltar nous reçûmes, par le brick des États-Unis *The Spark*, nos provisions de commissaires du gouvernement, pour renouer le traité de paix avec Alger. A nos instructions était jointe une lettre du président en réponse à celle que le dey lui avait écrite le 24 avril dernier. Les commissaires qui avaient eu le temps de bien connaître le caractère et la politique des Algériens, se déterminèrent à présenter au pacha, avec la lettre du président, une note qui contenait leur ultimatum. En conséquence ils cinglèrent vers Alger avec le Washington et le Sperk, et y arrivèrent le 8 décembre. Le reste de la flotte devait se réunir à Port-Mahon. Comme la mauvaise saison rendait dangereuse une station dans la baie; je pris terre et me chargeai seul de tout terminer aux termes dont nous étions convenus.

La négociation fut commencée le 17. Je remis au pacha lui-même la lettre du président et la note des commissaires. Elle fut conduite, du côté d'Omar, avec la plus grande courtoisie, mais avec les efforts les plus adroits pour éviter d'arriver à une conclusion, ou plutôt de renouveler un traité de paix qu'il s'était bien promis de ne pas faire. Il se plaignit de la lenteur que le président avait mise à répondre à sa lettre, et comptant sur ses doigts le nombre de mois qui s'étaient écoulés, il demandait le même délai. Il fit un appel à mes sentimens personnels, me prenant à témoin de ses malheurs récens, qui l'avaient mis à notre discrétion, qu'il me connaissait pour homme d'honneur, et que je ne devais pas me prévaloir de sa triste position.

Ne voulant pas entrer dans la discussion de points aussi délicats, je lui répondis que quel que fût mon désir de faire ce qui pouvait lui être agréable, j'agissais avec mon collègue, d'après les instructions du président, dont je ne pouvais m'écarter sans me rendre coupable de désobéissance, et qui avaient été rédigées, ainsi que l'annonçait leur date, à une époque où ses malheurs n'étaient pas connus en Amérique.

Me trouvant inflexible, ou plutôt sentant que nos conditions ne pouvaient être éludées, il prit un air de bonne humeur, et me dit que, privé par ses malheurs de moyens de résistance, il consentait aux termes proposés ou à tous autres que je voudrais dicter, pourvu que je lui donnasse, écrit de ma main et scellé de mon sceau, un certificat attestant que j'avais forcé sa volonté. Je répondis que les conditions proposées par l'ordre du président étant raisonnables et devant être les mêmes dans toute circonstance, je n'hésitais pas à lui donner le certificat qu'il demandait. Le traité de paix fut donc conclu et signé le 23 décembre.

Depuis long-temps Omar était accusé, par l'ignorance superstitieuse de ses sujets, de n'être pas favorisé de la fortune. La peste, qui dans l'été de 1817 exerça ses ravages surtout à Alger, confirma cette funeste opinion, et Ali Khodgia, qui était regardé comme un habile théologien, profitant de cette circonstance, réussit à organiser une conspiration parmi les janissaires pour déposer le pacha.

Ou le complot fut conduit avec beaucoup d'adresse, ou le pacha s'était relâché de sa vigilance accoutumée, car le matin du 8 septembre il fut surpris dans son palais par les conspirateurs : on lui annonça qu'il fallait mourir. Après quelques vains efforts pour obtenir une capitulation, il se résigna à son sort et fut étranglé sur la place.

Omar possédait de grandes qualités morales ; mais il avait des idées étroites en religion et en politique. La plus légère offense contre la religion, fut punie, sous son règne, sans discernement et avec rigueur.

Si Omar eût pu se résoudre à renoncer assez aux anciennes coutumes pour établir sa résidence dans la citadelle, il se fût mis à l'abri du complot qui termina ses jours, et d'après toutes les probabilités humaines, il serait encore aujourd'hui sur le trône d'Alger.

Je terminerai cette digression en rapportant plusieurs traits du caractère d'Omar, qui sont venus à ma connaissance, et qui attesteront sa clémence et ses qualités personnelles.

Vers la fin de l'année 1815 il s'était formé une conspiration à la tête de laquelle se trouvait Abdallah, ministre de la marine. Cet homme avait été chef de bandits dans le voisinage de Smyrne, puis à Alger, chambellan, confident, ministre du tyran Hadgi-Ali, qu'il finit par assassiner de sa propre main. En récompense de ce crime, Omar, à son avénement, l'éleva au poste de ministre de la marine. Abdallah ne possédait aucune bonne qualité. En lui l'avarice, la cruauté, l'amour de la vengeance, et une ignorance brutale se joignaient à une ambition désordonnée. Heureusement le complot pour massacrer le pacha et mettre le pouvoir dans les mains de ce monstre fut découvert, et le ministre fut arrêté le 12 décembre. Au lieu de le faire périr suivant l'usage établi à Alger en pareil cas, Omar le fit embarquer avec sa famille et sa fortune, pour le Levant, aux frais du gouvernement, et laissa à son frère la jouissance de tous ses domaines qui étaient considérables. L'homme qui succéda à Abdallah dans l'administration de la marine, avait été *tchauch* (bourreau) et ne se distinguait par aucune bonne qualité. L'ignorance et la grossièreté étaient les traits dominans de son caractère. Dans la bataille du 27 août il fut accusé par la populace de connivence avec l'ennemi, et sa tête était demandée à grands cris. Omar le fit mettre en prison. Jamais les affaires d'Alger n'avaient exigé plus impérieusement une victime que dans cette circonstance, et cependant le pacha refusa de le faire périr, et à la première occasion le fit embarquer avec sa famille pour le Levant. A l'avénement d'Omar au pouvoir suprême, il envoya chercher sa mère et le frère qui lui restaient, ils arrivèrent à Alger dans l'été de 1816. Il paraît qu'il regardait sa situation comme précaire, car son frère partit aussitôt après la bataille, et au mois de janvier suivant il fit embarquer sa mère et son fils aîné à bord d'un vaisseau suédois, frété exprès pour les reconduire dans leur île natale. Avant le départ de ce vaisseau, il fit venir le capitaine suédois avec le consul de sa nation, et fit au premier un présent magnifique, recommandant à ses soins et à ses égards, sa mère et son fils, comme les plus chers objets de sa sollicitude. Je tiens du consul suédois que, dans cette occasion, il ne put retenir ses larmes. Peut-être pourrait-on attribuer les deux premiers actes d'humanité à des causes politiques, mais on ne peut en faire autant du dernier.

On ne saurait apprécier avec justice le caractère du dernier pacha, si l'on ne met en parallèle la conduite ordinaire d'un de ces chefs de la régence. A la violence la plus brutale, à la cruauté, à l'insolence, avaient succédé, dans la personne d'Omar, une apparence de dignité, la justice, la clémence.

Heureusement cet exemple louable continue à être suivi par ses successeurs.

Ali avait de l'intelligence et des talens naturels; mais il se faisait remarquer par sa présomption et son emportement. Au mépris des usages consacrés à Alger, il enleva deux jeunes femmes, l'une juive et anglaise, l'autre sarde, afin de les renfermer dans son sérail. Il envoya sa flotte en croisière, tandis que cinq cents personnes mouraient chaque jour de la peste à Alger. On prit un bâtiment sarde très-richement chargé, qui fut confisqué sous un prétexte frivole, ainsi que plusieurs vaisseaux français et espagnols qui furent relâchés ensuite. Ces corsaires abordaient tous les bâtimens qu'ils rencontraient, et leur communiquaient la peste. Ils ne respectèrent que les Américains, dont l'escadre croisait alors dans leur voisinage, et qu'ils ne jugèrent pas à propos de visiter. Ali-Khodgia était travailleur, et probablement possédait toute la littérature d'Alger. Il dut à ses connaissances le surnom de Khodgia*, qui lui fut donné par les Turcs quoiqu'il n'ait jamais fait partie de ce corps. Après son élévation au trône, au milieu des actes les plus sanguinaires, il prétendit toujours à la réputation d'homme lettré.

Maître, professeur.

Quand, dans les cérémonies publiques, il recevait la visite des consuls étrangers, ceux-ci, après avoir passé sur des vingtaines de cadavres, pour arriver à la salle d'audience, trouvaient toujours le pacha vêtu magnifiquement, entouré de ses gardes et tenant un livre dans la main. Il affectait alors d'être interrompu dans sa lecture, et à leur entrée, posait précipitamment le livre. Il se croyait capable de rétablir l'ancienne réputation d'Alger et son importance maritime. Et comme s'il eût voulu montrer à l'univers l'inutilité de la bataille du 27 août, en témoignant tout son mépris, pour les puissances qui l'avaient livrée, il força un sujet anglais, frère de la juive dont nous avons déjà parlé, à embrasser la loi de Mahomet, et à devenir son interprète particulier. La mort seule, comme on le croit généralement à Alger, l'empêcha de renfermer, dans son harem, la fille du consul anglais et la sœur du consul hollandais. Ces secrets du sérail furent publiés après sa mort. Il périt victime de la peste.

Les janissaires s'aperçurent bientôt qu'ils avaient remplacé un prince magnanime et zélé pour son pays, par un tyran égoïste, capricieux, et sanguinaire; aussitôt il se forma des complots dans les casernes pour le déposer; mais ils furent découverts par Ali-Khodgia, qui transporta sa résidence, ainsi que le trésor public, de l'ancien palais du dey d'Alger, dans la citadelle. Là il organisa pour sa défense une troupe composée d'Algériens et se tint en garde contre les Turcs. Ce chef paraît avoir formé le projet de supprimer entièrement le corps des janisaires, et probablement celui de rendre le sceptre héréditaire dans sa famille. Il persécuta les Turcs sans relâche et avec férocité, et l'on a calculé qu'il en fit périr environ quinze cents. Le règne d'Ali-Khodgia, enlevé par la peste au commencement de l'année 1818, fut une époque d'humiliation et d'infortune pour la régence. Son successeur, Hussein pacha, habite aussi dans la citadelle où sa vie est plus en sûreté.

Ayant été informé des malheurs causés par l'escadre algérienne, je représentai au pacha, que, n'étant en guerre ouverte avec aucune nation, il devait, tant que la peste règnerait dans ses états, ordonner aux commandans de ses croisières de ne visiter aucun bâtiment marchand américain : que le dommage qui en résultait, par suite de la quarantaine, à laquelle étaient soumis les vaisseaux ainsi visités, était trop considérable, pour qu'on pût le supporter avec patience; en un mot, qu'on ne le ferait pas impunément.

Le pacha, dans sa réponse, me témoigna le désir de faire tout ce qui pourrait être agréable aux États-Unis; mais il défendit son droit de visiter tout vaisseau qui serait rencontré en pleine mer, pour savoir s'il était ami ou ennemi. Il finit par proposer qu'un signal convenu ferait reconnaître un vaisseau américain, sans qu'il fût nécessaire de l'aborder. Au mois d'avril, l'escadre américaine, commandée par le commodore Stewart, arriva dans la baie d'Alger. Quand les mêmes demandes furent faites au successeur d'Ali-Khodgia, celui-ci accepta, sans discussion, les conditions proposées, et les exécuta fidèlement. Je fis publier cette convention en Europe, pour en informer tous ceux qu'elle pouvait intéresser.

Au mois de juin suivant, la frégate anglaise *The Spartan*, et le sloop de guerre *The Spey*, arrivèrent à Alger, avec une mission du gouvernement anglais. Le résultat de cette visite fut la liberté des deux jeunes femmes dont nous avons parlé plus haut, avec une indemnité de 5000 dollars chacune; le paiement d'environ 30,000 dollars, pour le vaisseau sarde et sa cargaison, qui avaient été pris et confisqués; et enfin, comme on le disait alors, l'engagement de ne plus envoyer de corsaires en mer, tant que la peste régnerait dans les états d'Alger. Vers la fin de la même année, les souverains des grandes puissances de l'Europe s'assemblèrent de nouveau en congrès à Aix-la-Chapelle, afin de fixer, disait-on, sur une base solide, les intérêts généraux du monde civilisé. Les délibérations de cette illustre assemblée n'ont pas été divulguées, et les intérêts du genre humain paraissent aussi peu décidés qu'auparavant. Cependant, en septembre 1819, une escadre française et anglaise combinée arriva dans la baie d'Alger, et leurs commandans signifièrent conjointement au dey, que, par suite d'une détermination de cette auguste assemblée, les états barbaresques devaient s'abstenir de croiser à l'avenir, et de faire la guerre à aucune puissance chrétienne d'Europe. Le pacha, après plusieurs jours de délibération, refusa d'obéir à ces injonctions, alléguant les droits d'Alger reconnus par des traités solennels, et respectés par le monde entier pendant plusieurs siècles. Reste encore à savoir si dans cette occasion les membres du congrès d'Aix-la-Chapelle furent réellement de bonne foi, ou s'ils furent trompés par les rapports des parties chargées de l'exécution de leur décision relativement aux états barbaresques.

Les Algériens qui négligent rarement leurs intérêts, avaient envoyé à Londres, vers le commencement de 1819, sur un sloop anglais mis pour cela à leur disposition, une ambassade accompagnée d'un présent de chevaux, de lions et d'autruches, etc. Leur ministre fut reçu à Carlton-House avec les égards et les cérémonies accoutumés. Le but de cette mission extraordinaire était, autant qu'on peut le savoir, de s'assurer positivement s'ils pouvaient, sans attirer sur eux le courroux de la Grande-Bretagne, violer au gré de leurs caprices et des intérêts de leur position, les traités de paix avec les petites puissances, et inquiéter le commerce des états qui n'étaient pas représentés à Alger. Ces questions, à ce qu'il paraît, avaient été laissées sans réponse par lord Exmouth.

Je tiens d'une autorité qui mérite toute ma confiance, que le ministre algérien proposa à lord Bathurst la question suivante: —Comme notre gouvernement, disait-il, s'est engagé à ne faire aucun esclave chrétien, nos croiseurs peuvent-ils, sans offenser la Grande-Bretagne, mettre à mort ceux des prisonniers que les traités empêchent de réduire à l'esclavage ? Il paraît que ce ministre, induit en erreur par les politesses du prince régent et des personnes de sa cour, s'imagina que cette demande n'était pas contraire aux prétentions de son gouvernement. Car, à son retour, il amena, par ses rapports, la régence à croire qu'elle pouvait, comme autrefois, compter sur l'amitié et la protection de la Grande-Bretagne. Les Algériens, transportés de joie, recommencèrent à équiper leurs corsaires; mais ces espérances flatteuses s'évanouirent quinze jours plus tard, à l'arrivée des flottes combinées dont nous avons déjà parlé.

Durant cette période de l'histoire d'Alger, la France ayant cédé l'empire des mers à sa rivale, ses relations avec la régence devinrent purement défensives. Vers la fin de 1815, un agent des princes rétablis sur le trône arriva à Alger, et depuis cette époque on a suivi, à l'égard des pirates, un système absurde de concessions ruineuses, et une condescendance indigne d'une grande et puissante nation. On a ainsi ravalé le caractère de la France et diminué son crédit politique, à tel point qu'il serait odieux de reproduire ici les détails de ces hideuses transactions.

Le gouvernement de Joseph Napoléon en Espagne ne fut jamais reconnu à Alger, à cause de l'influence des Anglais, pendant la révolution qui suivit les efforts de Napoléon pour mettre son frère sur le trône; et, pendant ce temps, les dépenses énormes qu'entraînèrent les relations de l'Espagne avec le gouvernement algérien, furent couvertes par des emprunts, obtenus des juifs d'Alger, à un intérêt exhorbitant, et par l'entremise de son consul.

En 1813 et 1814, le bey de la province d'Oran se révolta contre Alger et s'avança avec une armée jusqu'à trois lieues de la capitale. Après des succès variés, cette rébellion fut apaisée par Omar dey qui remplissait alors les fonctions d'agha, et le bey fut fait prisonnier et exécuté. Dans le même temps, un juif, son confident, s'échappa d'Oran avec une partie des trésors du bey, et se réfugia à Gibraltar, après avoir d'abord débarqué à Malaga.

Omar, après son avénement, aima mieux croire que ce juif avait été reçu en Espagne, et réclama de ce gouvernement une somme considérable égale à celle qu'il supposait avoir été enlevée. L'Espagne prouva à différentes reprises, que ces réclamations n'étaient fondées ni en justice ni en fait, et finit par envoyer en 1817 une escadre, dont le commandant déclara qu'on reconnaissait si peu les prétentions du dey, qu'on ne les discuterait même pas. Le dey borna ses réclamations à 300,000 dollars. Dans le même temps, la créance des juifs sur l'Espagne, montant à une somme énorme par la cumulation des intérêts, fut cédée au gouvernement d'Alger, et ajoutée à l'autre somme déjà réclamée, elle montait à environ un million trois cent mille dollars dont la régence ne cesse de demander le payement. L'Espagne, depuis 1815, a fait constamment des efforts pour obtenir un accommodement raisonnable, mais elle n'a pu y réussir. Il paraît que la régence, refusant de se relâcher en rien de ses prétentions, se contente de conserver intacts tous ses droits, et se réserve probablement la faculté de les faire valoir par la force, quand une occasion favorable se présentera. Après la révolution, le gouvernement constitutionnel d'Espagne, sentant que des relations aussi équivoques avec les Algériens étaient à la fois honteuses et funestes à ses intérêts, donna ordre à son consul de demander au pacha la liquidation de cette *affaire*, et, en cas de refus, de quitter son poste. Ce message fut apporté à Alger au mois de juin 1822, par une escadre espagnole et hollandaise combinée. Les Hollandais s'étaient réunis à l'Espagne par suite d'un traité d'alliance défensive contre les états barbaresques, conclu à Madrid en 1815, entre les deux gouvernemens. La réponse du pacha à ces demandes n'étant pas satisfaisante, le consul s'enfuit à bord de l'escadre, et il s'ensuivit une sorte d'état de guerre.

En septembre 1821, les Algériens envoyèrent dans le Levant une escadre composée de huit voiles pour aider les Turcs à étouffer la révolte des Grecs en Morée. Ces forces furent successivement augmentées du reste de leur marine, et, après la défaite du capitan-pacha, dans le golfe de Patras, l'escadre algérienne revint à Alger en octobre 1822. Le pacha, fier de la réputation acquise par sa marine dans le Levant et, comptant sur la politique tortueuse des grands états maritimes de l'Europe, conçut alors, à ce qu'il paraît, les projets les plus hardis. Il résolut de contester la validité des conventions stipulées avec la Grande-Bretagne par le ministère de lord Exmouth en 1816; de déclarer la guerre à l'Espagne, malgré son alliance avec la Hollande, et enfin de ramener les beaux jours d'Alger, en rétablissant l'esclavage des chrétiens.

Les faits que nous avons rapportés dans ce chapitre montrent la considération témoignée aux états barbaresques, surtout à Alger, par les états maritimes de l'Europe, et par l'Angleterre en particulier; la répugnance de ce dernier état à consentir à tout arrangement qui aurait pour but la suppression de pirates si funestes au commerce du monde civilisé, dans le moment même où elle demandait, au nom de la religion et de la philantropie, l'abolition de la traite des Nègres; enfin l'obligation où elle se vit réduite de consentir à l'extinction de la piraterie algérienne, par les mesures vigoureuses des États-Unis depuis la paix de Gand, mesures qui tendent à rendre ridicule une plus longue tolérance de ces brigandages. Quant au commerce des esclaves, qui est devenu la question à l'ordre du jour, il ne peut y avoir qu'une opinion parmi les hommes éclairés et amis de l'humanité; mais certainement ce commerce n'est pas aujourd'hui plus atroce que dans le temps où la Grande-Bretagne, gagnée par la cession du fameux privilége d'Assiento, a adopté des mesures pacifiques lors des négociations qui se terminèrent au traité d'Utrecht, ou pendant les seize années que cette importante question fut débattue dans le parlement, avant d'être résolue par cette illustre assemblée.

Le temps, ce grand-maître qui ne manque jamais de montrer au grand jour les motifs des actions humaines, placera cette question sous son véritable point de vue, et dispensera selon le mérite, la louange ou le blâme.

Quant à l'avantage, à l'honneur et aux intérêts des États-Unis forçant les puissances barbaresques à respecter leur pavillon, au lieu de les gagner par des tributs ou d'interminables présens, ils n'ont pas besoin ici d'être expliqués par des commentaires. J'aime à croire que la fermeté des hautes puissances réunies à Aix-la-Chapelle, fera exécuter les délibérations prises à l'égard des états barbaresques. Quand ce moment sera venu, il est évident qu'une très-petite force, stationnée dans la Méditerranée, suffira pour maintenir le système si glorieusement établi par les États-Unis, relativement à cette puissance. Mais jusque là, une puissante escadre est nécessaire pour les tenir en respect. S'écarter de ce système, ce serait renoncer à la réputation de fermeté que nous avons acquise à Alger, justifier les prédictions jalouses de nos rivaux, et placer notre commerce dans la Méditerranée sous la sauve-garde précaire et honteuse d'un tribut illimité.

CHAPITRE VI.

Destinée probable de ce beau pays.—La meilleure position de l'Afrique pour pousser des découvertes dans l'intérieur, et y introduire le commerce. — Influence que pourrait avoir, sur la civilisation, l'établissement d'une nation européenne dans le nord de l'Afrique, et la suppression de la traite des nègres.

Dans les chapitres précédens, j'ai tâché de donner des détails exacts sur la puissance réelle, sur les ressources et la politique d'Alger. Je crois avoir démontré que les Algériens n'ont pas même les moyens nécessaires pour se maintenir en paix avec les autres nations, encore moins pour soutenir leurs insolentes prétentions de vivre impunément en dehors de la civilisation. Leurs trois siècles d'existence politique, comme flibustiers, sont dus, non à une force réelle, mais à l'influence d'idées politiques tout-à-fait contraires à la liberté et aux lumières du siècle présent.

L'état chancelant de l'empire ottoman, qui paraît maintenant sur le bord de sa ruine, doit écarter les derniers prétextes sur lesquels pouvait être tolérée l'existence anti-sociale de ces brigans.

Pour un citoyen des États-Unis, qui apprécie justement la puissance et la politique indépendante de son pays, l'existence ou la destruction de ces pirates peuvent être tout-à-fait indifférentes. Cependant leur existence, en forçant les États-Unis à maintenir une station navale dans la Méditerranée pour protéger leur honneur et leurs intérêts, a toujours été et est encore d'un grand avantage pour l'amélioration de leur marine.

En principe général, il peut être intéressant de chercher à connaître quelle pourra être la destinée de ce beau pays, placé si près du centre de la civilisation, renfermant dans son sein les moyens de nourrir une population nombreuse; un climat qui ne le cède en fertilité à aucun autre; et enfin les élémens d'une puissance, qui ne peut être surpassée par aucun état d'une même étendue géographique.

Si cette partie de l'Afrique était la propriété d'un peuple actif et civilisé, elle pourrait, même dans la génération présente, aspirer à la plus grande prospérité, et à la gloire de civiliser ce vaste continent, dont les habitans sont encore plongés dans les ténèbres de la barbarie. La position d'Alger paraît être le seul point que l'on devrait choisir, pour arriver à un but aussi important. On s'est étendu assez long-temps dans les pages qui précèdent, pour démontrer que le gouvernement algérien, tel qu'il existe aujourd'hui, n'est nullement susceptible de perfectionnement, et que le caractère barbare et l'ignorance des Turcs ne permettent pas d'espérer la moindre amélioration. Ce gouvernement absurde périra le jour, où on le forcera tout-à-fait de renoncer à la piraterie; et, suivant le cours des événemens, cette époque n'est pas bien éloignée.

Alors l'état d'abaissement des naturels, et l'absence complète d'instruction politique, seraient cause que ce peuple se partagerait en plusieurs tribus indépendantes; la guerre naîtrait de petites jalousies locales, et toute espèce d'esprit de perfectionnement périrait par suite du caractère naturellement inconstant et féroce des habitans qui rentreraient dans l'état sauvage et feraient un désert de ce beau pays.

Mon but n'est nullement de combattre les raisons politiques, s'il en existe réellement, qui semblent s'opposer à l'occupation de cette contrée par un état européen, surtout lorsque, dans sa sagesse, la sainte-alliance a jugé convenable de faire descendre l'Espagne jusqu'à n'être, sous le rapport politique, que l'égale de l'empire de Maroc; car il est probable qu'elle s'opposerait de toute sa puissance à une tentative de conquête et de civilisation de la Barbarie.

Il n'est pas même nécessaire de discuter, comme préliminaire, la question des colonies. Leur inutilité positive pour les états qui les fondent, en prenant pour principe le système de colonisation des temps modernes, a été, je le crois, pleinement démontrée aux nations de l'Europe. Les États-Unis, par suite d'une communauté toujours si puissante de langage, de mœurs et de lois, quoique séparés de l'Angleterre, ont été pour elle et sont encore une source d'avantages bien supérieurs à ceux qu'ils lui procureraient n'étant qu'une simple colonie dépendante. Il reste encore à faire des tentatives, d'après les principes suivis par les anciens;

et, autant que peut le prévoir la raison humaine aidée de l'expérience, il semble qu'on serait en droit de promettre les plus grands succès à une pareille tentative, si le choix local était judicieux, et si les premières années de la colonie naissante étaient protégées par tous les moyens capables d'assurer son existence et sa prospérité.

La Grande-Bretagne a laissé pénétrer dans sa carrière politique une ambition et un désir d'agrandissement, qui ont plus d'une fois compromis le repos et l'indépendance des autres états; mais la nature de ses institutions et sa position singulière, relativement au reste de l'Europe, ont aujourd'hui rendu sa puissance plutôt un sujet d'inquiétude que de crainte, pour tous ceux qui ont quelques doutes sur le droit divin et l'infaillibilité des rois. Elle est aussi le seul état européen qui, dans les temps modernes, ait fondé des colonies d'après les principes constitutionnels; d'où il est arrivé que les habitans de ces colonies ont montré un amour de liberté civile et une capacité pour se gouverner eux-mêmes dignes des plus beaux jours de leurs ancêtres, tandis que les peuples des autres colonies ne se sont montrés que les esclaves volontaires de la métropole.

Ainsi, en envisageant ce sujet sous ce point de

vue, il serait de l'intérêt de la Grande-Bretagne de s'emparer de cette partie de l'Afrique pour y fonder une colonie.

A cela on peut répondre qu'elle est déjà surchargée de colonies dans toutes les parties du globe. Mais l'éloignement de ces mêmes colonies, et des *circonstances* particulières font qu'elles ne seront jamais une partie intégrante de son empire. Les colonies du nord de l'Amérique finiront, avec le temps, par se réunir à la confédération des États-Unis; celles de l'archipel américain et du continent, qui est placé dans leur voisinage, ne sont que de simples plantations dont la destinée semble devoir se décider bientôt, et qui, probablement avant peu, seront dans le cas de Saint-Domingue. Son empire dans les Indes repose sur une base trop peu solide pour offrir de grands avantages à venir. Long-temps encore cet empire sera, pour les sujets de la Grande-Bretagne, une source d'emplois lucratifs, une cause de richesses pour une corporation colossale, et un moyen de corruption dans l'état. Que tout cela soit ou non dans l'intérêt général du pays, ce n'est pas à moi qu'il appartient de le décider; mais il paraît évident que son empire

14.

dans les Indes n'ajoutera jamais rien à sa force nationale.

Il n'est pas donné à la prévision de l'homme de calculer les avantages immenses que retirerait le genre humain de l'établissement d'une colonie anglaise dans la Numidie, si cette colonie recevait les institutions de sa métropole, et une organisation qui lui laissât le privilége d'une certaine indépendance, sans autres obligations à remplir que celles résultant d'une affection naturelle, du souvenir d'anciens bienfaits, et d'une communauté d'intérêts. Telles étaient Syracuse et Carthage à l'égard de leur métropole; tels, de nos jours, sont les nouveaux états de la confédération américaine; et telle deviendrait l'Irlande, si le gouvernement adoptait un système de politique mieux entendu à son égard.

Les côtes occidentales de l'Afrique, situées entre les tropiques, offrent de grands avantages pour des plantations; et généralement ce pays se prête au développement d'un grand empire. En effet, cette partie de la Barbarie fournirait plus de blé, de vin, d'huile, de soie, de laine, de bestiaux, que toute autre contrée; on verrait renaître le commerce intérieur de l'Afrique qui, sous la domination des Romains, porta plusieurs villes de cette portion de la Mauritanie à un degré de splendeur qui nous semble aujourd'hui incroyable. Les produits des arts et les principes de la civilisation européenne, iraient, par ces canaux, se répandre dans le centre même de ce malheureux continent, abolir le trafic inhumain des esclaves, et peut-être produire dans l'état social des nations, une révolution aussi importante que celle qui résulta, pour l'Europe, de la découverte et de la colonisation de l'Amérique.

Des principes d'économie politique bien entendus démontrent combien sont rapides les progrès d'une colonie sous un bon climat et sur un sol fertile. Quand on emploie des moyens dignes de l'objet qu'on se propose, l'expérience a fait voir que les effets dépassent toutes les espérances. Si le surplus de la population de la Grande-Bretagne, qui aujourd'hui est déjà pour elle un fardeau insupportable, était transporté ici graduellement, en suivant un système régulier; enfin si ses immenses capitaux étaient employés au développement des ressources naturelles de ce pays, il est probable que dans l'espace d'un siècle ce nouvel empire pourrait devenir une seconde Angleterre.

J'ai déjà dit que je ne me mêlais pas de répondre à des objections politiques, s'il en existait, mais ayant avancé que la chose était possible, dans le cours général des événemens humains, il est de mon devoir de démontrer que mon idée n'a rien d'absurde.* Il est indubitable que la partie de la Barbarie, appelée royaume d'Alger, renferme tous les avantages physiques, que l'on peut naturellement désirer, si un pareil plan était adopté.

* Non, sans doute cette idée n'est point absurde quant aux avantages qu'offre cette partie de l'Afrique à une grande puissance qui pourrait y établir une colonie. Il y a long-temps que tous ces avantages sont connus et appréciés. Mais, dans ce cas, quelle est la puissance appelée par sa position, à jouir de ces avantages? Certes, ce n'est point l'Angleterre. Une telle monstruosité rayerait la France et l'Espagne de la carte politique de l'Europe. Un patriote zélé des États-Unis verrait, sans doute avec satisfaction, l'Angleterre abandonner tout à fait les îles qui lui restent encore en Amérique, son vaste empire dans l'Inde, et son commerce dans toutes les mers du Sud. Mais dans l'état actuel de l'Europe, cette colonie sur toute la côte d'Afrique appartiendrait de droit naturel à l'Espagne et à la France, qui pourraient facilement s'en partager l'étendue à l'est et à l'ouest, sans porter ombrage à la politique bien entendue et à l'équilibre actuel de l'Europe. Mais que dirait l'Angleterre? que dirait ce citoyen même des États-Unis?

N. du T.

Elle a un climat tempéré et salubre, un sol fertile, bon pour toute sorte de produits, des côtes très-étendues et des ports excellens. D'ailleurs elle est placée si près de l'Europe, qu'un peuple de ce continent pourrait facilement y établir une colonie, avec l'espérance d'un succès prompt et certain.

Sous ce point de vue, le pays offre encore un avantage moral vraiment important, c'est le petit nombre relatif de ses habitans, qui gagneraient beaucoup à ce changement, et qui pourraient sans inconvénient s'allier par le mariage avec les colons, sans qu'il y eût de honte du côté des derniers, ou d'altération pour le sang européen. On traitera peut-être cette observation de puérile; mais sa force et son importance ne doivent pas échapper à un citoyen des États-Unis, s'il est dans l'habitude d'examiner son pays, où se trouve malheureusement un surcroît de population nègre, dont on ne peut pas former ainsi une colonie. J'ai peu de chose à ajouter à ce qui se trouve dans les chapitres précédens, sur les moyens de résistance qu'opposeraient les Algériens. Certainement si on envoyait des vaisseaux pour attaquer leurs triples rangs de batteries construites en pierre, et couvertes de plus de mille pièces de canon de gros calibre, ces bâtimens seraient nécessairement anéantis, fussent-ils même plus redoutables que la flotte commandée en 1816, par lord Exmouth; mais les Algériens sont hors d'état de résister à une attaque combinée par terre et par mer, quand même elle serait faite par une armée peu nombreuse.

Ce peuple qui ne s'élève pas à un million d'individus, dont la plupart sont des bergers sans armes et sans discipline, répandus sur une surface aussi considérable, ne pourrait, en aucune circonstance, opposer une résistance efficace à une invasion bien ordonnée de troupes régulières.

Le gouvernement des Turcs dans la Barbarie, est un gouvernement dont les déprédations s'exercent également par terre et par mer, dans toute l'étendue de sa juridiction, et qui, par conséquent, n'est pas populaire. Si la force de l'habitude et l'influence du fanatisme, groupaient autour du pouvoir existant un grand nombre de naturels, et les entraînaient en foule à la défense de la capitale, dans le cas où une invasion aurait lieu, il est probable que leur résistance serait sans avantage important pour les Turcs, qu'elle ne pourrait se prolonger tout au plus que quelques jours, et cesserait bientôt par le manque de subsistance ; une fois la capitale prise, la puissance des Turcs serait anéantie, et il serait impossible de rassembler une seconde armée. Naturellement on doit penser que les Numides feraient pendant quelque temps dans l'intérieur une guerre de partisans, que la politique réussirait mieux à terminer que la force.

Après la prise d'Alger, les Maures à demi-civilisés, et même les Turcs, se soumettraient probablement très-volontiers, à un gouvernement établi sur des bases larges, qui respecterait d'anciens préjugés, et accorderait une égale protection à toutes les professions de foi, aux personnes et aux propriétés; alors, selon toute apparence, les habitans deviendraient bientôt des citoyens paisibles, comme le devinrent les peuplades analogues de Calcutta et de Madras. Dans son principe, la religion mahométane ne répugne pas plus qu'une autre à la civilisation et à l'ordre social, lorsque le pouvoir suprême n'est pas dans les mains d'un prince mahométan.

Le plus grand mal dont les naturels aient à se plaindre, c'est cette prohibition générale, qui défend l'exportation des produits du sol et de l'industrie : en ôtant ce sujet de plaintes, on se concilierait l'amour de toutes les tribus africaines; et presqu'au même instant naîtraient l'abondance et la richesse.

Le matériel de guerre renfermé dans Alger, le trésor public, fruit de trois cents ans de pillage exercé contre le commerce du monde, et qu'on dit s'élever à cinquante millions de dollars, seraient naturellement la proie des vainqueurs, et son acquisition deviendrait un dédommagement des dépenses qu'aurait occasionées cette guerre.

Il y aurait de la présomption de ma part, à vouloir déterminer le nombre de soldats nécessaires pour la conquête et l'occupation du pays. Mais si la Grande-Bretagne en prenait sur elle les hasards, elle trouverait dans les annales de ses guerres et de ses conquêtes en Asie, des précédens pour tous les cas qui pourraient se présenter.

CHAPITRE VII.

EXTRAIT DU JOURNAL TENU AU CONSULAT DES ÉTAT-UNIS, A ALGER.

Troubles survenus entre les Cabilè et les Algériens. — Protection accordée par le consul américain à ses domestiques Cabilè. — Protestation des consuls étrangers. — Différens entre le consul anglais et le gouvernement algérien. — Le consul d'Angleterre, forcé de quitter la ville, confie les affaires de son gouvernement au consul américain. — Tentative de réconciliation entre l'amiral anglais et le gouvernement algérien. — Obstination du pacha. — Entrevue du consul américain avec le pacha. — Blocus du port et de la rade d'Alger par une escadre anglaise. — Arrangement définitif des différens entre la Grande-Bretagne et Alger, sur des bases solides. — Naufrage d'un vaisseau américain sur la côte de Barbarie. — Rachat du capitaine et de l'équipage par le consul américain. — Négociation hollandaise avec Alger.

1823. 22 octobre. Hier on reçut ici la nouvelle que les Cabilè, qui habitent les montagnes de Bougiah, se sont révoltés contre le gouvernement de cette province. Plusieurs personnes ont été tuées des deux côtés: un muphti turc a été fait prisonnier et conduit en ôtage dans les montagnes. Cette petite tribu, d'après ses traités avec la régence, fournit beaucoup d'ouvriers à Alger, et surtout des domestiques pour les familles des consuls, dont ils se font aimer par leur fidélité et leur propreté.

Aujourd'hui, par l'entremise de leurs drogmans respectifs, tous les consuls ont reçu du gouvernement un message par lequel il leur est enjoint de mettre à sa disposition tous les individus de cette petite tribu qui sont en ce moment à leur service, afin qu'ils soient traités comme rebelles, otages, ou prisonniers. Le consul américain était allé rendre une visite à la campagne au consul anglais, lorsque cet ordre arriva : on a donc dit au drogman qu'on ne pouvait rien répondre avant son retour. Cependant la ruse, la force ou la persuasion ont obtenu les Cabilè des consulats bavarois, danois et sarde. Le consul anglais, qui a un grand nombre de ces malheureux à son service, a répondu avec une noble dignité, qu'il ne consentirait jamais à livrer ses domestiques au gouvernement, alléguant pour motifs de son refus les lois des nations et les usages même du pays, où les droits de l'hospitalité sont sacrés, et où ces droits protègent l'homme contre la violence du premier venu.

Le consul anglais a reçu aujourd'hui plusieurs messages du gouvernement, qui demande toujours qu'on lui livre les Cabilè, en donnant des raisons assez plausibles pour le renouvellement de cette demande. Il a été répondu négativement. A son retour, le consul américain vit, en passant, le consul français, qui avait aussi donné une réponse, mais qui était incertain de ce qu'il devrait faire dans le cas où la demande serait réitérée.

23. Aujourd'hui un drogman est venu, chargé d'un second message beaucoup plus amical. Il a dit que le gouvernement, voyant l'inconvénient qu'il y aurait pour le consul américain, à être privé de ses domestiques, qu'il lui serait probablement difficile de remplacer, ne lui demandait plus de livrer les Cabilè qu'il avait dans sa maison, mais lui recommandait de ne pas les laisser sortir dans les rues, où ils seraient nécessairement arrêtés, en vertu des ordres du gouvernement. Le consul a répondu à ce message ainsi qu'il le devait.

24. Le consul anglais a reçu avant le jour plu-

sieurs messages du gouvernement, toujours pour demander les Cabilé. Il a refusé de les livrer. On dit que le consul français a donné congé à ceux qui étaient à son service, en les engageant à pourvoir eux-mêmes à leur sûreté. Cet homme, qui a été élevé dans le Levant, a des préjugés que l'on ne conçoit pas. Il parle très-bien le Turc, cause beaucoup et avec sens. Mais on ne peut pas compter sur sa parole.

25. Ce matin, le consul américain n'était pas encore levé, quand un drogman est venu annoncer que la régence exigeait qu'on lui livrât les Cabilé qui avaient cherché un asile dans les différens consulats; que le khaznadji, en considération de l'amitié qui existait depuis si long-temps entre lui et le consul américain, avait fait tous ses efforts pour obtenir une exemption en sa faveur, mais qu'il n'avait pu y réussir, et qu'il conseillait maintenant à son ami le consul, de livrer les hommes en question, plutôt que d'attirer sur lui une violence inévitable, l'assurant que ses domestiques seraient traités avec douceur, et lui seraient rendus dans quelques jours. Le consul a envoyé l'intendant de sa maison pour répondre en son propre nom au drogman que le consul ne serait visible qu'à neuf heures, comme à son ordinaire; qu'on savait bien

que jamais il ne consentirait à livrer les hommes que l'on demandait. En même temps il conseillait au drogman, qui, en sa qualité d'officier public, devait très-bien comprendre la chose, de faire tout son possible pour réussir, afin d'éviter le renouvellement d'une pareille demande, et le scandale qui en serait une conséquence naturelle.

En même temps on a envoyé un autre interprète, M. Benzamon. A neuf heures le drogman est revenu, demandant expressément que les Cabilè fussent livrés, et chargé de faire part au consul des instances les plus vives de son ancien ami le khaznadji, qui l'engageait à se soumettre à cet ordre, et lui annonçait que de forts détachemens armés avaient été envoyés aux jardins des consuls anglais et français, pour le faire exécuter et qu'une troupe, également armée, était dans ce moment, pour le même objet, stationnée à la porte de son consulat. Le consul pria le drogman de remercier le khaznadji des efforts qu'il avait faits pour le servir; de faire ensuite ses complimens aux autres magistrats, mais de leur dire qu'ils lui demandaient une chose à laquelle il ne pouvait pas consentir sans se déshonorer, lui et sa nation; que les droits de l'hospitalité étaient sacrés chez les Turcs et chez les Arabes, qu'ils étaient des lois fondamentales, et que pour lui il les ferait respecter autant qu'il serait en son pouvoir; qu'il était hors d'état de repousser la force par la force, et qu'il ne tenterait rien contre les armes de l'autorité publique; mais que pour avoir les hommes en question, il leur faudrait aller les saisir dans le lieu le plus sacré de sa demeure, et les en arracher. Alors il a fait venir les Cabilé, et les a renfermés dans son cabinet.

Le drogman est revenu bientôt après de la part du ministre de la marine et des affaires étrangères. Il était suivi d'un officier qui est resté à la porte avec les gardes qui l'accompagnaient; il a donné les plus grandes assurances, de la part du ministre, sur le bon traitement que recevraient les domestiques du consul, promettant en outre qu'on les lui rendrait bientôt, et en même temps le priant instamment de ne pas résister aux ordres positifs du pacha, qui, dans tous les cas, seraient exécutés rigoureusement. Le drogman n'a pas manqué d'appuyer toutes ces promesses de l'éloquence de ses larmes et de ses gémissemens. Le consul a répondu qu'il n'était au pouvoir ni du pacha ni de ses ministres de lui faire oublier son devoir, pas plus que de laisser avilir le poste qu'il tenait de la confiance de son gouvernement ; que, si on enlevait de sa maison les Cabilè, ce serait en employant la force pour les arracher du lieu où ils étaient à ses pieds ; que, si telle était l'intention du gouvernement, le plus tôt serait le meilleur. Le drogman, voyant que le consul était inflexible, s'est retiré ; et, quelques instans après, il a été suivi des gardes.

On est venu dire ensuite, que la maison du consul anglais dans Alger avait été forcée, qu'on en avait enlevé deux malheureux Cabilè, qui avaient été aussitôt chargés de chaînes, et condamnés aux travaux forcés. Le soir assez tard, on est venu annoncer qu'une troupe armée s'était rendue au jardin du consul anglais, et avait expressément demandé qu'on lui livrât les Cabilè, qui étaient à son service, mais que le consul l'avait refusé avec fermeté ; qu'il avait apposé les scellés de l'état sur ses portes, et avait fait déployer au-dessus le pavillon anglais ; que cependant, vers la fin du jour, sur un ordre exprès du pacha, les scellés avaient été brisés, les portes enfoncées, la maison visitée partout de la manière la plus scandaleuse, sans épargner même les appartemens de sa femme et de ses filles, qui devaient être un asile sacré. Cette dernière insulte est la plus grande qu'on puisse faire dans les pays mahométans, et on n'en cite pas un seul exemple même dans les guerres civiles des Mamelouks en Égypte.

Maintenant c'est une chose bien connue, que hier, le consul français, après avoir eu une entrevue avec le ministre de la marine, est rentré chez lui, qu'il a fait venir tous les Cabilè, leur a payé leurs gages, et les a renvoyés de son service, en présence du drogman et du gardien; ou, pour mieux dire, qu'il les a livrés à leurs ennemis; et qu'il a renoncé à défendre à Alger le droit des gens, au nom du gouvernement dont il est le représentant.

27. Le consul anglais a fait demander au consul américain, s'il n'était pas convenable de rédiger une protestation contre les actes arbitraires dont le gouvernement algérien venait d'être l'auteur. Celui-ci répondit qu'il était prêt à prendre part avec lui à toute mesure qui serait jugée convenable; mais qu'il ne voulait avoir rien de commun avec des hommes qui avaient abandonné leur poste et trahi leurs devoirs.

28. Comme tout semblait calme, le consul américain s'est rendu au jardin du consul anglais: là il a rencontré le consul de Hollande; et c'est

avec plaisir qu'il a appris la conduite honorable de ce dernier. A la nouvelle de ce qui se passait, le consul hollandais avait assemblé ses Cabilè, et leur avait offert de rester sous sa protection, ou de chercher leur salut dans la fuite. Ceux-ci avaient pris ce dernier parti et sa demeure avait été respectée. Il est juste de dire, pour l'honneur du Danemarck et de la Suède, que le consulat du premier était presqu'inhabité et n'avait pour le protéger qu'un gardien, et que le second, en l'absence du consul, qui a été rappelé, n'avait pour chef qu'un simple secrétaire.

Arrivée de huit vaisseaux de guerre algériens venant du Levant.

Novembre 26. Le consul anglais persistant dans le désir de rédiger une protestation générale contre les actes de la régence, depuis le 22 jusqu'au 25 du mois dernier, le consul américain, pour ne pas être taxé d'égoïsme, a consenti à y prendre part, à la condition qu'il ne serait pas obligé d'apposer sa signature à tout écrit qui renfermerait quelque chose de contraire à ses vues sur cet objet. En conséquence, les consuls se sont réunis aujourd'hui à la maison de campagne du consul hollandais, où a été adopté à l'unanimité un projet de protestation présenté par le consul anglais.

Décembre. 2. Tous les consuls se sont réunis aujourd'hui au consulat américain; ils y ont déjeuné, et signé une protestation contre les actes du gouvernement, depuis le 22 jusqu'au 26 du mois d'octobre. Cette protestation a été présentée, par les consuls en corps, au ministre de la marine et des affaires étrangères, qui l'a reçue, et a promis d'en faire part au pacha.

10. Aujourd'hui le consul américain a appris, par une voie assez sûre, que les deux jeunes Cabilè, qui avaient trouvé un asile dans sa maison, avaient été condamnés à mort, et que, d'après les ordres du pacha, leur exécution aurait lieu de suite, si on parvenait à les saisir hors de l'enceinte de sa demeure.

27. Arrivée de deux frégates napolitaines; elles se mettent à l'ancre dans la rade, ont une communication avec le consul anglais, et repartent le même jour.

1824. 9 *janvier.* Arrivée d'une goëlette anglaise, venant de Smyrne, et amenant soixante recrues. A l'arrivée de cette goëlette, quelques Algériens se sont rendus à bord, et, sans qu'on sache pour quelle raison, ils ont insulté grossièrement et même battu indignement le commandant anglais.

10. Départ d'une escadre algérienne, composée de deux frégates, d'une polacre-corvette, d'un brig, d'une goëlette, pour former une croisière sous les ordres de Moustafa Raïs. Ces vaisseaux, au moment de leur départ, ont hissé le pavillon espagnol sous leurs beauprés, ce qui est ici une manière de déclarer la guerre.

12. Arrivée d'une goëlette française venue en cinq jours de Toulon.

16. Le consul français a communiqué au consul américain une copie d'une lettre officielle, écrite par lui au consul anglais, et portant que le gouvernement français a vu, avec la plus grande indignation, la conduite de la régence envers les agens étrangers, dans le mois d'octobre dernier; qu'il regarde les consulats étrangers à Alger comme inviolables, et qu'il lui ordonne de prendre, avec le consul anglais, les mesures que celui-ci jugera convenables dans cette conjoncture, même quand il devrait en résulter une guerre. Le consul a reçu en même temps communication de cette même lettre par le consul anglais.

24. Arrivée d'une goëlette de l'escadre, avec une prise sous pavillon espagnol. Cet évènement

excite la joie la plus effrénée de la populace algérienne; elle le salue comme le présage d'une prospérité nouvelle pour Alger.

27. Le consul anglais a envoyé son drogman, pour protester contre le traitement fait aux officiers et à l'équipage du brig espagnol, qui avaient été réduits en esclavage, au mépris des prévisions du traité de 1816. Le pacha a répondu nettement à ce message, que le traité en question avait été conclu pour trois années seulement; que l'équipage et les officiers espagnols étaient dans les fers, et qu'à partir de ce jour, l'esclavage des chrétiens allait renaître dans Alger.

28. Arrivée de la frégate anglaise la *Naiade*, commandée par le capitaine Spencer. Elle est partie du Tage, chargée de dépêches pour le consul anglais, relativement à ce qui s'est passé au mois d'octobre dernier. Elle se mit à l'ancre dans la baie. Le consul anglais communiqua confidentiellement au consul américain les instructions de son gouvernement, qui approuve entièrement sa conduite, et lui envoie des articles additionnels pour le traité, auxquels on exige que le pacha appose sa signature. Ces articles établissent, de la manière la plus claire, tous les droits que cette affaire a mis en question.

Arrivée de deux autres vaisseaux espagnols de peu de valeur, capturés par l'escadre. Le consul apprend que le dey hésite à signer les articles qui lui ont été présentés par le consul anglais. Il affecte de croire qu'ils ne sont pas authentiques, parce que, à ce qu'il prétend, ils ne portent pas le vrai sceau de l'état, etc., ils sont impératifs, et ne peuvent admettre aucune modification. Le consul américain apprend confidentiellement du consul anglais que son intention est de faire embarquer sa famille ; il la recommande instamment à ses soins ; il ajoute que si l'affaire des Cabilè peut être amenée à une conclusion amicale, celle qui regarde le renouvellement de l'esclavage à Alger a un caractère plus sérieux, et devient pour la Grande-Bretagne une question de la plus grande importance, et que, puisqu'on ne peut pas savoir quelles mesures elle prendra par suite de cette conduite de la régence, le gouvernement algérien retiendrait sans doute comme ôtages les personnes qui lui sont si chères. Le consul accompagna à bord de la frégate les dames et les enfans qui composaient la famille du consul anglais, sous prétexte d'aller dîner avec le capitaine Spencer, les consuls de Suède et de Hollande et la femme de ce dernier. Ils sont revenus à deux heures et ont été surpris de trouver le consul anglais qui partait avec le capitaine Spencer.

Le consul américain a été ensuite informé par une note du consul anglais que les négociations se continueraient à partir de ce moment à bord de la frégate la *Naïade*, et que l'on exigerait l'acceptation des articles imposés par le gouvernement anglais. Il recommandait aux soins et à la protection du consul ses domestiques, ses maisons, et tous ses effets en général, dans le cas où les négociations n'auraient pas un résultat favorable. Madame Mac Donnel s'était embarquée avec sa famille sans même avoir les choses les plus indispensables telles par exemple que du linge. Le consul américain a donc ordonné à la personne qui était chargée de l'administration intérieure de la maison du consul anglais, de mettre en ordre leurs effets pour les faire embarquer, de faire demander par le drogman la permission de les envoyer à bord, et en cas d'un refus, ce qui n'était pas probable, de s'adresser à lui. Nous étions au jeudi; le capitaine Spencer fait annoncer à la régence qu'il attendrait sa réponse définitive jusqu'à samedi à midi.

30. Il ne s'est passé rien de remarquable aujourd'hui. On dit qu'un divan est assemblé dans

le palais pour délibérer sur les grandes affaires en question.

31. Ce matin par l'entremise de l'amiral du port, Hadji-Ali-Reis, dont on vante l'intelligence et les vues libérales, le pacha a envoyé un message qui semblerait annoncer la paix. Il renonce expressément à la prétention de réduire en esclavage les prisonniers espagnols, et promet qu'ils seront traités comme simples prisonniers de guerre; qu'il signera les articles qui lui ont été proposés; il ne se prononce pas même fortement contre le droit de hisser le pavillon dans la ville, quoique cette condition soit la plus désagréable. Il paraît que l'on a discuté hier ces questions dans le divan. Le dey soutient avec obstination qu'Alger ne devait faire aucune concession; mais il a été obligé de céder à l'avis de tous les membres, qui a été contraire au sien. Dans cet intervalle, le capitaine Spencer est descendu à terre, et l'on a embarqué une grande quantité de bagages que le consul avait fait préparer. Il avait eu la précaution de faire savoir par son drogman au gouvernement que, comme les paquets se composaient d'objets nécessaires à des femmes et à des enfans, contre lesquels ne seraient jamais dirigées les rigueurs de la guerre, si elle avait lieu, il espérait qu'on ne s'opposerait pas

à l'envoi de ces effets, qu'il aurait d'ailleurs pu envoyer chercher sous son pavillon.

Ensuite le capitaine Spencer envoya dire au consul américain, par l'interprète anglais, qu'il regardait la négociation comme terminée, et désirait avoir une entrevue avec lui. Il l'informa que les Algériens avaient tenus envers lui une conduite tout-à-fait ironique; qu'ils ne voulaient faire aucune concession sur la question des pavillons, quoiqu'ils professassent les sentimens les plus pacifiques; que le pacha voulait écrire une lettre au roi d'Angleterre, mais qu'il préférait la guerre au déshonneur. Le capitaine Spencer, qui semblait maintenant chargé de conduire les négociations, avait répondu qu'il n'avait aucun pouvoir discrétionnaire, et que par conséquent le pacha devait signer, sans aucune condition, les articles qui lui avaient été soumis, et que quant à lui il allait partir. Le gouvernement avait fait demander si son départ serait une déclaration de guerre, il avait répondu qu'il suivrait ses instructions, et qu'il n'avait pas de communications à faire à ce sujet. Ensuite il a recommandé, comme on l'avait déjà fait, aux soins et à la protection du consul américain tout ce que M. Mac Donnel avait été obligé de laisser en partant. Les consulats de Naples, du Portugal, de l'Autriche, de la Toscane, qui étaient soumis à l'administration du consul anglais, sont confiés, ainsi que toutes les affaires nécessaires, à la direction de M. Louis Granet, qui a été long-temps employé sous le consul anglais.

Après avoir reçu du consul américain l'assurance qu'il ferait tout ce qui dépendrait de lui dans l'intérêt de son ami, le consul anglais, autant que le lui permettraient ses moyens et son caractère public, le capitaine Spencer est retourné à son bord, et à deux heures la *Naïade* et le brig le *Caméléon* qui étaient arrivés le matin même, ont levé l'ancre. Avant le départ du capitaine Spencer, le consul américain avait envoyé son drogman au ministre de la marine, pour lui dire que le départ de ces vaisseaux serait un vrai commencement de guerre avec la Grande-Bretagne, le plus puissant état du monde sur mer, et que la ruine d'Alger serait la suite de cette guerre. Le ministre a reçu cette communication avec emportement.

Aussitôt que les vaisseaux ont été au vent, le consul américain s'est rendu chez le ministre de la marine et des affaires étrangères, suivi de son drogman et de M. Granet comme interprète; et il lui dit que, puisque lui, ministre d'état, savait quels étaient les liens d'hospitalité qui l'unissaient au dernier consul anglais, il ne serait pas étonné de voir commis à sa charge tous les effets qui avaient appartenu à ce dernier ; que par conséquent son intention était de faire hisser le pavillon américain au-dessus du jardin du consulat anglais qui lui avait été cédé, et en général de prendre sous sa protection tout ce qu'à son départ avait laissé M. Mac Donnel. Le ministre a répondu que probablement le pacha ne s'opposerait pas à un pareil arrangement. Le consul a ajouté qu'il croyait que sa conduite n'était que l'exercice d'un droit ; qu'il venait seulement pour lui apprendre que telle était son intention, et pour lui demander des gardes qui feraient respecter sa demeure, etc. Il lui fit observer en même temps que l'amitié des particuliers n'avait rien à démêler avec les guerres des gouvernemens ; que le ministre devait savoir qu'en sa qualité de citoyen américain, il n'avait à prendre nul souci de la nature des relations de la régence avec la Grande-Bretagne ; enfin qu'il était l'ami des deux parties ; qu'il connaissait ses droits et les exercerait. Le ministre n'a fait aucune objection et a donné des ordres en conséquence. Aussitôt le consul a fait porter le pavillon et les armes des États-

Unis pour les hisser au-dessus de la maison de campagne du consul anglais ; il s'y est transporté lui-même, et en a pris possession à quatre heures.

Dans ce moment on a vu un croiseur algérien, petite polacre-corvette, courir au large, chassé par les vaisseaux anglais, à cinq heures moins un quart environ, les deux vaisseaux étaient à une portée de fusil, et approchèrent en faisant un feu non-interrompu sur la polacre algérienne, qui le supporta avec un courage extraordinaire jusqu'à six heures moins un quart ; dans ce moment la nuit nous en déroba la vue, et il semblait que le feu avait cessé. A cinq heures, les batteries de la mer ont tiré un coup de canon, et un pavillon a été hissé, sans doute pour annoncer que la guerre était commencée. La résistance que fit le vaisseau algérien, en répondant de temps en temps au feu de l'ennemi, a été quelque chose de surprenant, et la conduite de son équipage ferait honneur à quelque nation que ce fût.

Pendant trois quarts d'heure les vaisseaux anglais ont tiré sur lui à une demi-portée de pistolet, sans pouvoir le forcer à se rendre.

1er février. Ce matin, le drogman et les domestiques américains sont arrivés au jardin avec le pavillon et les armes des États-Unis, qui à neuf heures ont remplacé les armes de l'Angleterre sur la maison du dernier consulat anglais à Alger. Le drogman est venu porter un message amical au consul, de la part du pacha, lui témoignant sa satisfaction de ce qu'il avait pris possession de la demeure du consul anglais que celui-ci avait abandonnée, et l'assurant de sa protection dans cette nouvelle situation, il ajoutait cependant que le consul américain était la seule personne dans Alger à qui il permît de le faire. Le vaisseau algérien se montre à l'ancre dans la baie ; tout-à-fait démâté, il donne des signaux de détresse ; on l'a remorqué pendant le jour, le bruit court qu'il a eu quatre hommes tués et huit blessés ; et on ne peut s'expliquer une perte aussi peu considérable qu'en pensant que l'équipage s'est mis dans la cale.

Les Anglais ont démâté le vaisseau, ont pris le capitaine et ses prisonniers espagnols, et ont abandonné le vaisseau, en le mettant à l'ancre. Ce matin ils ne sont plus en vue.

2. Le drogman qui avait été envoyé pour un message de la part de M. Granet, relativement aux consulats qui lui avaient été confiés, est revenu lui annoncer que lui, M. Granet, n'étant venu à Alger, ni en qualité de consul, ni en qualité de

vice-consul, ne pouvait remplir une fonction de cette nature dans la circonstance présente; seulement qu'il pouvait rester, s'il le voulait, comme secrétaire du consul, et qu'il serait regardé comme responsable de ce qui pourrait survenir par rapport aux consulats. Arrivée d'un brig de la croisière avec une petite goëlette espagnole qu'il a capturée.

3. En conséquence du message d'hier le consul américain s'est rendu chez le ministre de la marine suivi de son drogman et de M. Benzamon comme interprète; et il a dit au ministre, qu'il craignait, d'après le message d'hier, que sa position à Alger n'eût pas été bien comprise; qu'il était de son devoir de rendre toute sorte de service d'ami indépendant aux officiers et même aux simples sujets des gouvernemens qui étaient en paix avec les États-Unis, quand les occasions s'en présentaient; mais que les lois des États-Unis lui défendaient, sous les peines les plus sévères, de se mêler de toute affaire politique, où les États-Unis ne seraient pas partie intéressée, et même dans ce cas de n'agir que d'après les instructions du président; qu'il serait heureux de rendre soit au gouvernement algérien, soit à l'un ou à tous les autres augustes souverains tous les services qui seraient en son pouvoir, et

qui ne l'éloigneraient pas de son devoir; mais que si tel était leur bon plaisir, chose qui dans ce cas ne pouvait pas être, car ils ne devaient pas même savoir si lui, citoyen américain, existait sous cette qualité, il ne pouvait pas accepter une commission qui le soumettrait à une autorité autre que celle de son gouvernement. Le ministre a fait observer que tant de consulats ne devaient pas rester sans représentans. Le consul a répondu que c'était un cas où il ne lui était pas même possible d'émettre une opinion. L'affaire a été amenée à un compromis d'après les principes établis plus haut. M. Granet serait regardé comme le secrétaire du consul, et en cette qualité, il aura le droit de s'occuper des affaires des consulats en question, d'après les instructions qui lui ont été remises. S'il venait contre toute vraisemblance, à s'élever une difficulté, le consul américain donnerait son avis, comme ami commun.

Peu d'instans après cette entrevue, le dey a envoyé au consul américain un message très-amical par le drogman: il le remercie de l'arrangement qui a été fait par son ministre, et il ajoute que M. Granet étant maintenant sous la protection immédiate du gouvernement américain, le consul voudra bien l'aider de ses avis, quand la chose sera nécessaire, parce qu'il ne veut pas que l'absence de son représentant légal puisse porter en quelque chose atteinte aux intérêts de ces consulats.

Le consul vient d'apprendre que le consul anglais et le capitaine Spencer auraient été arrêtés par les Algériens, si ceux-ci avaient connu leurs intentions.

4. Arrivée d'un petit bâtiment sarde, venant de Marseille, avec des lettres particulières, des journaux, etc., pour le consul. Ce bâtiment apporte un grand nombre de ballots, d'arbres, de plantes, de rames, etc., et quelques marchandises de prix constituant le présent napolitain pour le printemps prochain, présent que devait offrir le dernier consul anglais. On a débarqué tous ces objets sous la protection des franchises du consulat, sans faire d'enquête, et tout a été mis en lieu de sûreté.

8. Arrivée dans la baie d'un vaisseau hollandais venant de Port-Mahon. Il n'a pas eu de communications, et a remis à la voile le même jour. Le consul américain a su par ce vaisseau que l'escadre des États-Unis était dans le même port.

10. Le consul américain vient d'apprendre par son ancien ami le khaznadji, que le vice-consul

anglais d'Oran avait été arrêté, que le séquestre avait été mis sur ses biens et sur ses effets; sur quoi lui, khasnadji, ayant fait observer au pacha que cet individu était en même temps l'agent du consul-général des États-Unis, on avait fait partir aussitôt un exprès pour le faire mettre en liberté et respecter comme agent de l'Amérique. Le consul a fait un paquet de dépêches pour le secrétaire-d'état, sous le couvert du ministre américain à Londres. Il doit en charger un brig autrichien qui mettra demain à la voile pour Livourne.

11. Arrivée dans la baie d'une escadre de quatre frégates et d'une goëlette de guerre.

12. L'escadre française a eu une communication avec son consul. Au même moment arrivent deux frégates algériennes revenant de croisière. Le commandant français a débarqué, et il n'a pu entrer dans le palais avec son épée au côté. J'ai oublié de faire remarquer que la même permission avait été refusée au capitaine Spencer. C'est une prétention nouvelle de la régence, puisque le consul américain a introduit en présence du pacha plusieurs officiers américains qui ont toujours gardé leurs épées. Le soir, le commandant français est retourné à bord, et l'escadre est

partie. Ces vaisseaux venaient de Tunis et ont apporté des lettres du docteur Heap, le chargé d'affaires du consulat français.

13. Le consul américain vient d'apprendre que le consul de France, profitant de l'état actuel des affaires et de la présence d'une escadre de sa nation dans la baie, avait demandé au gouvernement la solution, en faveur de la France, d'une question relative à la possession d'une maison et d'un jardin à Bonne, maison qui se trouve être dans ce moment la résidence du vice-consul anglais. Cette maison avait été pendant sept ans un objet de litige entre la France et l'Angleterre. Sa demande lui a été octroyée, et l'ordre est parti pour que les Français en prennent possession.

14. Le consul américain a envoyé M. Benzamon aux officiers de la régence, auprès desquels il est admis, pour leur dire de sa part qu'en sa qualité d'ami neutre, il les engageait à songer qu'ils étaient en guerre avec une nation grande et puissante, et que si leur intention n'était pas de pousser la guerre à l'extrémité (lequel cas existant il ne se permettrait aucun avis), ils devaient, en saine politique, s'abstenir de toute mesure qui

n'aurait pour but que d'irriter les esprits, et qui rendrait la rupture encore plus sérieuse ; que ce droit de possession, accordé dans les circonstances actuelles au consul français de Bonne, serait regardé, par le gouvernement anglais, comme une nouvelle injure, et empêcherait probablement d'aplanir aisément les difficultés qui s'étaient élevées ; que la conduite du consul français dans cette circonstance était un oubli de cette générosité que l'on doit toujours trouver dans des agens étrangers, et que pour lui il était persuadé qu'elle serait blâmée par son gouvernement. Il les engagea donc, si la paix était le but qu'ils se proposaient, à suspendre cette cession et à s'abstenir en même temps de toute mesure qui ne tendrait qu'à augmenter l'irritation.

15. M. Benzamon est revenu et a dit au consul américain qu'il avait remis des expéditions de son message à l'agha, à l'amiral et au directeur de la monnaie ; que ces ministres semblaient tous persuadés de la force de ses argumens ; qu'ils en avaient à l'instant fait part au pacha, qui avait avoué qu'il avait été trop prompt, et avait donné des ordres pour suspendre cette cession. Le pacha et tous ses ministres ont envoyé un message amical au consul amé-

ricain, et le remercient de son conseil en le priant d'informer le gouvernement anglais de leur empressement à faire tout ce qui pourrait amener un renouvellement de la paix. Le consul a renvoyé M. Benzamon avec les complimens d'usage, le chargeant d'ajouter que s'ils désiraient réellement la paix, le meilleur moyen de l'obtenir était de faire disparaître tous les obstacles qui s'y opposaient, et particulièrement de renvoyer aussitôt dans leur patrie les prisonniers espagnols.

16. Arrivée d'un brig sarde venant de Livourne, et ayant à bord le consul danois, M. Carstensen et sa famille. M. Benzamon est venu dire au consul américain que la régence avait reçu ses avis avec bonté, et que les ministres de la marine et des affaires étrangères désiraient le voir à une heure. A l'heure indiquée, le consul américain s'est rendu au ministère de la marine suivi de son drogman et de M. Benzamon comme interprète, et il y a eu un long entretien entre le ministre et l'amiral. La conférence s'est ouverte par des complimens des ministres au consul, l'assurant qu'il était dans Alger le seul homme qu'ils pussent consulter, avec confiance, dans la cir-

constance présente. Le consul a répété ce qu'il leur avait déjà fait dire par M. Benzamon, et il en est résulté une discussion sur tous les actes du gouvernement qui ont amené des hostilités avec l'Angleterre. Le consul s'est exprimé avec la plus grande liberté, et il croit leur avoir prouvé leurs erreurs, et leur avoir démontré la nécessité d'adopter une politique qui soit en rapport avec les grands changemens qui se sont opérés dans l'état politique du monde, parce que probablement il ne supporterait pas plus long-temps leurs prétentions à violer les droits des peuples indépendans; que s'ils désiraient réellement renouveler la paix avec l'Angleterre, ils devaient, selon lui, éviter toute démonstration d'hostilités inutiles, et, autant qu'il dépendait d'eux, éloigner tous les obstacles qui pouvaient empêcher une négociation.

Il a insisté surtout pour qu'on renvoie dans leur patrie les prisonniers espagnols, parce qu'il pensait que la question relative au renouvellement de l'esclavage des chrétiens à Alger, serait celle sur laquelle on s'accorderait le plus difficilement. Que quant au droit de déployer le drapeau anglais dans la ville, il pensait que le gouvernement intéressé cèderait facilement, si on lui faisait observer qu'un pareil droit était contraire aux préjugés religieux et à l'opinion du peuple algérien. Ils ont écouté ces propositions avec une grande attention, et avec l'air d'hommes qui sont du même avis, excepté sur l'article du renvoi des prisonniers espagnols, pour lequel ils montrent la plus grande répugnance; ils ont fini par proposer au consul d'écrire en leur faveur au gouvernement anglais; il leur a fait voir l'impossibilité d'une pareille intervention, mais les a assurés qu'en sa qualité d'ami neutre, il leur rendrait tous les services qui dépendraient de lui, et qui seraient d'accord avec son caractère public; ils l'ont prié de se charger d'une lettre du pacha, et il a promis de la faire parvenir par le ministre des États-Unis à Londres, en leur rappelant les dangers de mer et l'incertitude de la poste.

17. Le drogman vient d'apporter une dépêche du dey d'Alger, adressée au comte Bathurst, le consul l'a mise sous le couvert de M. Burh, avec une lettre analogue à la circonstance. Hier le consul américain reçut une lettre de son agent à Oran, qui est en même temps vice-consul anglais. Il lui dit qu'il a été arrêté et que tous ses effets

ont été saisis de la manière la plus rigoureuse. Le consul s'est plaint de la violence faite à son agent, qui n'est pas Anglais. Le ministre lui a répondu qu'il avait été expédié des ordres depuis plusieurs jours pour le faire mettre en liberté, et il lui a même donné un ordre par écrit au sujet d'un brig qui a été saisi sous prétexte qu'il était sous pavillon anglais, et qui sera relâché en prouvant au bey de cette province, qu'il est réellement une propriété américaine.

21. Une bombarde sarde est partie pour Marseille. Le consul a envoyé par cette occasion les dépêches du gouvernement algérien, sous le couvert de M. Rush.

22. Un vaisseau de guerre anglais se montre dans la baie, portant le pavillon du vice-amiral.

23. L'amiral anglais est encore aujourd'hui dans la baie. Pendant la nuit une frégate est venue le rejoindre. Le ministre de la marine a mandé le consul américain, et l'a prié de se rendre à bord du vaisseau amiral comme ami commun, pour demander à l'amiral anglais, quel était l'objet de sa mission, et pour l'assurer des dispositions pacifiques du gouvernement algérien. Le consul a demandé une note écrite, pour diriger

sa conduite dans une occasion aussi délicate. Le ministre a répondu que, puisque le consul connaissait parfaitement tout ce qui avait quelque rapport avec les questions en litige, on laissait à sa discrétion et à son honneur le soin de décider de ce qu'il fallait dire ou faire.

Le consul est parti suivi de son drogman, de M. Benzamon comme interprète et de Moustafa-Rèis, capitaine du port. A son arrivé à bord du vaisseau *The-Regent*, à deux heures, il a été reçu avec politesse par le vice-amiral, Henri B. Neale, le capitaine Spencer, commandant de la *Naïade*, et le dernier consul anglais. N'ayant à leur faire part de rien autre chose que des dispositions pacifiques du gouvernement algérien, puisqu'on a vu qu'il avait déjà envoyé des dépêches à lord Bathurst par l'intermédiaire de l'ambassadeur américain à Londres, et qu'il avait pris des mesures pour la conservation du consulat anglais, et des effets du consul anglais qui avaient été commis à sa charge, le consul américain a borné sa mission à demander au vice-amiral, quelles étaient ses intentions; celui-ci lui a remis avec toute la franchise imaginable une note écrite dont voici le contenu: « La Grande-Bretagne se regarde dans ce moment comme en guerre avec Alger. L'amiral n'a pas d'instructions particulières. Seulement il lui est ordonné de maintenir un blocus rigoureux, et de prendre les mesures les plus hostiles, jusqu'à ce que le dey consente à signer la déclaration qui lui a été soumise par sa majesté et par le consul-général. » Après avoir statué, d'après ses pouvoirs, avec le vice-amiral Neale, qu'en cas où les hostilités commenceraient, on respecterait les pavillons parlementaires, le consul s'est engagé, au nom du gouvernement algérien, au maintien de cet arrangement, et, après avoir reçu les remercîmens de l'amiral, pour son attention à veiller aux intérêts de l'Angleterre à Alger, il s'est retiré et est rentré dans la ville vers le coucher du soleil. Son interprète et le capitaine du port ont instruit pour lui le pacha du résultat de sa mission, et ils lui ont remis une lettre cachetée du vice-amiral, dont l'objet, à ce que lui a dit l'amiral anglais, est de lui apprendre ce que nous avons dit plus haut.

24. Pendant la nuit un cutter a rejoint l'escadre anglaise qui est en station dans la baie. Le consul américain étant obligé de garder le lit par suite d'un violent mal de tête, n'a pas pu se rendre

à une conférence du ministre de la marine, qui l'en avait fait prier par un messager. Le messager est revenu et lui a dit de la part du ministre que, pendant la nuit, deux bâteaux de pêcheurs avaient été pris par les Anglais, qu'ils les avaient retenus prisonniers, et que pour lui il ne voulait pas faire partir un nouveau bateau, dans la crainte qu'il ne fût également saisi, à moins que le consul ne consentît à écrire à l'amiral. Le consul qui n'était pas en état d'écrire, a consenti à se rendre garant pour la sûreté du pavillon algérien, ou, s'ils l'aimaient mieux, à donner le sien. Cette dernière proposition a été acceptée.

Le message envoyé par le drogman des États-Unis, le capitaine du port et M. Benzamon, était, d'après ce que le ministre a fait dire au consul américain, une adhésion entière à toutes les demandes de l'Angleterre, excepté pour le droit de déployer le drapeau anglais dans la ville. Le gouvernement algérien en a parlé dans ses dépêches au ministre d'Angleterre, et il s'exposera aux chances les plus funestes d'une guerre, plutôt que d'accorder un pareil article.

25. Aujourd'hui l'amiral a levé l'ancre et s'est éloigné de la baie.

Le consul, voyant que la majorité du cabinet algérien est pour la paix, s'est décidé à user de toute son influence pour en amener la conclusion. Il a donc envoyé M. Benzamon, pour instruire le ministre de la marine et l'amiral du danger de leur position; pour leur représenter qu'il était ridicule qu'Alger songeât à lutter contre l'Angleterre; et que si une fois ces questions en litige, qu'il était maintenant si aisé de résoudre, devenaient des raisons nationales, cette guerre se terminerait nécessairement par la ruine d'Alger. Ces avis ont été bien reçus.

27. Ce matin, le consul s'est rendu chez l'agha, où il avait un rendez-vous; le prétexte était de faire légaliser un contrat. Il lui a montré, avec la plus grande liberté, dans quelle position funeste Alger se trouvait placé; qu'il n'existait pas de proportion entre les forces belligérantes; qu'il n'y avait pas de honte à céder à une puissance supérieure, et que si une fois l'Angleterre commençait la guerre, nul homme ne pouvait prévoir quelles seraient les conditions qu'elle imposerait à Alger. Le consul a eu la satisfaction de voir qu'il était très-bien compris de l'agha, qui est réellement un homme de mérite. L'agha a témoi-

gné le désir de voir la paix se rétablir avec la Grande-Bretagne, par l'acceptation des articles proposés, et a conjuré le consul américain, au nom de tout ce qu'il chérissait dans le monde, de persévérer dans cette œuvre de bien dont il s'était chargé; qu'ainsi il serait le sauveur du royaume d'Alger, et se ferait de lui un ami pour la vie.

L'agha a prié le consul de chercher quelque prétexte pour avoir une entrevue avec le pacha, parce que ni lui, ni aucun autre algérien n'osaient lui représenter le véritable état des choses. En conséquence, le consul a envoyé demander une audience au ministre de la marine, qu'il savait être au palais, parce que c'était un vendredi. Il a prétexté le besoin de le consulter sur sa sûreté individuelle, en cas d'attaque, parce qu'il avait appris que sa maison était minée. Il a trouvé ce ministre sous l'influence d'autres idées, et sa conférence a été sans intérêt et sans effet. Après cette entrevue, le consul s'est rendu à l'audience du pacha qu'il avait sollicitée. Le dey l'a reçu avec beaucoup de politesse : son air était gai, son humeur enjouée ; et il l'a plaisanté sur ses craintes qu'il traitait d'enfantillage. Le consul, prenant pour prétexte sa qualité de représentant de la puissance la plus amie d'Alger, lui a fait part de ses inquiétudes sur le danger qui menaçait la ville; et il lui a répété avec franchise les argumens qui avaient persuadé l'agha.

Le pacha n'y a répondu que par des raisonnemens tirés des notions les plus absurdes du fatalisme, et par une présomption vraiment ridicule. Le pacha lui a dit que, par sa connaissance de l'histoire ancienne, il devait savoir quel avait été le sort de Nemrod, le plus puissant monarque qui fût jamais au monde, et qui mourut de la piqûre d'une mouche; et alors, levant son turban, il a ajouté que la main d'Allah avait écrit, d'une manière ineffaçable, la destinée de tous les hommes sur leur front. Le dey a ajouté ensuite que, malgré son désir de faire une paix honorable avec l'Angleterre, jamais il ne consentirait au retour du dernier consul anglais en qualité de représentant de cette nation à Alger. Il est assez intéressant de savoir que le consul est un homme qui a plusieurs enfans très-jeunes; que son goût dominant est le jardinage et l'agriculture, et qu'on n'a jamais pu lui reprocher ici le moindre abus de pouvoir. Ce prince, qui est tout entier livré à des idées de fatalisme, aura certainement prêté l'oreille à des conseils funestes. La vérité est qu'on ne peut pas raisonner avec lui, et qu'il court de lui-même à sa perte. Dans cette conférence, le pacha témoigna, de la manière la plus franche, au consul américain, sa confiance dans la pureté de ses intentions, et il lui a dit que, dans toutes le occasions, il pourrait compter sur sa protection comme souverain, pour la sûreté de sa personne et de tout ce qui s'y rattachait. Les ministres lui ont répété les mêmes assurances.

Mars. 2. Une frégate de l'escadre qui forme le blocus s'est présentée sous pavillon parlementaire, et a envoyé un canot à terre. L'objet de cette visite semble être seulement de faire débarquer une négresse qui avait été faite prisonnière. Aujourd'hui, deux frères qui avaient servi dans le Levant, et qui croyaient s'entendre à fabriquer des artifices, se sont fait sauter en l'air, en voulant essayer une fusée (dite rocket) de leur composition; une autre personne a été blessée.

4. Arrivée d'une frégate anglaise venant de Toulon. L'amiral anglais, se méprenant sur le ca-

ractère et les intentions de ce vaisseau, a fait feu dessus.

7. Arrivée d'une goëlette de guerre française, venant de Toulon; elle a été d'abord visitée par l'escadre du blocus. Le nombre des vaisseaux de l'escadre a varié depuis plusieurs jours; maintenant il se compose du vaisseau amiral et de six frégates. Aujourd'hui Sidi Hamidan, neveu du directeur de la monnaie, et un riche marchand d'Alger, sont venus trouver le consul, de la part de l'agha et du directeur, pour savoir de lui quelle devait être leur conduite dans l'état présent des choses, puisque le pacha s'entêtait à braver les forces de la Grande-Bretagne. Le consul les a renvoyés aux raisonnemens qu'il avait déjà faits; ensuite, pour essayer de vaincre l'obstination du pacha, il a conseillé d'envoyer une députation composée des citoyens les plus illustres et les plus respectables d'Alger, pour le conjurer de n'être pas sourd à la raison, et d'épargner la vie et la fortune de ses sujets, en consentant à temps à un accommodement avec une puissance à laquelle ils n'étaient pas en état de résister. Le consul a appris, par cette personne, que la lettre du pacha au ministre anglais, qu'il s'était lui-

même chargé de faire passer en Angleterre, contenait une proposition insultante relative au retour du consul anglais. Il lui a témoigné son indignation d'avoir été ainsi trompé : il a déclaré que si le gouvernement algérien voulait être servi par lui dans ses affaires, il devait user de vérité et de confiance; car autrement, lui, consul, ne songerait qu'à ce qui le regardait, sans s'occuper de leurs intérêts; qu'il n'était pas dans ses principes de servir un parti au détriment de l'autre.

8. On est venu dire au consul américain que l'agha n'approuve pas la députation qu'il avait conseillée hier, parce qu'elle ne servira qu'à irriter le caractère du pacha, et à le rendre inébranlable dans le projet qu'il a conçu.

10. La mission des vaisseaux français se conduit ici avec mystère. On la suppose importante. A dire vrai, depuis 1815, la politique française a eu à Alger un caractère si inexplicable, elle a été conduite d'une manière si scandaleuse, qu'elle ne peut inspirer ni intérêt ni confiance.

Le consul américain a remis au consul de France un paquet de dépêches pour M. Rush, sous le couvert de MM. Buring frères et compagnie, à Londres, afin qu'il puisse être envoyé par la goëlette française, qui est en ce moment dans la baie, et dont on annonce le départ pour demain.

13. La frégate et la goëlette françaises ont mis à la voile. La dernière est pour Toulon. A son bord ont été embarqués les prisonniers espagnols qui ont été remis au consul français comme prisonniers de guerre, pour être échangés par la France, dans le cas où la guerre avec l'Espagne continuerait encore à leur arrivée. Le consul vient d'apprendre que la régence accepte la médiation de la France pour des différens qui se sont élevés entre elle et l'Espagne, sous la condition cependant que ses réclamations seront admises. On a oublié de dire que le dix de ce mois le consul, sachant que le vice-consul anglais et plusieurs autres sujets anglais, résidant à Bonne, avaient été mis en prison, et traités avec une rigueur excessive, avait envoyé son drogman pour faire des remontrances sur une sévérité aussi inutile. Le drogman revint aussitôt avec un message très-poli, portant que ces actes de rigueur n'étaient pas autorisés; qu'on avait envoyé un exprès à Bonne, pour que les personnes emprisonnées fussent aussitôt rendues à la liberté, et traitées avec

toute l'indulgence possible envers des prisonniers de guerre.

22. Le consul a envoyé par un exprès à Tanger, en se servant de l'entremise de l'agha, des dépêches au secrétaire d'état, n° 80 et 81, avec une copie de ce journal depuis le 10 de janvier jusqu'au 21 du courant, le tout sous le couvert du consul à Tanger, pour être expédiées par la voie de Gibraltar. La nuit dernière, une goëlette a rejoint l'escadre du blocus. Ce matin, l'amiral s'est mis à l'ancre dans la rade, sous pavillon parlementaire, et a envoyé un canot avec des dépêches pour le pacha.

23. L'amiral anglais est encore à l'ancre dans la baie, sous pavillon parlementaire; il a envoyé ce soir un canot à Alger, mais on ne sait rien des propositions d'hier ou de celles d'aujourd'hui. Arrivée dans la baie d'une frégate hollandaise venant de Port-Mahon. Elle a porté au consul des lettres du capitaine Furner, commandant la goëlette *Nousuch*, des États-Unis. Depuis le mois de mai de l'année dernière, c'est la première information directe qui lui soit parvenue par l'escadre américaine, qui est stationnée dans la Méditerranée.

24. Plusieurs vaisseaux ont passé aujourd'hui entre le port et l'amiral anglais. Le pacha est si irrité de se voir seul de son avis dans son conseil au sujet de la question qui s'est élevée entre Alger et la Grande-Bretagne, qu'il ne veut pas même employer dans les négociations un interprète compétent; il affecte de croire que l'amiral n'est pas autorisé à traiter définitivement avec lui de la paix ou de la guerre, et il s'ensuit un mal-entendu réciproque. Le consul américain est lui-même compris dans les craintes du pacha. Le consul américain a reçu de l'amiral anglais, par l'entremise du gouvernement algérien, un numéro du Courrier de Londres, portant la date du dix de ce mois, et qu'il croit lui avoir été envoyé par la régence pour lui prouver qu'il avait reçu des instructions de son gouvernement, ayant une date aussi récente; ce qui montre que les Algériens doutent de la sincérité de ses paroles, et de l'authenticité de ses documens.

25. Deux bâtimens ont passé aujourd'hui entre le port et l'amiral anglais. Le seul interprète compétent, M. Benzamon, n'a pas été employé pour les raisons mentionnées plus haut, du moins on le suppose. Il court les bruits les plus ab-

sourdes, et il y a mal-entendu des deux côtés.

26. L'amiral anglais a envoyé un parlementaire, et le bruit court que le message est pour apprendre à la régence, sans arrière pensée et une fois pour toutes, que l'amiral est autorisé à traiter de la paix; et on ajoute qu'il a indiqué le samedi pour recevoir une réponse. Le pacha a répondu qu'il était prêt à traiter avec l'amiral, si celui-ci lui montrait les pouvoirs qu'il a reçus de son gouvernement.

27. L'amiral anglais a envoyé un pavillon parlementaire avec un capitaine de son escorte pour le représenter. On a fait attendre le capitaine pendant trois heures, après quoi le pacha a refusé de le voir, déclarant qu'il ne traiterait qu'avec l'amiral en personne, dans le cas où il serait réellement autorisé. La régence a constamment refusé d'envoyer des commissaires à bord de l'escadre anglaise.

28. L'amiral est venu à terre : il a eu une conférence avec le dey. Comme nous l'avons dit, le pacha a continué à exprimer des doutes sur le droit de l'amiral à faire la paix ou la guerre. Cependant, en définitif, ils ont été d'accord sur tous les articles de paix, excepté pour le retour du

dernier consul anglais. Le pacha a positivement et constamment refusé de le recevoir. L'amiral est retourné à son bord, et le soir il a envoyé un second bateau avec pavillon parlementaire.

29. L'amiral anglais a envoyé aujourd'hui un pavillon parlementaire. Quand le parlementaire est revenu, l'amiral a levé l'ancre et a quitté la baie.

30. M. Benzamon est venu dire au consul que hier le pacha l'avait envoyé chercher, et lui avait fait traduire les lettres de l'amiral anglais. La première disait qu'il était autorisé à traiter de la paix avec la régence, et demandait qu'on envoyât à bord du vaisseau *The Revenge* des commissaires pour s'entendre avec lui. *Refusé*. La deuxième portait que par suite de son grand désir d'accomplir l'objet de sa mission, il avait envoyé un officier de son escadre ayant les pouvoirs nécessaires pour traiter avec le pacha. *Refusé*. La troisième avait été écrite après son retour de son vaisseau à la suite de sa conférence avec le pacha, il témoignait au pacha son regret de n'avoir pu conclure la paix ; et il disait que son refus de recevoir le consul anglais était une nouvelle insulte faite à son gouvernement ; il es-

pérait qu'après y avoir réfléchi, le pacha enverrait une réponse favorable pour le renouvellement de la paix, et que lui il l'attendrait jusqu'au jour suivant.

Le pacha ordonna à M. Benzamon d'écrire à l'amiral anglais sur le dos de l'une de ses lettres une réponse qu'il lui dicta et dont le sens était : que lui, pacha, n'avait pas déclaré la guerre à l'Angleterre, et qu'il ne croyait pas avoir donné des raisons de la lui déclarer: qu'il désirait la paix, qu'il l'accepterait aux conditions qui lui avaient été proposées par l'amiral, mais que jamais rien ne pourrait l'obliger à recevoir à Alger le dernier consul anglais, M. Mac-Donnel, qu'il venait d'apprendre à l'instant par un exprès la nouvelle d'une attaque faite contre la ville et le port de Bonne, par deux frégates anglaises; qu'un vaisseau neutre avait été capturé; qu'il y avait eu beaucoup de dommage; que plusieurs de ses sujets avaient été tués et blessés; et que cette conduite ne lui semblait guères s'accorder avec le langage de l'amiral dans la conférence de la veille. Cette lettre était écrite en mauvais anglais, signée par le pacha, et, d'après son ordre exprès, enveloppée dans un morceau de papier sale : dans cet état elle fut envoyée à l'amiral. Les articles proposés par le gouvernement anglais étaient les mêmes que ceux présentés une première fois, excepté que l'Angleterre renonçait au droit de déployer son pavillon dans Alger, ou par un article séparé on exigeait l'exécution de la convention faite en 1816 par lord Exmouth, la renonciation pour toujours au droit de réduire en esclavage les chrétiens, et la garantie de la sûreté personnelle de tous les sujets anglais résidant dans le royaume d'Alger.

Quand on examine l'orgueil insolent de ces barbares, leur ignorance des formes dans les rapports diplomatiques avec les autres puissances, et la complaisance un peu grande que montra l'amiral anglais dans cette négociation, on n'ose guère espérer un dénouement honorable à la guerre actuelle entre Alger et la Grande-Bretagne.

5 *avril.* Arrivée d'une frégate napolitaine qui se met à l'ancre dans la baie, après avoir communiqué avec l'escadre de l'amiral qui forme le blocus, elle a à son bord un consul napolitain pour Alger. Aujourd'hui le consul napolitain a débarqué, et le consul américain a offert à cet agent,

signor Magliolo, de le recevoir dans sa maison, jusqu'à ce que la sienne soit prête. Son offre a été acceptée; le consul a appris que le pacha avait cédé enfin aux sollicitations du consul de France, et avait ordonné que la maison et le jardin de Bonne fussent remis aux Français.

18. Ce matin de bonne heure, un brig de guerre français, qui a passé devant l'escadre de blocus pendant la nuit, s'est montré dans la baie, chassé par une frégate anglaise. A sept heures et demie, la frégate a tiré plusieurs coups de canon, mais le brig a gagné le pleine mer sous le vent du vaisseau anglais.

20. Arrivée d'une corvette hollandaise venant de Port-Mahon: elle se mit à l'ancre dans la baie, après avoir communiqué avec l'escadre qui forme le blocus, le consul a appris par elle que les vaisseaux des États-Unis étaient depuis quelque temps partis de ce port pour se rendre à Gibraltar.

Il y a une partialité bien étrange de la part de l'escadre du blocus, pour l'admission de quelques vaisseaux dans la baie, partialité qui semble contraire aux lois et aux usages de la guerre.

9 *Mai*. Une frégate de l'escadre du blocus a en-

voyé, sous pavillon parlementaire, une dépêche pour le pacha.

10. Arrivée d'une corvette de guerre française. Elle est venue en quatre jours de Toulon et a communiqué avec l'escadre de blocus. Ce vaisseau a apporté au consul américain des lettres et des journaux envoyés par ses correspondans de Marseille.

12. Le consul américain a appris par une voie sûre, que la lettre reçue par le pacha le 9 de ce mois, est de l'amiral anglais qui, sur de nouvelles instructions de son gouvernement, offre encore à la régence, la paix, aux conditions qu'elle a si souvent rejetées; que le pacha a aussitôt dicté une réponse portant, comme auparavant, qu'il consent à tout, excepté au retour du dernier consul anglais, qu'il ne recevra jamais dans Alger. Cette réponse a été rendue à trois heures de l'après midi au canot qui était venu sous pavillon parlementaire. Le pacha doute toujours du droit qu'a l'amiral anglais de traiter avec lui, et il est entretenu dans cette opinion absurde par des personnes qui en savent à ce sujet beaucoup plus long que lui. Le commandant et les officiers de la corvette française ont déjeuné dans le port et

passé la journée à la campagne avec le consul de leur nation.

13. Arrivée d'une frégate napolitaine, venue en huit jours de Naples. Elle a communiqué avec l'escadre du blocus et s'est mise à l'ancre dans la baie. Le consul américain a reçu par ce bâtiment une lettre amicale et un grand nombre de numéros des journaux de Londres, de la part du capitaine Spencer, commandant devant Alger la frégate anglaise la *Naïade*.

16. Le commandant et les officiers de la frégate napolitaine qui est dans la baie, ont visité le consul et déjeuné avec lui à la campagne. Le consul de Naples a envoyé officiellement au consul une copie d'une lettre de son gouvernement au consul des États-Unis à Naples, écrite par ordre de sa majesté sicilienne, pour lui témoigner sa reconnaissance des politesses et autres services que ses officiers ont reçu du consul américain à Alger.

18. Le consul a fait une copie de ce journal, depuis le vingt et un de mars dernier, jusqu'à ce jour, et il l'a envoyée sous le couvert du ministre américain à Londres, au secrétaire d'état, par la voie de Marseille, où se rend la frégate napolitaine qui est dans la baie.

20. Les dépêches mentionnées ci-dessus ont été remises au consul napolitain, pour les transmettre au chevalier Balcarno, commandant la frégate de sa majesté sicilienne, qui est dans la baie et qui doit partir pour Marseille.

La goëlette française la Torche a mis à la voile. Il est arrivé une corvette et une frégate hollandaises, qui ont communiqué avec le consul de leur nation. Le consul américain a reçu par cette occasion des lettres venant de Port-Mahon de la part du commodor Reighton, il a reçu aussi de l'amiral anglais plusieurs lettres particulières, des journaux et une caisse de livres, que l'amiral a eu la politesse de lui apporter de Marseille et de mettre à bord de la goëlette hollandaise qui est dans le port. Parmi ces lettres il s'en trouvait trois du ministre américain à Londres, portant la date des 19 et 23 mars et 4 avril derniers. Le consul par l'entremise de M. Benzamon a communiqué à l'agha et à l'amiral une traduction en arabe, de la lettre qu'il venait de recevoir du ministre américain à Londres, et qui fait voir avec quelle mauvaise foi le gouvernement algérien agissait avec lui, en le chargeant de faire parvenir la lettre du pacha, au gouvernement anglais.

21. La frégate napolitaine a mis à la voile pour Marseille. M. Benzamon est venu aujourd'hui chargé de complimens de l'agha et de l'amiral, qui remercient le consul de la communication qui leur a été faite hier de sa part, et qui lui donnent l'assurance de leur confiance entière dans son intégrité et dans les motifs honorables de sa conduite, ainsi que de leur opinion au sujet de cette guerre, qui est en tout la sienne. L'agha regrette que l'on n'ait pas suivi l'avis du consul quand il en était temps; mais aujourd'hui, considérant le caractère obstiné du pacha, il est décidé à le laisser livré à ses propres conseils, et il ne cache pas son espérance, pour ne pas dire son désir, de le voir échouer complètement dans ses absurdes prétentions.

29. Aujourd'hui, dernier jour du Ramadan, les musulmans ont célébré une grande fête. Le consul s'est rendu au ministère de la marine pour présenter ses respects au ministre, selon l'usage établi dans ces occasions. Avec lui était son drogman et M. Grant, qui, en sa qualité de secrétaire du consul, a été sous la protection du consulat américain, depuis le départ du dernier consul anglais. Le ministre l'a accueilli avec beaucoup

de politesse et d'attention ; il lui a demandé si pour le moment il y avait dans la Méditerranée des vaisseaux de guerre américains, et pourquoi ils ne continuaient pas à visiter Alger comme ils le faisaient auparavant. Le consul a répondu que l'escadre américaine avait été dernièrement relevée dans cette station, et qu'il avait appris par des lettres du commodore que le blocus l'avait empêché de venir dernièrement à Alger, mais qu'il était décidé à s'y rendre lui-même ou à y envoyer un vaisseau dans la première semaine du mois de juin prochain. Le ministre a fait observer que le blocus ne devait pas l'empêcher d'y venir, puisque les Anglais respecteraient certainement le pavillon américain. Le ministre avait un grand désir d'en venir à une discussion sur les affaires de la guerre avec l'Angleterre, mais le consul l'a évité avec soin.

5 juin. Arrivé de la goëlette des États-Unis *The Eric*, capitaine Deacon, venant de Mahon, avec des dépêches du commodore Creigton. Elle s'est mise à l'ancre dans la baie et a reçu le salut d'usage.

A la nouvelle de ce qui s'est passé ici, le capitaine Deacon, sur l'avis du consul, a désiré avoir une communication avec lui. Il a débarqué à trois heures avec le consul, et a été salué de cinq coups de canon, comme c'est l'usage. Le consul a envoyé son drogman pour dire au pacha que, si la chose ne lui était pas désagréable, le capitaine Deacon aurait l'honneur de présenter ses hommages à sa hautesse. Le pacha a répondu à ce message par un autre plein de politesse, dans lequel il se montrait sensible à cette proposition et fixait pour le lendemain à une heure le moment où il recevrait le capitaine américain et ses officiers.

4. A une heure le consul s'est rendu à la Cassaba, et a présenté le capitaine Deacon et plusieurs de ses officiers au pacha qui les a reçus avec les marques de la politesse la plus cordiale. Le pacha a demandé s'il y avait quelque chose de nouveau, et le consul lui a appris le malheur du gouverneur M'Carty, sur la côte ouest de l'Afrique, et la nouvelle parvenue de Port-Mahon qui annonçait que Henry Neale attendait l'arrivée de bombardes pour attaquer Alger. Le pacha a demandé si le consul avait su quelque chose de Londres au sujet de la lettre de son gouvernement à lord Bathurst.

Le consul a répondu que la lettre avait été remise à qui de droit et que sa lettre à lui, écrite à la même époque au ministre américain à Londres, avait été également communiquée à lord Bathurst, sur la demande qu'il en avait faite ; mais que lord Bathurst avait été choqué de la première et tout-à-fait étonné qu'elle ne s'accordait pas avec la seconde. Le pacha a demandé alors vivement ce qu'avait mandé le consul. Celui-ci a répondu qu'il avait écrit ce que le ministre ou le pacha lui avait demandé d'écrire. Alors le pacha s'est plaint du traitement qu'il recevait du gouvernement anglais, et particulièrement de son manque de respect en ne répondant pas à sa lettre. Il a plusieurs fois demandé l'avis du consul sur les affaires en question, et il semblait désirer beaucoup d'en venir à une discussion sur les causes de la guerre actuelle. Le consul, qui, dans cette occasion, n'avait pas la moindre confiance dans l'interprète, a parlé de son incompétence dans des questions de cette nature, et de son inaptitude à les discuter.

On ne s'est pas opposé à ce que le capitaine Deacon et ses officiers parussent à cette audience avec leurs épées.

8. Le consul a fait remarquer au capitaine

Deacon la nature de sa situation actuelle à Alger où il était soumis à une attention et à une responsabilité très-grandes. Il a demandé qu'on lui laissât un jeune homme de bonnes mœurs, qui resterait avec lui, en qualité de secrétaire particulier, tant que durerait cet état de chose. Le capitaine a donc ordonné au Midchipman Pleasanton de rester attaché au consulat jusqu'à nouvel ordre.

The Eric a mis à la voile pour Tunis et Tripoli, et a été hélé à son départ par un vaisseau de l'escadre qui fait le blocus. Pendant la visite de *The Eric* à Alger, les officiers de la régence ont montré pour eux beaucoup de politesse et d'attention.

15. Le consul ayant reçu en présent du capitaine Deacon un très-beau fusil d'officier sorti d'une fabrique américaine, l'a fait offrir par M. Benzamon à l'agha, qui est un homme d'honneur, et aime beaucoup les belles armes. L'agha a répondu qu'il tenait beaucoup à avoir un présent du consul américain, mais qu'il était connu dans l'opinion publique que lui, agha, avait partagé sa manière de voir au sujet de la guerre avec la Grande-Bretagne, et qu'il désirait que le fusil lui fût envoyé en particulier.

9. Dans le courant de la semaine dernière, l'escadre du blocus, qui se composait de deux frégates, s'est accrue de plusieurs vaisseaux qui sont arrivés successivement, ce qui annonce qu'Alger est le lieu de rendez-vous de tous les vaisseaux qui composent l'escadre anglaise dans la Méditerranée. Ce matin un vaisseau qui paraît être une bombarde ou un bâtiment de munition, s'est joint à l'escadre, traîné à la remorque par un bâtiment à vapeur, qui doit être aussi une bombarde. Ce soir il y avait un vaisseau en vue. Le 7, une goëlette hollandaise et un brig se sont montrés dans la baie. Le dernier, en ayant sans doute obtenu la permission, a communiqué avec le consul de Hollande, mais il n'a rien apporté de nouveau.

10. Ce matin l'amiral anglais, *The Revenge*, s'est mis à l'ancre dans la baie. Il paraît qu'il est arrivé dans la nuit, sans être aperçu par l'escadre du blocus. Il a levé l'ancre à sept heures, et a rejoint les autres vaisseaux en pleine mer. Le temps est très-nébuleux, et le vent est faible. Il paraît que toutes les forces anglaises ne sont pas encore arrivées. Ce matin les Algériens ont fait manœuvrer leur flottille de canonnières en présence de l'amiral anglais.

21. Ce matin il s'est mis de bonne heure à l'ancre dans la baie, à environ trois milles des batteries de la mer, autant du moins qu'on pouvait en juger d'ici. Trois frégates sont venues successivement se mettre à l'ancre, et forment une double ligne irrégulière des deux côtés, au sud du vaisseau *The Revenge*, à la distance de la longueur d'un câble. Ce matin une goëlette de guerre française a paru de bonne heure dans la baie. Elle a salué l'amiral, mais n'a pas eu la permission de communiquer avec Alger. Le soir, ce qui nous paraissait un bâtiment de munition ou une bombarde a été traîné à la remorque par le bâtiment à vapeur, mais ne s'est pas mis en position! Les Algériens ont fait manœuvrer, en présence de leur ennemi une flottille de sept canonnières.

12. Une frégate est ce matin dans la baie, à l'ancre avec l'escadre. Les Anglais semblent s'occuper à mesurer des angles, et attendent probablement l'arrivée des bombardes. On a détaché une petite goëlette, qui s'est mise à l'ancre peu en avant à l'entrée du port. Ce soir, les Algériens ont fait sortir leur flottille pour manœuvrer comme à l'ordinaire. Pensant que la goëlette était à portée du canon, ils ont fait feu sur elle, à six heures

et quart, et alors a commencé une canonnade générale entre l'escadre, la flottille et les batteries. Pendant ce temps les Algériens ont lancé plusieurs bombes, dont trois ont éclaté en l'air. Cette canonnade a duré une heure, les coups ne portaient pas. Il semble que c'est l'amiral qui a provoqué ce feu pour connaître d'une manière sûre la portée des canons algériens. Ainsi les hostilités sont commencées, et la Grande-Bretagne ne peut pas reculer maintenant sans flétrir son caractère. On dit que le pacha a fait faire de grandes distributions d'argent parmi les marins et les soldats, et qu'il a fixé des récompenses pour les différens traits de valeur.

13. Ce matin de bonne heure, le vaisseau à vapeur s'est montré, traînant à la remorque hors de la baie, un bâtiment à munition ou à bombe, et à midi environ, au moment où la brise de mer fraîchissait un peu, toute l'escadre a levé l'ancre pour gagner la haute mer, laissant en doute ses intentions ultérieures. Il est probable cependant que l'amiral attend l'arrivée des renforts qui lui sont promis. Ce soir l'escadre se compose de seize vaisseaux. On dit que dans la petite affaire d'hier, les canonniers ont eu un homme de tué et un homme

de blessé, que trois boulets sont tombés dans la ville, ce qui faisait croire que les vaisseaux étaient plus près qu'on ne l'avait cru. Ces deux derniers jours la chaleur a été excessive, le mercure s'est élevé de 82 à 88 degrés.

14. Le temps est beau Le mercure ne s'élève pas au-dessus de 82 degrés. On a compté à différens momens quatorze vaisseaux anglais en pleine mer. Vers le soir, ils étaient disait-on, jusqu'à vingt.

Ce soir, comme pour faire contraste avec l'aspect sombre de la guerre, et l'inquiétude qui existe naturellement dans un pays comme celui-ci, nous avons joui des plus beaux phénomènes de la nature. Au coucher du soleil un *cactus grandiflorus* a commencé à fleurir dans le jardin du consulat, et développant insensiblement sa gloire éphémère aux rayons d'un beau clair de lune, embaume l'air à la distance de plusieurs toises de ses doux parfums, et répandant une forte odeur de vanille.

15. Pendant la plus grande partie du jour, l'horizon a été couvert d'un épais brouillard. Le thermomètre ne s'élevait pas à plus de 78 degrés, et le vent était nord. A environ cinq heures du

soir le brouillard a disparu en partie, et on a découvert en pleine mer seize vaisseaux anglais. La belle fleur qui s'était épanouie la nuit dernière était fermée le matin, le soir elle était déséchée sur sa tige.

16. Le temps est brumeux. Le thermomètre marque 77 degrés. Le vent est à l'est. On a découvert plusieurs fois dans le jour l'escadre anglaise, à l'ouest du cap Caxine. Il paraît que l'on a renoncé au blocus de la rade.

17. Le temps est chaud et brumeux. Le thermomètre s'est élevé de 77 à 85 degrés. Le vent est à l'est. La flotte anglaise est de temps en temps en vue.

18. Le temps est chaud. Le thermomètre varie de 77 à 80 degrés. Le vent est à l'est. Arrivée dans la baie d'un vaisseau de guerre Hollandais et d'une frégate. Le premier porte un pavillon de vice-amiral. Ces bâtimens ont communiqué avec le consul de leur nation, sans qu'ils paraissent avoir eu de rapports avec l'escadre.

24. Les vaisseaux anglais, dont le nombre semblait s'augmenter depuis plusieurs jours, ont été vus ce matin au nombre de vingt-deux, vis-à-vis le port, où ils paraissent toujours disposés à une attaque.

Le temps est tout-à-fait agréable. Le thermomètre est à 75 degrés. Le vent est nord-est. A onze heures vingt minutes, l'amiral s'est mis en mouvement et tous ses vaisseaux avec lui. On croirait que quatre bombardes et quatre gros cutters à bombes se préparent à bombarder la ville. A une heure vingt-cinq minutes une bombarde s'est mise à l'ancre en position. A une heure trente minutes les batteries et la flotille ont commencés à lancer des boulets et des bombes avec une grande vivacité. L'amiral a alors déployé un pavillon parlementaire, et a envoyé un canot sous le même pavillon. Le feu a continué plusieurs minutes du côté des Algériens, et ne s'est arrêté qu'à un signal donné de la Cassaba. A deux heures les Algériens ont été à la rencontre du bateau parlementaire à l'entrée du port. A quatre heures et un quart on a fait une réponse au message de l'amiral. Et à six heures l'amiral a envoyé un second parlementaire. Pendant ce temps les anglais formaient leur ligne d'attaque, et le vaisseau à vapeur était très-occupé à traîner à la remorque, pour se mettre en position, les bâtimens qui avaient besoin de son aide. Les vaisseaux anglais qui sont au mouillage forment une ligne courbe, en face de la ville, et s'étendent sur un mille au moins. On fera connaître le nombre et la force de leur bâtimens, ainsi que la distance à laquelle ils sont placés, quand on pourra mieux en juger.

25. Le temps est chaud et clair. Le mercure varie de 80 à 90 degrés. Le vent est à l'est, et tourne quelquefois au sud. Les parties belligérantes ont employé ce jour à des négociations et à des messages.

26. A six heures du matin, le consul américain a reçu un message du capitaine Spencer, pour lui demander une entrevue dans la ville. Le capitaine s'est rendu à la maison du consul américain; il lui a appris que le pacha avait accédé à toutes les demandes du gouvernement anglais, mais qu'il se refusait au retour du dernier consul, disant que pour lui-même il n'avait aucun éloignement pour M. Mac Donnel, mais que le consul s'était rendu si odieux à la populace, que s'il venait à terre, le pacha n'était pas sûr de pouvoir le protéger contre sa fureur. C'est un prétexte tout-à-fait faux; mais le pacha pourrait aisément lui donner toutes les couleurs de la vérité, en poussant, par des moyens qu'il serait impossible de connaître, une foule tumultueuse

au-devant du consul anglais, quand il débarquerait. Car on doit savoir que ce gouvernement est en fait de police le plus fort qu'il y ait au monde. Au lieu de rendre le gouvernement algérien responsable de la sûreté du consul anglais, chose qui semblerait bien simple, quand on a à sa disposition des forces aussi imposantes, l'amiral, par des motifs d'humanité, a refusé de le laisser s'exposer à de si grands dangers, et il a nommé un pro consul pour gérer le consulat.

Ainsi cette expédition a été la fable de la montagne en travail. On trouvera dans l'appendice des copies des documens authentiques, prouvant que les conditions de cette paix sont celles-là même qui furent proposées à l'amiral au mois de mars dernier. Les forces anglaises devant Alger consistent en un vaisseau de ligne, cinq frégates quatre bombardes, ayant chacune deux mortiers, trois cutters portant chacun un mortier, un bâtiment à vapeur de la force de cent chevaux, de plusieurs goëlettes, brigs, vaisseaux de munitions, en tout vingt-trois vaisseaux, forces bien suffisantes pour détruire Alger jusqu'en ses fondemens. La vue de leurs vaisseaux à l'ancre est d'un effet admirable. C'est un croissant d'un mille et un quart d'étendue. Chaque vaisseau est à environ quatre mille toises du phare.

A midi le consul américain a rendu une visite à l'amiral, à bord du vaisseau *The Revenge*. Celui-ci l'a reçu avec sa politesse ordinaire, et l'a prié, si l'occasion l'exigeait, de vouloir bien aider de ses conseils le pro-consul, qui était un jeune homme sans expérience. Le consul a vu en même temps son ami, le dernier consul anglais, qui, dans un âge avancé et avec une famille nombreuse de petits enfans, semble destiné à être la victime de ces étranges négociations. A deux heures, le consul américain a débarqué avec le pro-consul anglais, qui a accepté un logement dans sa maison, en attendant que le sien fût prêt.

Ainsi, par son obstination à suivre une ligne politique contraire à l'opinion de tout son conseil, le pacha Hussein s'est élevé à un degré de puissance morale et de considération qu'ont obtenu bien peu de deys dans les temps modernes. Désormais ses opinions seront des oracles.

29. Les transactions des deux derniers jours offrent peu d'intérêt; l'escadre anglaise s'est séparée, et les vaisseaux sont partis dans différentes directions. Hier, une copie de ce journal, jus-

qu'au 27 de ce mois, a été envoyée par l'amiral anglais au ministre américain à Londres, pour être remis au secrétaire d'état. Ce matin l'amiral est descendu à terre et à rendu ses visites au consul. Il y avait avec lui les capitaines Spencer, Bliffond, Charles Burrard et plusieurs autres officiers des consulats; ils se sont rendus au palais, pour prendre congé du pacha. A leur retour, ils ont accepté chez le consul une collation et sont retournés à leur bord à trois heures. Le consul a reçu des dépêches du chargé d'affaires au consulat de Turin et y a répondu par l'escadre anglaise.

31. Le consul était curieux de savoir si les derniers événemens avaient diminué en quelque sorte son influence auprès des personnes qui composent le gouvernement. Il a demandé une audience au ministre de la marine, et s'est rendu chez lui à huit heures, qui était celle du rendez-vous; avec lui étaient son drogman et M. Benzamon, comme interprète. Ce ministre lui a fait l'accueil le plus cordial et le plus franc. Après les complimens d'usage, il a dit au ministre que le but de sa visite était de remercier le gouvernement algérien et lui en particulier, pour les bons traitemens qu'il avait reçus

pendant la dernière guerre avec l'Angleterre. Le ministre a répondu que son gouvernement connaissait et appréciait comme il le devait le caractère du consul américain, qu'il croyait que les motifs de sa conduite avaient été désintéressés, pleins d'impartialité et d'amitié; que jamais ils n'avait hésité à lui accorder toutes les demandes qui étaient relatives à ses intérêts particuliers, ou à ceux qui étaient commis à sa charge ; et que si quelques-uns de ses avis, touchant le gouvernement n'avaient pas été suivis, on n'en avait pas eu moins de confiance dans celui qui les donnait. Le ministre a rapporté plusieurs traits de libéralité du gouvernement algérien dans la dernière guerre, et s'est plaint d'une conduite opposée avec les anglais. Il lui a témoigné sa satisfaction de voir le pro-consul anglais dans sa maison, parce qu'il ne connaissait personne plus en état que lui, de lui donner de bons conseils. Enfin, on ne pouvait désirer une conférence plus amicale.

Le consul a profité de cette occasion pour parler au ministre de M. Granet, vice-consul anglais, à qui on ne voulait pas permettre, sur la demande des autorités anglaises, de résider plus long-temps à Alger, quoiqu'il fût la seule personne en état de régler les affaires pécunières de M. Mac Donnel. Le consul a demandé, comme une grâce spéciale, de lui permettre, avant son départ, de mettre en ordre les affaires de cette malheureuse famille; le ministre a paru hésiter, et lui a répondu ensuite que si le consul était instruit des rapports qu'on leur avait faits sur les propos insultans tenus par M. Granet, il serait le premier à approuver son éloignement immédiat; mais qu'à sa considération, M. Granet aurait la permission de demeurer, sous sa protection spéciale, pour l'objet en question; mais il a répété plusieurs fois qu'il n'y avait pas à Alger une autre personne à qui on eût accordé une semblable faveur. Le consul a remercié, ainsi qu'il le devait, le ministre pour cette preuve de bienveillance; et, sans prétendre réfuter les charges portées contre M. Granet, il lui a fait observer simplement que c'était un vieillard, respectable pour l'intrépidité de son caractère, quoique un peu trop porté à de vains propos, qu'on n'avait pas manqué d'exagérer, mais qui ne valaient pas l'attention qu'on y avait donnée. Il a répété une seconde fois que c'était la cause d'une famille ruinée, de femmes et d'enfans, dont il s'était fait l'avocat, et qu'il n'en sentait que mieux le prix de cette faveur.

2 Août. Ce matin, la moitié des officiers de la frégate la *Naïade*, qui est encore dans la baie, sont venus à terre au nombre de seize, en partie de plaisir. Ils ont été reçus au consulat. A trois heures, ils ont accepté une collation; et le soir, ils sont retournés à bord. Le consul a dîné à bord de la *Naïade*.

3. Ce matin, le capitaine Spencer est venu à terre, et il a déjeuné avec le consul américain. Les autres officiers sont venus aussi en partie de plaisir, et ont été traités au consulat de la même manière qu'hier. C'est un charmant échantillon de la jeunesse anglaise.

Arrivée d'une corvette hollandaise venant de Port-Mahon. Elle se met à l'ancre dans la baie, et communique avec le consul de sa nation.

5. Aujourd'hui s'ouvre le grand bairam. Le consul a été ce matin présenter ses hommages au ministre de la marine, et à une heure au pacha, ainsi que la chose se pratique. Tous les deux l'ont accueilli avec beaucoup de politesse. Depuis l'arrivée de l'escadre anglaise, le temps a été excessivement chaud : le mercure s'est élevé de 76 à 90 degrés dans cette maison-ci, qui est placée au

bord de la mer. Dans plusieurs maisons de campagne des consuls européens, jusqu'où ne s'étend pas la brise de mer, il s'est élevé à cent degrés.

11. Départ de la frégate anglaise, la *Naïade*, allant à Malte. Avant de partir, le capitaine Spencer a envoyé au consul une lettre très-polie, par laquelle il le remercie de ses attentions pour lui et pour ses officiers pendant leur séjour à Alger. Les transactions des agens anglais à Alger, depuis la signature de la paix sont trop peu importantes, pour que l'on continue à en parler dans ce journal.

13. M. Danford, pro-consul anglais, qui avait fait sa résidence au consulat américain depuis son arrivée à Alger, est allé aujourd'hui s'établir dans la maison de consulat anglais. C'est un jeune homme aimable, ayant des talens et un beau caractère.

14. Le ministre de la marine a fait demander par le drogman national au consul américain, s'il voulait donner provisoirement des passeports aux croiseurs algériens, au nom des consulats d'Autriche, de Toscane et du Portutugal. Celui-ci a répondu qu'il ne le pouvait pas, parce que la chose était contraire à son

devoir. On a fait la même demande au proconsul anglais, qui, sur l'avis du consul américain, a délivré les passeports, comme chose de simple politesse entre les deux nations, et parce que les consulats avaient déjà été représentés par le consul anglais.

18. Ce matin le drogman est venu annoncer au consul américain qu'un vaisseau avait fait naufrage sur un point de la côte, à l'est de Boudjah jusqu'où s'étend la juridiction du gouvernement algérien, que sept hommes blancs et un nègre, qu'on supposait être des Américains, étaient au pouvoir des Cabilè de ce district, et que le pacha avait aussitôt pris les mesures nécessaires pour obtenir leur liberté. Le consul a demandé que l'on ne négligeât rien, et que si les naufragés étaient américains, il payerait toutes les dépenses faites pour les délivrer. Envoi d'une copie de ce journal, jusqu'à la date du présent jour au ministre américain résidant à Londres, sous le couvert de messieurs Campbell, Lavers et compagnie à Gênes.

19. Arrivée d'une escadre hollandaise portant pavillon de vice-amiral, elle est composée d'une frégate de soixante-quatorze, d'une goëlette et d'un

brig. Elle s'est mise à l'ancre dans la baie et a communiqué avec le consul de sa nation. Le consul hollandais, à son retour, a appris au consul que le ministre de la marine lui avait dit sans détour, que si la Hollande ne retranchait pas de son traité de paix avec l'Espagne les articles qui étaient relatifs à Alger, et ne se soumettait pas à payer le tribut annuel et les présens qu'elle donnait autrefois, on allait lui déclarer la guerre. Le consul américain a appris que le brig, qui a fait voile aujourd'hui pour Gênes, est porteur d'une déclaration de même nature pour la Sardaigne.

20. Le vice-amiral hollandais, arrivé de Marseille, est descendu aujourd'hui à terre, et a donné au consul des journaux et des lettres de ses correspondans. Le pacha a fixé le jour de demain pour recevoir en audience le consul hollandais.

21. Le consul et le vice-consul hollandais ont déjeuné au consulat américain, en revenant de leur visite à Cassaba. Ils ont dit que l'amiral avait reçu une lettre de leur gouvernement par un brig de l'escadre venant de Marseille, dans laquelle est annoncée la résiliation des articles de paix, entre les Pays-Bas et l'Espagne, au sujet

d'Alger; qu'ils en avaient fait part au pacha, mais que, pour prix de la paix qu'il accordera, il exige en outre que la Hollande devienne tributaire, et paye les mêmes sommes, que les autres états de l'Europe. Comme faveur singulière, il leur accorde un délai de trois mois, pour prendre une détermination. A onze heures, le consul hollandais est allé à bord pour consulter l'amiral sur la réponse qu'il devait faire. Ce soir il est rentré dans son consulat, et le bruit court que le pacha doit écrire au roi des Pays-Bas, pour exiger de lui un tribut annuel, des dons biennaux, et pour lui annoncer qu'il lui était accordé quatre-vingt-dix jours, pour choisir entre la guerre ou la paix à ces conditions.

22. Le vaisseau amiral la frégate et la goëlette, ont mis à la voile. Le brig est resté pour prendre les dépêches du consul. Le pacha lui fait observer avec beaucoup de bonté, que si son bon ami, le roi des Pays-Bas, se soumet à ses propositions sans hésiter, le tribut et les présens ne seront exigés qu'à partir du présent jour; mais que s'il le réduit à faire la guerre, il n'y aura de paix pour lui qu'en payant tous les arrérages, c'est-à-dire, depuis le temps où le tribut fut suspendu, lorsque

la Hollande fut annexée à l'empire françois. Le consul hollandais, dans cette occasion, en a appelé avec beaucoup d'apropos, à la foi des traités qui avaient été solennellement jurés; mais le pacha a répondu, que le passé ne pouvait pas être le sujet de la discussion du présent, puisque Alger ne venait que de rentrer dans la possession de ses anciens droits. Le consul américain a appris par une voie assez sûre et qu'il croit amie, que la question des relations de l'Amérique avec Alger a été également débattue dans les conseils de la régence, et il pense qu'en cas de réussite avec la Hollande, on proposera les mêmes conditions aux États-Unis.

25. Ce matin plusieurs officiers hollandais sont venus à terre, et ont déjeuné avec le consul américain. A midi le commandant du brig hollandais s'est embarqué. Le consul a profité de cette occasion pour envoyer des dépêches aux ministres américains de Londres et de Paris; il a aussi envoyé les comptes de semestre du consulat américain, sous le couvert de ses correspondans à Marseille.

On a dû remarquer qu'il est dit dans ce journal, à la date du 3 février, que le consul avait appris par une voie sûre que le dernier consul anglais et le capitaine Spencer auraient été arrêtés et gardés comme prisonniers, si le pacha avait connu leurs instructions. Le consul n'a jamais dit à cette époque quelque chose de semblable, mais il doit dire maintenant que le pacha dans le cours de cette guerre ridicule a montré un caractère qui ne permet pas de croire qu'il voulût, dans quelque circonstance que ce fût, adopter une pareille mesure.

Le cinq de ce mois paraît être pour cette année le terme d'une chaleur excessive, depuis ce jour le mercure ne s'est pas élevé au-dessus de 75 degrés.

28. Arrivée de la frégate anglaise, le *Phaëton*, capitaine Sturt, venant de Malte; elle s'est mise à l'ancre dans la baie. Elle avait à son bord le capitaine de la corvette algérienne capturée dans le dernier mois de février et plusieurs autres algériens qui avaient été faits prisonniers pendant la dernière guerre. Dans la nuit il y a eu un grand coup de vent et le commandant anglais a jugé à propos de tirer au large.

31. La frégate anglaise, le *Phaëton* est rentrée dans la baie et s'y est mise à l'ancre. Le capitaine

Sturt, sa femme et sa fille, le général Sir Parker Caroll, et un jeune ecclésiatique, appelé Radcliff, sont, venus voir le consul américain et ont accepté une collation pour trois heures, ils sont retournés ce soir à bord du vaisseau.

Arrivée d'un brig français venant de Marseille, apportant au consul américain de la part de ses correspondans beaucoup de numéros de journaux de Paris, deux petites charrues d'une nouvelle invention, quelques graines potagères et des livres venant de New-York.

1 *novembre*. Le reis Cadore, commandant du croiseur algérien capturé par les Anglais, dans le courant du dernier mois de février, à la vue d'Alger, s'est présenté chez le consul américain qui l'a complimenté sur la belle défense qu'il avait faite dans cette occasion, et pour lui témoigner sa haute estime il lui a fait un présent de dix séquins. La frégate anglaise le *Phaëton* a mis à la voile pour Gibraltar et le Tage.

6. Départ pour Livourne du chevalier Ankarloo, consul général de Suède, qui cesse d'être employé comme consul à Alger.

7. Le gouvernement algérien a pour la première fois donné un nom à tous ses vaisseaux et

vient d'en envoyer une liste au consul sur laquelle est aussi indiqué le nombre des canons que porte chaque bâtiment.

19. Départ, pour une croisière, d'une escadre algérienne composée d'une corvette, de deux brigs et de deux goëlettes. Le pavillon de Hambourg a été déployé pour annoncer que la croisière était dirigée contre les vaisseaux de cette ville.

21. Ce matin, une lettre sans date a été portée au consul américain par le lieutenant du port, de la part du capitaine S. Baker, annonçant que la goëlette *The Harriet* de Philadelphie, partie de Baltimore, et allant à Trieste, avait été culbutée par un tourbillon, pendant la nuit, à environ 70 milles de la côte; que lui, son contre-maître et six matelots s'étaient sauvés dans une chaloupe, et étaient arrivés le six août sur la partie est de cette côte, où ils avaient été pris par les sauvages Cabilè; qu'ils étaient aujourd'hui en leur pouvoir, sans vêtemens, ayant à peine de quoi manger, et que lui, son contre-maître et deux matelots étaient malades.

Par la même occasion, a été reçue une lettre en Arabe. Après l'avoir fait traduire, le consul a vu qu'elle était du chef de ces montagnards indépendans, qui lui demandait une somme de 4,000 patack (environ 2,200 d.) pour la rançon du capitaine Baker et de son équipage. Ni l'humanité, ni la politique ne permettaient de différer au sujet de la somme demandée pour la rançon de ces infortunés, qui, en cas de refus, devaient être nécessairement massacrés. Le consul s'est donc rendu chez le ministre de la marine, pour offrir la rançon exigée, et faire prendre des mesures promptes pour rendre ses compatriotes à la liberté. Le ministre l'a assuré qu'on n'avait rien négligé pour les délivrer; que les Cabilè, au pouvoir desquels ils étaient dans ce moment, ne reconnaissaient ni la juridiction, ni l'autorité du gouvernement algérien; et que même, si les prisonniers étaient des Turcs, il faudrait ou payer la rançon, ou les abandonner à leur destinée. Sur la demande du consul, il s'est engagé à envoyer un petit bâtiment vers cette côte, avec la somme demandée pour leur rachat, sous la conduite d'un officier qui aurait sa confiance, et il lui a donné l'assurance qu'il n'y aurait pas la moindre négligence. Il paraît que les premiers agens qu'avait employés le gouvernement n'ont pas osé avancer la forte somme qui était exigée pour la rançon des prisonniers.

22. Il a été impossible de rassembler la somme exigée en vieille monnaie d'Alger, la seule qui ait cours dans les montagnes, et le consul a été forcé de s'adresser au pacha, pour qu'elle lui fût fournie par le trésor public, d'après le taux établi pour l'échange. Le pacha y a consenti avec peine, et il était curieux de voir, dans cette occasion, l'orgueil du souverain lutter avec l'avarice du Turc. Il ne pouvait pas cacher sa mortification pour l'insulte faite à son autorité par suite de la demande des Cabilè. Seul il peut donner les moyens de leur rendre la liberté ; et par cela, d'après le taux pour l'échange, qu'il a établi lui-même, il perd au moins 20 p. 0/0 sur le total. Il ne peut pas, en principe général, refuser l'un ou changer l'autre.

23. Quand on a eu l'argent, une sandal a mis à la voile pour la côte orientale, sous la direction spéciale de ce gouvernement, afin d'obtenir la liberté du capitaine Baker et de son équipage. Le consul a écrit par cette occasion au capitaine Baker, et lui a envoyé une caisse de vin, de café, de sucre, etc., pour servir de rafraîchissement pour lui et ses compagnons d'infortune.

25. Le consul a rendu une visite à son ami l'agha,

pour le complimenter de son retour à la suite d'une campagne heureuse contre les Cabilé. Il lui a fait présent d'une petite charrue de nouvelle invention, qui a paru lui faire beaucoup de plaisir.

28. Arrivée de l'*Ontario* des États-Unis, venant de Malaga. Il se met à l'ancre dans la rade. Le capitaine Nicholson prend terre à deux heures avec le consul, et se décide, sur sa demande, à attendre la sandal qu'on a envoyée pour racheter leurs compatriotes qui sont esclaves des Cabilè. A cette occasion on a reçu et rendu les saluts d'usage.

29. Départ, pour une croisière, d'une corvette algérienne.

30. Arrivée d'un brig hollandais venant de Port-Mahon. Il porte la nouvelle de la mort de Louis XVIII et celle de l'avènement de Charles X au trône de France. Le jour suivant, ce vaisseau part pour Tunis.

3 *octobre*. Arrivée des vaisseaux des États-Unis, *The Cyane*, *Erie* et *Nonsuch*, venant de Tunis. Ils se mettent à l'ancre dans la baie et reçoivent le salut ordinaire.

4. Le commodore Creighton a refusé de descendre à terre quand le consul est venu à bord du vaisseau *The Cyane*, et qu'il lui a fait connaître l'état de

nos relations à Alger. Il s'est déterminé à partir aussitôt, parce qu'il avait besoin de se ravitailler. Il a laissé l'*Ontario* pour prendre à leur arrivée le capitaine Baker et son équipage.

5. Les vaisseaux des États-Unis, *The Cyane*, *Erie* et *Nonsuch* ont mis à la voile pour Gibraltar. Midchipman Pleasanton s'est embarqué par l'ordre du commodore, à bord de l'*Erie*, puisque le service public n'exigeait pas qu'il fût attaché plus long-temps au consulat.

Le consul a reçu en présent de l'agha un très-beau cheval.

5. Le ministre de la marine a fait annoncer par le drogman qu'il avait reçu des nouvelles du rachat de nos compatriotes, et qu'ils étaient arrivés à Bougie, où ils étaient retenus par les vents d'ouest qui n'avaient pas cessé de souffler sur la côte pendant les quinze derniers jours. Il a offert de donner un pilote, si le consul jugeait à propos de les envoyer prendre par l'*Ontario*. Après y avoir réfléchi, le consul a décidé que l'*Ontario* partirait pour Bougie, si le vent d'ouest continuait à souffler.

7. Le vent est toujours ouest. Le capitaine Nicholson s'est embarqué à midi, pour se rendre

à Bougie. L'*Ontario* a mis le matin à la voile, ayant à son bord un pilote algérien.

Pendant le long séjour de l'*Ontario* dans la baie, les officiers et l'équipage se sont promenés partout avec la même liberté qu'ils auraient rencontrée dans un pays civilisé; et il est juste de dire que partout ils ont été traités avec respect et même avec politesse, ni eux, ni les Algériens n'ont eu à faire la moindre plainte.

Avant que de terminer ses dépêches le consul vient d'apprendre, par un message du ministre de la marine que ses compatriotes étaient arrivés à Dellys, ou Teddeles, à environ dix lieues d'Alger. Comme ce port n'offre pas d'ancrage pour les vaisseaux, le consul a fait partir un message pour le capitaine Nicholson, afin qu'il attendît; en même temps il a demandé au ministre de faire venir les Américains par terre dans le cas où le vent continuerait à être contraire. La chose a été faite à l'instant même.

19. Ce matin, le vent est nord-ouest et très-violent. La sandal, si long-temps attendue est arrivée avec le capitaine Baker et son équipage, en tout huit personnes. Ils ont débarqué et se sont rendus à neuf heures au consulat.

Le capitaine Baker et deux de ses hommes souffraient beaucoup de la fièvre, on les a baignés, rasés, habillés, rafraîchis et couchés. Le vent qui est très-fort venant de l'est-nord-est empêche qu'on ne les embarque aujourd'hui. Le capitaine Baker s'est plaint des mauvais traitemens qu'ils avaient eu à souffrir et de la nourriture qu'on leur avait donnée sur la sandal après leur rachat, quoique le consul eût envoyé d'amples provisions et que le vaisseau fût loué expressément pour leur usage.

Le consul s'est plaint au ministre de la marine de vexations aussi scandaleuses, celui-ci a répondu qu'il avait fait tout ce qui avait dépendu de lui pour contenter le consul, que l'argent pour le rachat des prisonniers et la vie même de l'officier qui commandait avaient été très-exposés, et qu'il avait fallu céder à l'avidité de l'équipage dont les hommes appartenaient au même pays et avaient un penchant secret pour les Cabile ; que puisque les Américains étaient maintenant en lieu de sûreté, il lui conseillait d'oublier toutes ces petites tracasseries. Le consul a pensé que c'était le parti le plus prudent.

Arrivée de la frégate anglaise la *Naïade*, d'une

goëlette de guerre française et d'un brick hollandais venant de Naples. Le capitaine Spencer est venu voir le consul, a dîné avec lui, et a accepté son logement dans sa maison, pour tous le temps qu'il demeurerait à Alger.

Le capitaine Spencer a fait part au consul de la copie d'une dépêche du gouvernement anglais au pacha, qui est l'objet de sa mission à Alger. La Grande-Bretagne se déclare l'alliée de la Sardaigne et sa caution pour la paix avec Alger. Elle propose sa médiation pour les réclamations pécuniaires faites par la régence à la Sardaigne, et demande qu'elles soient déterminées par des commissaires des parties intéressées, sous la présidence du marquis d'Hastings, à Malte. Elle déclare, en outre, que, dans toutes les circonstances, elle protègera les intérêts de son alliée. Elle accorde quarante-huit heures au gouvernement algérien pour délibérer sur les propositions et pour y répondre.

20. Le temps est doux. Ce matin de bonne heure, le consul est allé au port avec le capitaine Baker et son équipage, qu'il a embarqué sur un canot appartenant à l'*Ontario*. Ils lui ont remis un reçu du caissier de ce vaisseau. L'*Ontario* a mis à la voile à dix heures pour Gibraltar. On a expédié par ce vais-

seau au secrétaire d'état, sous le couvert du commandant naval en chef dans la Méditéranée, une copie de ce journal, depuis le mois de mai dernier jusqu'au 17 du présent mois avec la dépêche n. 82.

Le capitaine du vaisseau de ligne français a dîné au consulat américain avec le capitaine Spencer.

28. Depuis le 23 jusqu'au 29, le consul a été obligé de garder la chambre par suite d'un fort accès de fièvre. Le capitaine Spencer a reçu du pacha une réponse dans laquelle il consent aux demandes du gouvernement anglais. Le capitaine a mis à la voile le 23. La paix avec la Sardaigne est sûre, du moins pour le moment. Le même jour est arrivé un petit bâtiment, sous pavillon romain, venant d'Ancône, qui avait été capturé par l'escadre algérienne; mais comme la valeur était à-peu-près nulle, la délivrance en a été accordée au pro-consul anglais, et il est reparti le 24. Le même jour on a reçu la nouvelle de nouveaux différens entre la régence et les Cabilè de Bougie. Les Cabilè ont attaqué, pillé et tué le kaïd de cette province. Le consul qui veut éviter toute discussion avec le gouvernement algérien, de quelque nature qu'elle puisse être, sous le prétexte qu'il était en général mécontent des Cabilè, pour la

manière cruelle avec laqu'elle ils avaient traité ses compatriotes, quand ils avaient fait n'aufrage sur leurs côtes, a renvoyé de son service ses deux Cabilé en leur disant de retourner dans leur pays.

Le 26 est arrivé un vaisseau français venant de Marseille. Le consul a reçu par cette occasion des lettres de ses correspondans, plusieurs numéros des journeaux de Paris et de l'Amérique. Il a reçu en même temps des lettres du ministre américain à Londres, qui reconnaît avoir reçu les dépêches du 18 mai, du 25 juillet, et du 20 et 22 août.

Le gouvernement algérien fait arrêter et envoie aux travaux forcés en les chargeant de chaînes tous les Cabilé appartenant à la tribu avec laquelle il est en guerre. Les deux domestiques que le consul avait renvoyés de son service le 24 sont revenus aujourd'hui, disant qu'ils n'avaient pas pu s'échapper parce que tous les passages étaient gardés par des détachemens de spahis. Le consul a pensé qu'il serait indigne du caractère d'un représentant d'une nation, de les forcer de partir.

9 Novembre, un brig hollandais venant de Port-Mahon, est arrivé dans la baie.

10. Le consul hollandais a communiqué au consul américain la réponse de son gouvernement au pacha. Le roi des Pays-Bas engage le pacha à écouter des conseils plus pacifiques. Il rejette toute proposition de payer un tribut comme prix de la paix, parce que c'est une chose contraire à l'honneur et à la dignité de la couronne, ainsi qu'aux intérêts de son royaume. Le pacha a promis une réponse pour demain.

11. Les Algériens, qui ont en mer six vaisseaux de guerre, cherchent à gagner du temps. On dit que le pacha est trop malade pour s'occuper d'affaires. Son ministre propose de répondre à sa place au roi des Pays-Bas, et demande à avoir au moins une entrevue avec l'amiral, avant de mettre fin à une affaire aussi importante. Le consul hollandais répond que ses instructions sont péremptoires, et que si le gouvernement algérien, ne consent pas à renouveler l'ancien traité de paix, il a ordre de s'embarquer, et que de cette démarche résultera nécessairement la guerre. La décision définitive de cette importante affaire est renvoyée à demain matin, pour dix heures.

12. Ce matin, M. Fraissinet consul de Hollande, est venu au consulat américain, avec sa famille et

ses bagages, se disposant à s'embarquer, parce qu'il croyait que le pacha persisterait dans ses vues hostiles. Mais tout le monde a été agréablement surpris, quand dans le chemin ils ont été abordés par l'interprète public, qui a conduit le consul à la Cassaba; où s'est passé un compromis pour la continuation de la paix, aux mêmes conditions, et d'après les propositions de sa majesté le roi des Pays-Bas.

Cette négociation fait honneur au gouvernement hollandais, et aux agens qui l'ont conduite. le style et la fermeté de la lettre du roi des Pays-Bas, ressemblent beaucoup à celle du président des États-Unis en 1816, dans une pareille circonstance. Le résultat en a été le même. Il est cependant convenable de dire ici, que la nouvelle des désastres, éprouvés dans le Levant par les armées ottomanes, a eu une grande influence sur les négociations avec la Sardaigne et la Hollande. Le brig hollandais est parti ce soir, emportant la nouvelle agréable d'une négociation qui fait honneur à son pays.

Pressé par la circonstance et le désir de livrer au public, et particulièrement aux personnes qui font partie de l'expédition d'Afrique, un ouvrage qui ne peut manquer de leur être utile, nous réclamons leur indulgence pour la traduction souvent trop fidèle de quelques-unes des pièces officielles contenues dans cet appendice, et dont le texte original est par fois trop négligé. Le manque de temps, seul, ne nous a pas permis de revoir ces pièces et d'y donner toute l'attention que nous aurions désirée.

APPENDICE.

A.

Poids et mesures; monnaies.

La livre algérienne se compose de 16 onces. Chaque once se partage en huit portions égales, qui, chacune, se subdivisent en vingt autres parties. C'est à ce poids que s'échangent et se vendent les métaux précieux, les perles, les pierres, le musc, le corail, le thé, l'opium et toutes sortes de parfums.

Il y a trois sortes de quintaux à Alger. Le premier est de cent livres algériennes, ce qui équivaut à 112 livres anglaises.=51 kilogram. Tous les objets qui se pèsent, se vendent à ce quintal, avec les exceptions qui suivent.

Le deuxième quintal pèse 150 livres=68 kil.; le fer et le coton filé sont vendus avec celui-ci.

Le troisième quintal pèse 110 livres=50 kilog.

C'est de celui-là qu'on se sert pour la vente du coton brut.

Le miel, les figues, les raisins, les dattes, le beurre, le savon, se vendent d'après une livre qui pèse 27 onces ou 745 gram. La soie brute se vend à la livre de 16 onces ou 451 gram.; mais il y a une tare d'une demi-once de plus à chaque livre, conformément à la loi. C'est le seul article qui soit soumis à cette tare.

Il y a deux mesures de longueur à Alger, le *pic*, qui se divise en huit parties égales.

Le grand pik ou pic turc, est employé dans la vente de tous les tissus en laine, coton et fil, excepté pour les étoffes en soie et les brocards en or et en argent. Un pik et 7/16 de pik équivalent à l'aune anglaise ou 1 mètre 31 centim. La petite pick ou pick arabe, s'emploie pour la vente des mousselines, des rubans de soie, de coton, des cordons et des dentelles en or et en argent. Un pik arabe et 15/16 de pick valent une aune anglaise.

La mesure de capacité pour le blé, l'orge, le sel, etc., s'appelle *sah*. Trois-quarts de cette mesure valent un boisseau anglais ou 36 litres 1/3.

La mesure des liquides, pour l'huile, s'appelle *colla*. C'est une espèce de jarre qui vaut quatre gallons anglais ou 18 litres 1/6.

Je n'ai pas pu savoir si les Algériens ont une mesure agraire. Je crois qu'ils n'en ont pas.

La base de la monnaie courante à Alger est le *messoun*, petite monnaie en argent, dont il faut soixante pour faire un dollar (1) espagnol. Le *messoun* se subdivise en vingt-neuf *aspéros* ou aspres, petite monnaie qui ressemble à des morceaux d'étain. Les monnaies courantes en argent sont la *pizetta*, valant 8 *messoun*; la pizetta de 6 *messoun*, la *pateka* de 24 messoun et le *boudjou* valant 48 messoun. Les monnaies en or d'Alger sont le *sequin*, qui vaut 108 *messoun*; le *demi-sequin*; et le *mahboub*, qui vaut 72 messoun. Les doublons et les dollars espagnols ont toujours cours à Alger, mais leur taux varie suivant le change.

Les Algériens tiennent leurs comptes en *pizettas* de la valeur de huit *messoun*. On vend le café à raison d'un dollar fictif de quarante messoun le quintal. La vente et les loyers des maisons et des terres sont réglés au taux d'un sequin fictif de soixante-douze messoun.

(1) Ou piastre forte d'Espagne, 5 fr. 43 c.

B.
VOCABULAIRE
DES LANGUES AFRICAINES.

VOCABULAIRE DE LA LANGUE CHOUIAH.

EXTRAIT DES VOYAGES ET OBSERVATIONS DU DOCTEUR SHAW SUR PLUSIEURS PARTIES DE LA BARBARIE ET DU LEVANT.

Noms.

Abeloule.	Fou.
Afuse.	Main.
Agise.	Fromage.
Agroume.	Pain.
Akham.	Maison.
Akchich.	Enfant.
Akssume.	Chair.
Akyth.	Ici.
Alfill.	Neige.
Amoukran.	{ Maître. { Grand.
Anserne.	Nez.
Aoude. } Yise. }	Cheval.
Acria.	Demain.
Arch.	Ville.
Assigan.	Année.
Assa	Aujourd'hui.

Athrair.	Montagne.
Auski. } Ifke }	Lait.
Azimoure.	Olives.
Azgreou.	Pierre.
Azrimme.	Serpent.
Dahan.	Beurre.
Dakali.	Un peu.
Defouál.	Mauvais.
Earden.	Blé.
Elkaa. } Tamout. }	La terre.
Eiar.	Nuit.
Emi.	Bouche.
Ergez. } Arghaz. }	Homme.
Eoudan.	Peuple.
Fouse.	Tête.
Haken.	Là.
Djitta.	Le cors.
Irkra.	Cela ou quelque chose.
Illaali.	Bon.
Ouglan.	Les dents.
Oule.	Le cœur.
Ouleï.	Brebis.
Ouzail.	Fer.

(Les noms des autres métaux sont comme dans l'Arabe).

Souaagy.	Beurre.
Takchich.	Jeune fille.
Taphoute. } Hylah. }	Le soleil.
Tasta.	Arbre.

Tegmert. / Alooudah.	Jument.
Tigenoute.	Ciel.
Tizir. / Youle.	La lune.
Thamatouth.	Femme.
Thamempt.	Huile.
Thamzin.	Petit.
Tharit.	Les pieds.
Thaw-went.	Fontaine.
Thaulah.	Fièvre.
Thegani.	Dattes.
Themzi.	Orge.
Thezaurine.	Raisins.
Thigata.	La nuit.
Woudmiss.	La figure.
Yegazer.	Rivière.
Yethra.	Étoile.
Yibourne.	Fève.

Noms et pronoms.

Athrair.	Montagne.
Ishourar.	Montagnes.
Yegazar.	Une rivière.
Yegazran.	Des rivières.
Ergez.	Un homme.
Ergessen.	Des hommes.
Neck.	Je.
Ketche.	Toi.
Netta.	Il.
Nekeni.	Nous.
Hounouwi.	Vous.
Neutni.	Ils.

Enou.	Mienne.
Eanick.	Tienne.
Eaniss.	Son.
Enouan.	Nôtres.
Ennessick.	Votres.
Eanissen.	Leurs.
Ifouseou.	Ma main.
Ifousek.	Ta main.
Ifouseis.	Sa main.
Ifousenouan.	Nos mains.
Ifousenouak.	Vos mains.
Ifousenissen.	Leurs mains.

Verbes, avec leurs conjugaisons.

Aitch.	Manger.
Akela.	Voir.
Akeïme.	S'asseoir.
Atsoue.	Boire.
Bidfillah.	Etre debout.
Einah.	Monter.
Erse.	Descendre.
Oushe.	Donner.
Ooui.	Eloigner.
Terganoute. } Attuss. }	Dormir.
Seouel.	Parler.
Neck seouel.	Je parle.
Ketche seouel.	Tu parles.
Neck seulgas.	Je parlai.
Ketche seulgas.	Tu parlas, etc.
Itch.	Mangé.
Isoua.	Boire.
Iker.	Se lever, etc.

Nombres et phrases.

Eouan.	Un.
Touo.	Deux.

(Les autres nombres comme en arabe).

Mani illa.	Où est-ce.
Oushi eide.	Donnez-moi cela.
Oushidoura.	Je le donne.
If ki ou ifgi est un autre mot.	Donnez-moi.
Ifki ou ifgi adetsbág, neck asouzagh.	Donnez-moi à manger, car j'ai faim.
If kee irka wamani adeswaag, neck foudagah.	Donnez-moi de l'eau, car j'ai soif.
Irk neck urfedaag ouha.	J'ai soif.
Kadech assegassez themeurtaye akyth.	Depuis combien d'années demeurez-vous ici.
Ergez illái oury tagadt irka.	Un honnête homme ne craint rien.

VOCABULAIRE DES LANGUES BREBES ET CHELLU.

PAR CHÉNIER.

Recherches sur les Maures.

	Brebe.	Chellu.
Dieu.	Allah, rabbi.	Allah, rabbi.
Monde.	Dounia.	Dounia.

DE L'ÉTAT D'ALGER.

	Brebe.	Chellu.
Ciel.	Aguena.	Aguelna.
Soleil.	Thafokt.	Thafokt.
Lune.	Aiour.	Aiour.
Etoiles.	Yzhezan.	Yzheran.
Terre.	Achal.	Aqual.
Mer.	Baar.	Baar.
Eau.	Aman.	Aman.
Feu.	Tafit.	Taquat.
Boire.	Issou.	Issou.
Manger.	Itch.	Itch.
Dormir.	Guan.	Guan.
Vieillir.	Ionquir.	Oureignan.
Jour.	Souhass.	Hassal.
Nuit.	Iad.	Iad.
Homme.	Argaz.	Argaz.
Femme.	Tamtot.	Tamgart.
Père.	Ibbas.	Babbas.
Mère.	Imma.	Imma.
Enfant.	Herba.	Haial.
Roi.	Aguellid.	Aguellid.
Prince.	Cherif.	Cherif.
Esclave.	Ismak.	Ismak.
Sujet.	Rait.	Rait.
Vivant.	Idert.	Issout.
Mort.	Imout.	Imout.
Chameau.	Grocum.	Haram.
Cheval.	Hais.	Hais.
Bœuf.	Ayougou.	Arguer.
Mouton.	Izimer.	Izimer.
Lion.	Izem.	Izem.
Tigre.	Agouerzem.	Agouerzem.
Un.	Ian.	Ian.

	Brebe.	*Chellu.*
Deux.	Sin.	Sin.
Trois.	Querad.	Querad.
Quatre.	Arba.	Quoz.
Cinq.	Kemsa.	Cemouf.
Six.	Setta.	Sedise.
Sept.	Saba.	Sa.
Huit.	Temenia.	Tem.
Neuf.	Tsaeud.	Tza.
Dix.	Achara.	Meraou.

VOCABULAIRE DE LA LANGUE SIOUAH,

EXTRAIT DES VOYAGES D'HORNMANN EN AFRIQUE.

VOCABULAIRE DE LANGUE DE SIOUAH,

LA PRÉTENDUE OASIS DE JUPITER AMMON.

Soleil.	Il fuct.
Nuages.	Logman.
Oreille.	Temmesocht.
Tête.	Achfé.
Œil.	Taun.
Sourcil.	Temaun.
Barbe.	Itmert.
Main.	Fuss.
Chameau.	Lgum.
Brebis.	Jelibb.

Vache.	Funest.
Cheval.	Achmar.
Chevaux.	Ickmare.
Avez-vous un cheval?	Goreck achmar.
Lait.	Achi.
Pain.	Tagora.
Montagne.	Iddram.
Épée.	Limcha.
Sabre.	Aus.
Huile.	Tsemur.
Eau.	Aman.
Dattes.	Tena.
Maison.	Gebeun.
Sable.	Itjeda.
Cape.	Tchasebet.
Catacombes.	Tummégar.

VOCABULAIRE DE LA LANGUE BREBE,

PAR ALY BEY.

Eau.	Amann.
Pain.	Agrom.
Viande.	Tiffu.
Beurre.	Oudi.
Miel.	Tamment.
Datte.	Accain.
Cheval.	Agmar.
Mule.	Tezerdunt.
Homme.	Erguez.
Femme	{ Tamgart. { Tamtot.
Négresse.	Taouaïa

Nègre.	Yessemk.
Ane.	Aguioul.
Anesse.	Taguioult.
Mouton.	Izimmer.
Brebis.	Tehzi.
Chèvre.	Tagat.
Vache.	Tafounast.
Bœuf.	Azguer.
Chien.	Aïdi.
Chiens.	Idan.
Maison.	Tigmi.
Mur.	Agadir.
Feu.	Lafit.
Porte.	Imi.
Arbre.	Zehhar.
Argent monnayé,	Timuzunin.
Cuivre idem.	Kareden.
Main.	Afous.
Pied.	Adar.
OEil.	Alen.
Bouche.	Imi.
Menton.	Tamart.
Du monde.	Medden.
Encrier.	Tadouatz.
Clef.	Tassarout.
Ciseaux.	Toustinn.
Couteau.	Hint.
Dent.	Ohzan.
Langue.	Ils.
Tête.	Egf.
Hardes.	Iberdan.
Oreille.	Amzog.
Oreilles.	Imzgan.
Nez.	Inzar.

Soulier.	{ Sebait. { Adouco.
Souliers.	Idoucan.
Livre.	Zifr.
Papier.	Quieguet.
Comment vous nommez-vous ?	Maismenek.
Appeler.	Saoual.
Sultan.	Aglid.
Pacha.	Amgar.
Vase.	Arouco.
Orge.	Tomzinn.
Blé.	Ierdenn.
Fèves.	Ibaour.
Selle.	Tarigt.
Peau.	Abdan.
Sang.	Idemmen.
Cheveu.	Azar.
Bras.	Iegzan.
Genou.	Ifedden.
Dos.	Tadaout.
Ventre.	Addiss.
Cœur.	Ouroul.
Epaule.	Eguer.
Doigts.	Idudan.
Dieu.	Aglid moccoru.
Soleil.	Taffoct.
Lune.	Aïour.
Jour.	Azal.
Nuit.	Gayet.
Matin.	Zik.
Soir.	Tedduguet.
L'heure après-midi.	Tizuernin ou Douhhour.
Deux ou trois heures après.	Takouzinn ou el aassar.
Coucher du soleil.	Tenouschi ou el mogareb.

Dernier crépuscule.	Teneitz, ascha.
Hier.	Idgam.
Demain.	Azca.
Froid.	Azumme.
Chaleur.	Ierga.
Temps.	Elhhall.
Beaucoup.	Behra.
Peu.	Imick.
Dans un peu d'ici.	Ariat-zaat.
Venez.	Aschcat, ascht.
Allez vous-en.	Souddo.
Montagne.	Adrer.

Nombres.

1.	Ian.
2.	Sin.
3.	Crad.
4.	Cos.
5.	Semmos.
6.	Seddès.
7.	Za.
8.	Tam.
9.	Tza.
10.	Meraou.
11.	Ian de Meraou.
12.	Sin de Meraou.

VOCABULAIRE DE LA LANGUE CHOUIAH.

RECUEILLI A ALGER PAR M. JAQUES FRÉDÉRIC SCHULTZE, SECRÉTAIRE DU CONSULAT-GÉNÉRAL SUÉDOIS, ET M. JOSEPH BENZAMON, RESPECTABLE ISRAÉLITE, REMPLISSANT LES FONCTIONS D'INTERPRÈTE A ALGER. (1).

	Chellu.	*Mozabi.*
Année.	Gassia.	
Bras.		Irril.

---

(1) L'orthographe espagnole ne m'a pas paru applicable, en toute occasion, pour bien exprimer la prononciation des mots de la langue des Cobayles*, parce que la lettre *j*, dont il faut se servir dans quelques mots, doit être prononcée d'après l'orthographe italienne et jamais comme la lettre *j* des Espagnols. D'ailleurs la lettre gutturale des Cobayles s'exprime mieux par *k* et *h* fondus ensemble; ce qui produit bien un son assez semblable au *j* espagnol, mais avec la différence que le son naturel du *k* doit se faire entendre un peu plus distinctement que dans le *j* des Espagnols.

Il y a, dans cette belle langue, une autre lettre, dont le son est également fort agréable; c'est une espèce de monstre que j'appellerais consonne-diphthongue, si on pouvait s'exprimer ainsi. Le son en est composé d'un *g* à peine articulé et d'un *r* fortement grasseyé, amalgamés autant que possible, pour n'en faire qu'un seul son. Pour indiquer quand les deux lettres doivent être prononcées de cette manière, je les ai marquées comme les voilà $\widehat{gr}$; partout où elles ne sont pas ainsi marquées, il faut les prononcer séparément comme à l'ordinaire.

Les Cobayles ont une lettre dans leur langue qui correspond parfaitement à l'*ai* de la langue française, ayant un son entre l'*a* et l'*e*; j'ai cru pouvoir marquer ainsi *æ* pour la distinguer de l'*a* ordinaire.

La langue des Cobayles est, comme celle des Arabes, pourvue de plusieurs espèces d'*s*, très difficiles à bien distinguer par la pronon-

*Ou Cabilé.

	Chella.	Mozabi.
Bras (les).	Igrallnick.	
Le haut du bras.	Tigelztint.	
Le bas.	Irrilik.	
Rue.	Agajoul.	
Tomates.	Tefah.	
Abeilles.	Isen.	
Oiseau.	Ægetit.	

ciation. Deux d'entre eux sont les plus usités. L'un est prononcé comme le *s* simple se prononce dans toutes les langues, tandis que l'autre est toujours prononcé à peu près comme *sh* des Anglais; j'ai pourtant préféré de la figurer par *sch*, comme dans les mots *Isch*, *Horn*, *Eschenüy*, *Sword*, et autres, puisqu'il me paraît que les Cobaylcs prononcent cette lettre beaucoup plus largement, si on peut s'exprimer ainsi, que font les Anglais.

Th, dont je me suis servi, doit être prononcé parfaitement comme dans la langue anglaise, par exemple, dans le mot *the*.

Boy.—Garçon.—Ackschish.

Girl.—Fille.—Tackschist.

Woman.—Femme.—Tamtotz; en parlant de plusieurs femmes qui se trouvent ensemble dans un même lieu, on dit Khaleth.

Young.—Jeune et Petit s'expriment, par les Cobayles, d'une seule et même manière. Ainsi ils disent,

  Une petite porte, Tevourt æmsien.
  Un jeune homme, Ærges æmsien.
  Une petite fille, Tackschift tæmsient.

Ils ont encore un diminutif pour le mot petit, qui signifie donc *très petit* et également *très court*,—Abestout.

Sheep.—Un mouton.—Ikeri; plur. Ikerern; la femelle, Teksi; le petit, Isimer.

Ox.—Bœuf.—Æjoug; Veau, Adgemi.

Valley.—Vallon.—Asenik; ce mot signifie aussi *une rue*.

Eyes.—Un œil, Tet; les yeux, Ellen.

Arms.—Un bras, Irril; les bras, Igrallnick; l'avant bras, Irrilik; le haut du bras, Tigeltzint.

Legs.—Cuisse, Emsat; Jambe, Atar; Pied également Atar.

Sword.—Sabre.—Eschenüy; ce mot signifie également Couteau.

Mauvais.			
Orge.		Orge.	Tiemzin.
Pain.	Agarum Paiu.		Agaroum.
Bataille.	Æmengry.		
Pois, cheval.	Ibbaun.		
Enfant.	Ackschich.		
Être.		Être.	Akly.
Barbe.		Barbe.	Tamert.
Corps.		Corps.	Trissa.
Poitrine.		Poitrine	Ehaboae.
Frère.		Frère.	Eguia.
Beurre.		Beurre.	Aoralkak.
Blé.	Timesin.	Blé.	Ynden.
Chameau.	Ælægamd.	Chameau.	Elgonm. *Pl.* Elogman.
Bétail, moutons,	Actar.	Bétail.	Egenmy.
Manteau.	Abidy.		
Chat.	Emchis.		
Chatte.	Temchist.		
Vache.	Temfunest.	Vache.	Tisley.
Veau.	Adgemi.		
Coq.	Ejaset.		
Poule.	Tejazet.		
Pays étranger.	Mourt ibadim.		
Venez ici.	Ia garda.		
Charbon.	Tirgeth. *Pl.* Tirgin.		
Fromage.		Fromage.	Abagsi.
Porte.	Tivourt.		
Jour.	Ouss ou Wess.	Jour.	Essa.
Aujourd'hui,	Oussa ou Wessa.		
Dattes.	Theganee.	Dattes.	Elmet.
Mort.		Mort.	Elmaut.

21

Descendre.		Descendre.	Ansoube.
Faire.		Faire.	Anihdem.
Chien.	Ackezhiun.		
Chienne.	Tackchiunt.		
Petit chien.	Akechie.		
Porte-petite	{ Tivourt. / Æmsien.		
Boire.		Boire.	Anisson.
Terre ou monde ou sol.	Dumt. Ækel.	Terre ou monde. — ou sol.	Denia. Elkaa.
Yeux.	Ellen, sin tit.	OEil.	{ Tet, emiza guin. / Pl. atten.
Ennemi.	Aœou.	Ennemis.	Ehaaeniou.
Manger.	Jaet seht.		
Brebis.	Tigsy.	Brebis.	Tigsi.
Champ.	Zahal.	Champ.	Caha.
Les pieds.	Atar.		
La figure.		La figure.	Akaaeoum.
Fièvre.		Fièvre.	Toula.
Figues.	{ Tib zin zin, ou / Tib kha zin zin.		
Viande.	Acksium.	Viande.	Acksioum.
Un fou.		Un fou.	Emabout.
Forêt.		Forêt.	Emadatamazorit.
Ami.	Aæou.	Amis.	Amiaeaktion.
Fontaine.		Fontaines.	Elenser.
Herbe.	Tuga.	Herbe.	Tuga.
Chèvres.	Tagat.	Chèvres.	Tagat.
Jeune fille.	Tackchist.	Jeune fille.	Tackchist.
Raisin.	Tisurin.	Raisins.	Tisaren.
S'éloigner.	Rouha.		
Sang.	Idæman.		

Une petite fille.	Tackchist. tamsient.		
Donner.		Donner.	Adakfka.
Bon.		Bon.	Elally.
Grand.		Grand.	Amekran.
Troupeau de brebis.		Troupeau de brebis.	Egenmy.
Coteau.	Timmery.	Coteau.	Tessount.
Corne.	Ich.		
Tête.	Akaroy.		
Mains.	Effur, effus.		
Cheval.	Audin.	Cheval.	Hodin.
Maison.	Ækahan, ackham.		
Chevelure.	Echebor.		
Haïr.		Haïr.	Kraaht.
Avoir.		Avoir.	Gory.
Enfer.		Enfer.	Ouzal.
Tertre.		Tertre.	Tissount.
Miel.		Miel.	Tament.
Glace.	Ægris.		
Chacal.	Oucherr.		
Lumière.	Lemesebat.		
Le gras.	Emjat.		
Le pied.	Atar.		
Jambes.	Atar.		
Lentilles.	Laæds.		
Agneau.	Issimur.		
Lance.	Æguget.		
Vie.		Vie.	Eder.
Un peu.		Un peu.	Amezian Chouilak.
Aimer.		Aimer.	Bequeet.
Lune.	Eejur.	Lune.	Ayur.

Homme.	Ærges.	Homme.	Ergas.
Enfant.	Ackchech.	Enfant.	Ackchich.
Femme.	Tamtotz.	Femme.	Tamtout.
Jeune fille.	Taekchist.	Jeune fille.	Tackchist.
Montagne.	Æderer.	Montagne.	Adrar.
Bouche.	Ækermouch.		
Viande.	Ack sium.	Viande.	Acksium.
Moi, je.	Nickhi.		
Mulet.	Eserdun.		
Mule.	Tesserdunt.		
Mon, mienne.	Inu.		
Mon cheval.	Audin inu.		
Allons, amène-moi mon cheval.	Rouha xuid audin inu.		
Vase.	Æberet.	Vase	Acal.
Jument.		Jument.	Tamgurt.
Lait.		Lait.	Aifky.
Monnaie.		Monnaie.	Edrenun.
Mois ou lune.		Mois ou lune.	Agour.
Nuit.	Gitt.	Nuit.	Eta.
Beaucoup.		Beaucoup.	Bouan.
Nation.	Medden.		
Nez.	Tinfert.		
Nez (les).	Enfern.		
Cou.	Erkeba ou agalib.		
Non.	Ella, elda, xsid, hasid, xla.		
Vieux, ancien.	Ameghar.	Vieux, ancien.	Amgar.
Bœuf.	Æjug.	Bœuf.	Eyug.
Vache.	Teffunest.	Vache.	Tesley.
Veau.	Adgemi.		
Huile.	Zuit, zeit.	Huile	Ezit.

Olives.	Essemor.	Olives.	Tazunry.
Olivier.		Olivier.	Tazemourt.
Plumes à écrire.	Effaru juseæ.		
Prince ou chef.	Æaresuar.	Prince ou chef.	Eghelid.
Plaine.	Lota.	Plaine.	Lauta.
Perdrix.	Tescourt.	Perdrix.	Gashi.
Paix.	Afia.		
Rivière.	Igasar.		
Pluie.	Læhuva.		
Chemin, route.	Ebbrid.		
Soleil.	Teffuckt.	Soleil.	Yetig.
Etoiles.	Ithré.	Etoiles.	Yetran.
Ciel.	Ajïggena.		
Mouton.	Ikeri.	Mouton.	Tigsi.
Brebis.	Tegsi.		
Agneau.	Isemer.		
Estomac.	Abbot.		
Neige.	Edfel.	Neige.	Adfel.
Sable.	Ærmel.	Sable.	Emel.
Épée, sabre, couteau.	Eschenuy.		
Asseyez-vous.	Kim kit shini.		
S'asseoir.	Kim ou khim.		
Pierre.	Æblat, ablat.	Pierre.	Egunhy.
Dormir.	Igen.		
Maladie.		Maladie.	Yoden.
Ébranler.		Ébranler.	Azum.
Quelque chose.		Quelque chose.	Ksa.
Tente.	Khabba.	Tente.	Elkba.
Tabac.	Skimma.		
Fumer.	Dockhan.		
Table.	Æluha.		
Ville ou district.	Mourt.		

Prendre.	Elof.		
Aujourd'hui.	Æuessa.	Aujourd'hui.	Essa.
Demain.		Demain.	Azegua.
Arbre.		Arbre.	Sigra.
Vallée.	Æsenick.		

(Ce mot signifie aussi une rue).

Femme.	Tamtotz.	Femme.	Tamitut.
Plusieurs femmes.	Khaleth.		
Feu de bois.	Osgraren.	Feu de bois.	Sgaren.
Écrire.	Ectib.		
Donnez-moi du papier pour écrire.	Auviæ el caret ectibu.		
Guerre.	Dæmenghy.		
Vent.	Ato.		
Comprenez-vous ?	Eselit.		
Eau.		Eau.	Aman.
Monde (le).		Monde (le).	Denia.
Semaine.		Semaine.	Gemha.

Jeune et petit, Æmsien ; une petite porte, Eevourt æmsien ; un jeune homme, ærges Emsien ; une petite fille, Tackchist tœmsient.

Ils ont encore un diminutif pour dire très petit ou très court, c'est : Abestout.

Oui.	ÆE.		

Noms de nombre.

Un.	Yeoun.	Un.	Iuon.
Deux.	Sin.	Deux.	Sin.

Les autres noms de nombre sont en langue Chouiah, comme en Arabe, aussi bien que les noms des métaux qu'ils connaissent.

Pronoms.

Je ou moi.	Nickhy.	Je ou moi.	Neky.
Toi ou tu.		Toi ou tu.	Goug.
Il.		Il.	Neta.
Nous.		Nous.	Nekny.
Vous.		Vous.	Kanouy.
Ils.		Ils.	Nutny.
Mien.	Inn.	Mien.	Enou.
Tien.		Tien.	Inek.
Ma main.		Ma main.	Afus.
Ta main.		Na main.	Afusis.
Sa main.		Ta main.	Afusorien.
Vos mains.		Vos mains.	Ifasen.
Leurs mains.		Leurs mains.	Ifasen ensen.
Mon cheval.	Audin inu.		

Verbes.

J'aime.	Neky thebit.
Tu aimes.	Kechemy thebit.
Il aime.	Kechy thebit.
Nous aimons.	Nekny thebit.
Vous aimez.	Kanouy thebit.
Ils aiment.	Nutny thebit.

Phrases.

Bonjour.	Esbahala.	Bonjour.	Esbahala hare.
Bonsoir.	Umselah hairah.	Bonsoir.	Hemselah hare.

Avez-vous entendu?	Eselit.
Asseyez-vous.	Kim kit shini.
Approchez.	Ia gardu.
Quel est le chedu jardin anglais?	Ensi æbbrid hat el genan Inglis?
Amenez mon cheval.	Rouha æuid audin inu.
Allez à votre campagne.	Rouha hat mourtik.

Le mot adou signifie ami et ennemi.

VOCABULAIRE DE LA LANGUE DES MOZABITES.

VOCABULAIRE DE LA LANGUE DES MOZABITES, QUI SEMBLE ÊTRE UN DIALECTE DE LA LANGUE CHOUIAH. IL A ÉTÉ FAIT A ALGER, D'APRÈS LES RECHERCHES DE M. DAVID BACRI ET DE M. BENZAMON, DONT IL A DÉJA ÉTÉ FAIT MENTION.

Ane.	Ariun.
Barbe.	Argoum.
Beurre.	Filerzie.
Oiseau.	Agiet.
Noir.	Abukan.
Enfant.	Atefly.
Poitrine.	Ehadis.
Mauvais.	Destin.
Orge.	Temzeyenie.
Corps.	Fristin benadem.
Chameau.	Arium.
Ville.	Tamdint.

Chef ou magistrat.	Temusny.
Mine, air.	Udem.
Vache.	Tafounesset.
Jour (lumière).	Duges.
Dates.	Tinini.
Œil.	Titanin.
Oreilles.	Temezguin.
Ennemi.	Eladu.
Figues.	Temchem.
Champ.	Amezen.
Ami.	Amduglick.
Fontaine.	Elen uaman.
Chèvre.	Allim.
Raisins.	Adilli.
Jeune fille.	Taysuit.
Bon.	Douahdy.
Maison.	Tadart.
Tête.	Tabegna.
Cieux.	Ajeni.
Miel.	Tenergom.
Cheval.	Izi.
Lèvres,	Amburen.
Lumière.	Edaw.
Bouche.	Immy.
Mois.	Eyur.
Mois de l'année (les).	Iarnunsugas
Lune.	Tezjeri.
Homme.	Erges.
Femme.	Tagenmit.
Viande.	Assium.
Lait.	Ameleli.
Mort.	Afunest.
Montagne.	Amzied.
Nez.	Tinzar.

Nuit.	Djid.
Non.	Eyui.
Prince ou chef.	Temusny.
Rivière.	Luad.
Soleil.	Tfouit.
Brebis.	Tizfrin.
Enlève.	Aberkan.
Arbre	Zejerit.
Aujourd'hui.	Assu.
Demain.	Asha.
Langue.	Ilsick.
Blé.	Arden.
Blanc.	Amelelin.
Semaine.	Elguemha.
Oui.	Hehee, ea, ee.
Année.	Assugas.

Métaux.

Fer.	Uzal.
Or.	Urag.
Argent.	Elfedet.
Plomb.	Dazuga.
	Ezezau.

Nombres.

1.	Egat.	Ighem.
2.	Senet.	Sen.
3.	Sharot.	Chared.
4.	Eugest.	Aquoz.
5.	Semset.	Semess.
6.	Zet.	Sez.

7. Sat. Sa.
8. Temmet. Tam.
9. Tsat. Tess.
10. Mereou. Mrauw.
20. Senet Mereou, seni dmrauw, etc.

NÉGOCIATION

POUR L'ABOLITION DE LA TRAITE DES NÈGRES,

TRADUIT DE SHOELL.

Abrégé des Traités de Paix. XIe volume, article du Congrès de Vienne.

L'origine de la traite des nègres remonte au commencement du XVIe siècle. Aux Portugais appartient le triste honneur de son invention. Ce fut en 1513 qu'ils introduisirent dans les colonies espagnoles de l'Amérique les premiers nègres achetés en Afrique. Barthelemy Las-Casas, croyant voir dans ce commerce un moyen d'empêcher la dépopulation entière des Antilles, proposa au cardinal Ximénès de légaliser ce trafic et de lui donner une forme régulière. Le projet fut rejeté par le ministre; mais, en 1517, Charles-Quint l'autorisa. Il accorda à son favori, Bresa, un monopole pour l'introduction annuelle de 4,000 esclaves nègres. Plus tard ce monopole fut cédé à Gênes. Le même commerce fut autorisé en Angleterre, sous le règne d'Élisabeth. En France, il ne le fut que sous le règne de Louis XIII.

Les nègres habitent toute la partie de l'Afrique, qui s'étend au sud et à l'est du Sahra, aussi loin que le 22ᵉ degré de latitude sud. Les Européens faisaient ce trafic sur différents points à l'ouest, et à la Mozambique, sur la côte orientale d'Afrique. Toutes les nations qui participaient à ce trafic fréquentaient de préférence certaines places, où se trouvaient des établissemens pour cet objet. C'était là qu'étaient portés de l'intérieur des milliers d'esclaves, que l'on échangeait contre de l'eau-de-vie, du fer, de mauvaises armes à feu et autres bagatelles. On prétend que, dans l'espace de trois siècles, les Européens ont enlevé, par ce commerce, à l'Afrique trente millions d'habitans. Les quakers furent les premiers à rendre la liberté à leurs esclaves ; et, depuis le milieu du XVIIIᵉ siècle, ils ont fait tous leurs efforts pour amener la suppression entière de la traite des nègres. En 1772, Granville Shappe fit adopter en Angleterre la maxime qui régnait en France depuis le XVIIᵉ siècle, c'est que tout esclave qui met le pied sur le sol Européen est libre de fait. Depuis 1780, la suppression de la traite des nègres est devenue l'objet principal des philosophes philantropes, à qui nous devons la révolution française. Clarkson, l'un des défenseurs les plus zélés des droits des nègres, fonda une société connue sous le nom d'*Institution africaine*, dont l'objet était l'émancipation de cette malheureuse classe d'hommes.

La majorité des États-Unis de l'Amérique ont aboli la traite des nègres; Maryland, Virginie, les Carolines et la Georgie, qui sont situées dans un climat chaud, ont jugé qu'elles ne pouvaient pas se passer des nègres pour la culture du tabac et du riz. Le sort des esclaves des colonies anglaises fut amélioré par la loi appelée *The consolidated slave law*, qui fut adoptée en 1784, et qui laisse aux esclaves les moyens de se procurer un *peculium* indépendant. Depuis cette époque, Wilberforce plaida dans le parlement anglais la cause de cette classe d'hommes. En 1788, Guillaume Pitt parla en leur faveur dans la chambre des communes. Il eut pour adversaires les marchands de Liverpool et de Bristol, qui soutinrent dans le parlement que, pour maintenir dans les colonies anglaises un nombre de 410,000 nègres, il fallait y introduire chaque année celui de 10,000 esclaves; que les Anglais en achetaient chaque année trente mille en Afrique, et en cédaient vingt mille aux autres peuples de l'Europe; que l'achat de 30,000 nègres faisait exporter chaque année pour 800,000 livres sterling de produits des manufactures anglaises, ce qui produisait pour la Bretagne une importation d'un million quatre cent mille livres sterling; et enfin que la taxe sur les esclaves donnait au trésor public un revenu de 256,000 livres sterling.

Quoique cette tentative fût infructueuse, cependant les ennemis de la traite des nègres ne furent pas découragés. Wilberforce, à chaque session du parlement, reproduisit sa motion en faveur des Africains : son zèle et l'éloquence de Fox réussirent enfin, en 1792, à faire adopter dans la chambre des communes la motion pour l'abolition de la traite des nègres à une majorité de 19 voix ; mais le bill fut rejeté dans la chambre des lords, comme aussi celui que Wilberforce fit adopter dans la chambre des communes, en 1794, et par lequel était défendue la vente des nègres à des étrangers par les sujets de la Grande-Bretagne. Wilberforce, en 1796, reproduisit sa motion pour l'abolition de la traite des nègres : il fut faiblement secondé par Pitt, et le bill fut encore rejeté; mais il était aisé de prévoir que la cause des nègres finirait nécessairement par triompher. Une discussion qui avait duré dix-huit ans dans le parlement y avait préparé l'esprit public, et les planteurs avaient eu le temps de prendre des précautions. On pensa, en 1806, que le moment était arrivé où on pouvait, sans de graves inconvéniens, rendre hommage au principe de la philantropie. Le 10 juin de la même année, la chambre des communes décréta le principe de l'abolition ; mais l'acte définitif n'eut lieu que le 6 février 1807. On fixa le 1er janvier 1808 comme l'époque à laquelle serait empêché légalement le commerce des esclaves. La loi reçut une nouvelle force, en mai 1811, par des peines portées contre ceux qui la violaient.

C'est une chose remarquable de voir qu'aussitôt que le parlement anglais eut ordonné l'abolition de la traite des nègres, il fit une supplique au roi pour l'engager à ouvrir des négociations avec les autres puissances, pour les engager à adopter la même mesure. Une telle démarche a lieu de nous surprendre dans une nation qui est si jalouse de son indépendance, et qui devrait par conséquent respecter celle des autres, surtout quand on connaît son indifférence pour ce qui se passe ailleurs.

La même démarche s'est reproduite depuis, et au commencement de mai 1814, les ministres anglais firent une motion pour engager les autres puissances à abolir la traite des nègres. On invoqua les droits sacrés de l'humanité, les maximes du christianisme, et on ne manqua pas d'exalter la magnanimité du gouvernement anglais. Nous voulons bien croire que la postérité confirmera ces éloges, quand le même pouvoir aura aboli la presse des marins, quand la marine anglaise aura dompté les pirates barbaresques, quand les deux chambres ne retentiront plus d'accusations contre les oppresseurs des Hindous. Cependant la Grande-Bretagne n'eut pas l'honneur d'être la première à abolir la traite des nègres : en 1794, le Danemarck lui en donna l'exemple. Ce gouvernement paternel, tout absolu qu'il est, accorda dix ans à ses planteurs pour se préparer à ce nouvel état de choses. Le 1er janvier 1804, le commerce des esclaves fut aboli dans toutes les possessions danoises. Les journaux du temps disent à peine quelques mots de cette mesure si pleine de sagesse. Christian VII ne le notifia à aucun autre gouvernement. Le premier résultat des négociations des ministres anglais avec les autres puissances, au sujet de l'abolition de la traite des nègres, fut le 10e article du traité d'alliance de Rio-Janeiro, par lequel le Portugal s'engage à seconder l'Angleterre dans la cause de l'humanité et de la justice, en prenant les mesures les plus efficaces pour abolir successivement dans tous les états le commerce des esclaves. Le Portugal promet en outre qu'à partir de ce jour, il ne sera permis à aucun sujet portugais de faire le commerce des esclaves dans la partie de l'Afrique qui n'appartiendrait pas au Portugal, et où les autres états de l'Europe, qui y faisaient autrefois ce commerce, avaient cessé de le faire ; cependant Son Altesse Royale réserve à ses sujets portugais le droit d'acheter des esclaves dans leur pays et de les transporter des possessions portugaises sur les côtes d'Afrique. On doit remarquer que dans cette occasion, le prince royal du Portugal s'engage à bien peu de chose, puisque les possessions portugaises en Afrique, sont les principaux marchés d'esclaves.

La Suède fut, après le Portugal, la première puissance que l'Angleterre engagea à adopter cette mesure, *recommandée par la morale et l'Évangile*. La cour de Stockholm promit, par un article séparé du traité d'alliance du 3 mars 1813, de prohiber l'introduction des esclaves à la Guadeloupe, qui lui est cédée par un article de ce traité, et dans ses autres possessions, et d'empêcher les sujets suédois de se mêler en rien du commerce des esclaves.

Par le 8ᵉ article du traité de paix de Kiel, le roi de Danemarck, dont le père avait déjà, en 1794, proscrit le commerce des esclaves dans toutes ses colonies et dans les possessions dépendantes de sa couronne, s'engage à empêcher ses sujets à prendre une part quelconque au commerce des esclaves pour les autres états.

La France n'avait autorisé le commerce des esclaves que long-temps après l'Espagne et l'Angleterre; mais dans ce pays avait été toujours admise la belle maxime que quiconque met le pied sur le territoire Européen est libre de fait. Cette maxime, comme nous l'avons dit, ne fut adoptée par l'Angleterre qu'en 1772, par les efforts de Granville Sharpe. La liberté des nègres fut le sujet favori des discours des auteurs de la révolution française; la liberté des nègres fut décrétée par la convention nationale, qui fit tomber tant de têtes innocentes et foula aux pieds la morale et la religion. Cette mesure imprudente (s'il n'y eut qu'imprudence dans ses auteurs) fut la source d'horribles calamités dont le récit est étranger au but que nous

nous proposons. Aussitôt que Louis XVIII fut rendu au trône de ses ancêtres, la Grande-Bretagne sollicita auprès de lui l'abolition de la traite des nègres. La sollicitude du roi pour le bien de ses sujets l'emporta dans son cœur paternel sur des principes émis au nom de l'humanité : il consentit à interdire aux étrangers la vente d'esclaves dans les colonies françaises, en permettant ce commerce aux Français, seulement jusqu'à 1819, afin de donner aux planteurs le temps de se préparer pour un nouvel ordre de choses : il promit même dans le congrès d'unir plus tard ses efforts à ceux de l'Angleterre pour amener l'abolition entière de la traite des nègres. Tels furent les engagemens que contracta le roi de France par le 1er article additionnel du 30 mai 1814 avec la Grande-Bretagne. Avant de quitter Paris, lord Castelreagh communiqua, par une circulaire, cet article aux ministres d'Autriche, de Prusse et de Russie, et à ces puissances qui n'ont pas de colonies, il demanda leur coopération pour l'abolition d'un trafic, *contraire à la nature et à l'humanité*. Ceux-ci promirent de soutenir dans le congrès qui devait suivre la proposition pour l'abolition de la traite des nègres.

Le prince souverain des Pays-Bas alla plus loin. Son décret du 15 juin 1815 ordonne que nul vaisseau destiné à protéger des vaisseaux engagés dans le commerce des nègres venant des côtes de l'Afrique, ou d'une île appartenant à cette partie du Globe, et destiné au continent ou aux îles de l'Amérique, ne pourra sortir d'aucun des ports appartenant aux Pays-Bas; que nul vaisseau destiné ou équipé pour servir au commerce des esclaves, ne sera admis par le gouvernement général des Pays-Bas, sur les côtes de la Guinée, et qu'on ne pourra acheter ou exporter comme esclave aucun habitant de ce pays. Le décret n'empêche pas l'introduction des nègres dans les colonies hollandaises parce qu'à l'époque où il fut publié, ces colonies étaient encore au pouvoir de l'Angleterre. Lorsque cette dernière puissance, par la convention du 30 août, s'engagea à les leur rendre, le prince souverain défendit à ses sujets de prendre une part quelconque dans le commerce des esclaves.

Après la paix de Paris, lord Castelreagh fit de nouvelles propositions au gouvernement français, dont l'objet était d'obtenir plus que celui-ci n'avait promis par l'article additionnel, soit en rédui sant le terme de cinq ans, ou en portant le nombre des esclaves nègres qui seraient introduits dans les colonies françaises à ce qui était nécessaire seulement pour les états déjà existant, sans que cela fût permis aux français pour établir de nouvelles plantations : le ministre anglais désirait surtout empêcher le renouvellement de la traite des nègres sur les côtes d'Afrique situées au nord de l'équateur. Il demanda que les croiseurs anglais fussent autorisés à saisir tout vaisseau français ayant à son bord des esclaves, dans les limites prohibées et réciproquement. Le 5 du mois d'août le prince régent écrivit de sa propre main une lettre au roi de France dans laquelle il lui proposait de prendre en commun des mesures pour l'abolition entière d'un commerce aussi inhumain. Louis XVIII répondit à cette lettre par une autre du 2 septembre, en l'engageant à ordonner que le commerce des esclaves fût permis pour cinq ans seulement avec des restrictions graduelles, lord Wellington, alors ambassadeur à Paris, avait des ordres pour proposer en outre, la prohibition de l'importation des denrées coloniales venant du territoire des puissances qui refuseraient de s'unir avec les autres pour l'abolition du commerce des esclaves. De nouvelles propositions furent faites. Au mois de septembre, on offrit à la France, ou une somme d'argent pour indemniser les individus qui pourraient souffrir de l'abolition immédiate de l'esclavage, ou la cession d'une île dans les Indes occidentales. Le gouvernement français rejeta ces deux offres, et renvoya la discussion au congrès de Vienne. Cependant par une circulaire du huit octobre, ce gouvernement restreignit le commerce français des esclaves à la partie de la côte d'Afrique qui est située au sud du cap Formose.

Le 5 de juin 1814, il fut conclu à Madrid un traité entre l'Espagne et la Grande-Bretagne. Sir Henry Wellesley, qui le négocia, s'efforça d'y faire entrer un article par lequel le roi d'Espagne se serait engagé à empêcher l'importation d'esclaves dans ses colonies, et à prendre des mesures efficaces pour que ses sujets ne participassent en rien au commerce des nègres. Le duc de San Carlos, ministre de Ferdinand VII, lui fit remarquer qu'à l'époque de l'abolition de ce commerce en Angleterre, le nombre des nègres dans ses colonies était, comparativement aux blancs, dans la proportion de 20 à 1. Que cependant les parlemens anglais avaient employé vingt ans pour arriver à cette abolition; que dans les colonies espagnoles au contraire, il n'y avait guère plus de nègres que de blancs; et le ministre concluait de cela, qu'on ne devait pas exiger de l'Espagne qu'elle adoptât subitement une mesure qui pourrait compromettre l'existence de ses colonies. Tout ce que l'on put obtenir du gouvernement espagnol fut un article séparé par lequel le roi catholique s'engage à interdire à ses sujets le commerce des esclaves, en tant que son objet serait de donner des esclaves nègres à d'autres colonies que celles de l'Espagne, et à empêcher que des étrangers ne se servissent du pavillon espagnol pour faire impunément ce commerce. Après la signature de ce traité, sir Henry Wellesley continua ses négociations à la cour de Madrid, dans l'espoir d'obtenir de nouvelles concessions. A cette fin il offrit la continuation des subsides et des secours pécuniaires que réclamait l'état déplorable des finances espagnoles. Le 22 octobre 1814, la cour de Madrid offrit de restreindre le commerce pour huit ans dans les pays compris entre l'équateur et le 10e degré de latitude nord, et après cette époque de l'abolir tout à fait. Le gouvernement anglais rejeta cette proposition, parce que la ligne de démarcation comprenait une partie de la côte d'Afrique où le commerce des esclaves avait cessé depuis long-temps : la négociation de Madrid n'eut pas d'autres résultats.

Les négociations commencées à Vienne par lord Castelreagh avec le Portugal n'eurent pas une issue plus avantageuse. Il y eut alors deux conventions faites entre cette puissance et la Grande-Bretagne, l'une portant la date du 21, l'autre du 22 janvier 1815. Par la première, la Grande-Bretagne donnait les satisfactions exigées par les Portugais pour la prise de vaisseaux portugais qui avaient été capturés par les croiseurs anglais, quand ils s'occupaient du commerce des esclaves et que les capteurs prétendaient avoir été défendu par le traité de Rio-Janeiro, du 19 février 1810. Elle payait au prince régent de Portugal la somme de 300,000 livres sterl., pour l'indemnité de pertes éprouvées par ceux qui avaient été capturés d'une manière qui était au moins arbitraire. La deuxième convention, conclue le jour suivant, contient les stipulations suivantes : Article premier. Défense absolue pour tout sujet portugais de faire le commerce des esclaves sur quelque partie que ce soit de la côte d'Afrique située au nord de l'équateur. Article deuxième. Les vaisseaux portugais qui s'occupent du commerce des esclaves au sud de la ligne de l'équateur ne seront pas inquiétés aussi long-temps qu'ils y seront autorisés par les lois du Portugal, et par les traités qui existent entre les deux couronnes. Article quatrième. Le traité de Rio-Janéiro, du 19 février 1810, ayant eu pour base les circonstances du moment, qui n'existent plus aujourd'hui, est annulé, sans préjudice pour les traités antérieurs qui ont été renouvelés et confirmés. Les parties contractantes se réservent le droit de déterminer par un traité spécial l'époque où le commerce des esclaves cessera d'exister dans les états portugais. Ainsi la Grande-Bretagne renonça au droit que lui donnait l'article 8 du traité de Rio-Janeiro d'entrer dans les ports du Portugal avec le nombre de vaisseaux de guerre qu'elle jugerait convenable, et se soumit de nouveau aux dispositions de l'ancien traité qui réduisait ce nombre à six. Par le cinquième article, la Grande-Bretagne renonce à ce qui lui est dû par le Portugal, pour un emprunt de 600,000 livres sterling, emprunt qui avait été fait à Londres, en conséquence d'une convention du 20 avril 1809. Cette convention n'est pas connue.

Dans une conférence des huit puissances, le 16 de janvier 1815, lord Castelreagh proposa l'institutition d'un comité spécial chargé de veiller aux moyens d'arrêter l'abolition de la traite des nègres. Le Portugal et l'Espagne s'y opposèrent sous le prétexte que toutes les puissances ayant été d'accord sur le principe de l'abolition, l'exécution ne regardait que celles qui avaient des colonies. L'Autriche, la Russie, la Prusse et la Suède firent remarquer que l'intervention des puissances qui n'étaient pas intéressées directement dans la question servirait à concilier les opinions. La proposition pour la formation d'un comité fut rejetée, mais les plénipotentiaires des huit puissances employèrent quatre sessions spéciales à cette discussion.

Le plénipotentiaire de la Grande-Bretagne fit une triple proposition. 1° Que toutes les puissances proclameraient leur adhésion au principe général de l'abolition de la traite des nègres, et leur désir de réaliser cette mesure le plus tôt possible. 2° Que l'on examinerait s'il y avait possibilité à une abolition immédiate, ou du moins à avancer le terme fixé par chacune des puissances pour une abolition définitive. 3° Qu'on chercherait les moyens d'obtenir tout de suite une abolition partielle de ce trafic.

La première proposition ne trouva pas d'opposans, aussitôt que, sur la demande des plénipotentiaires espagnols et portugais, ceux des autres puissances eurent consenti à insérer dans la déclaration une restriction relative au terme de l'abolition. Tel ne fut pas le cas relativement à la seconde proposition. Les plénipotentiaires de France refusèrent de réduire à trois le nombre de cinq années, consenti par Louis XVIII, par l'article additionnel du traité de Paris. Il promettait que dans l'intervalle il serait pris des mesures pour décourager le commerce des nègres, et hâter, autant que possible, le moment de son abolition. Les plénipotentiaires espagnols et portugais déclarèrent que, d'après leurs instructions, il leur était expressément défendu de se relâcher en rien sur le terme de huit ans. Le plénipotentiaire portugais ajouta que son gouvernement demandait comme condition indispensable à l'abolition définitive que la Grande-Bretagne consentît de son côté à quelques changemens dans le système commercial entre les deux pays. Ces changemens regardent l'abolition du traité de commerce du 19 février 1810.

La troisième proposition de lord Castelreagh avait pour objet la prohibition immédiate du commerce des esclaves sur cette partie de la côte d'Afrique qui est située au nord de l'équateur. Il dit à cette occasion que l'Angleterre ayant été en possession pendant la dernière guerre de tous les établissemens européens sur la côte d'Afrique, au nord de la ligne, et y ayant empêché le commerce des esclaves, l'agriculture et l'industrie avaient fait de tels progrès, que la valeur des produits exportés, qui ne s'élevaient auparavant qu'à 80,000 l. sterling, s'était élevée à un million.

Cette proposition fut donc discutée dans la séance du 28 février, quand le Portugal y eut formellement consenti. Les ministres de France et d'Espagne furent fidèles à remplir les engagemens contractés par leurs cours respectives, par rapport à une abolition partielle, déclarant que leurs instructions sur ce point ne s'étendaient pas au-delà. Après que ces trois questions eurent été suffisamment discutées, lord Castelreagh proposa que les ministres des huit puissances autorisés à Paris et à Londres, ainsi que ceux des autres puissances qui voudraient se joindre à eux, traiteraient en commun les questions qui se rattachaient à l'abolition entière du commerce des esclaves. Le ministre d'Espagne s'opposa formellement à cette mesure, qu'il regardait comme inconvenante et inutile. Ceux de France et de Portugal la renvoyèrent à une autre époque. Ainsi les opérations se bornèrent à cela. Une nouvelle proposition que fit le plénipotentiaire anglais fut encore plus mal reçue. Il proposa que les puissances assemblées en congrès déclareraient que si le commerce des esclaves continuait à être fait par quelqu'un des états au-delà d'un terme qui eût sa justification dans les motifs d'une nécessité réelle, ils prendraient des mesures pour empêcher d'introduire dans leurs territoires respectifs les produits des colonies où se ferait l'importation des esclaves, et ne permettraient d'importer que ceux venant des colonies où ce trafic ne serait pas toléré, ou des parties du globe qui fournissent les mêmes produits par le travail de leurs habitans. Ces vastes régions sont les possessions anglaises dans les Indes Orientales, dont les intérêts s'accordent très bien avec les principes de l'humanité et de la religion, mais que l'on évitait de nommer dans cette négociation. L'Europe deviendra tributaire de ces pays, quand le manque de bras rendra ses colonies américaines tout-à-fait improductives pour elle. Les ministres de Portugal et d'Espagne déclarèrent que l'admission d'un pareil système autoriserait des représailles de la part de la puissance contre laquelle il serait mis en pratique, et que pour sa défense cette puissance serait obligée de faire des lois prohibitives contre la branche de commerce la plus utile pour l'état qui lui en ferait l'application. Les autres plénipotentiaires pensèrent qu'une pareille mesure n'avait rien d'hostile, et qu'on pouvait l'adopter.

Le seul résultat de ces négociations fut la déclaration que signèrent les huit puissances, le 8 février 1815. Par cet acte, aussi sage que modéré, elles adhèrent au principe posé dans le premier article additionnel du traité de Paris, entre la France et l'Angleterre. Elles manifestent un désir sincère de concourir aux mesures promptes et efficaces, tendant à l'abolition de la traite des nègres. Elles reconnaissent cependant que, par cette déclaration, elles n'entendent pas fixer le terme que chaque puissance juge le plus convenable pour la suppression définitive de la traite. Et que, par conséquent, la fixation de l'époque à laquelle ce commerce doit cesser totalement sera l'objet d'une négociation entre elles. Pp. 171—189.

Délibération du congrès sur les droits de l'ordre de Malte

Une question qui ressortissait des réclamations de l'ordre de Malte était celle des moyens à prendre pour mettre un terme aux pirateries des états Barbaresques. Les ministres de la Grande-Bretagne qui avec les souverains assemblés en congrès, invoquaient même les droits de l'humanité en faveur de l'abolition de la traite des nègres sur la côte occidentale de l'Afrique, parurent tout-à-fait indifférens à cette autre espèce de traite, que pour le malheur de l'humanité et à la honte de l'Europe, les habitans de la côte nord de l'Afrique font dans la Méditerranée et même dans l'Océan. Il est vrai que l'Angleterre a les moyens de châtier leur insolence, quand ils insultent son pavillon, et qu'elle n'a pas d'intérêt à adopter des mesures pour la sécurité du commerce des autres nations dans les échelles de la Méditerranée.

D.

Les commissaires Américains au dey d'Alger.

Les soussignés ont l'honneur d'informer son Altesse le dey d'Alger, qu'ils ont été nommés par le président des États-Unis d'Amérique pour traiter de la paix, et que, conformément à leurs instructions, ils sont prêts à ouvrir, à des conditions justes et honorables, les négociations pour le rétablissement de la paix et de la bonne intelligence entre les deux pays. Ils croient devoir déclarer explicitement à son Altesse, qu'ils n'ont de mission pour traiter que sur le pied de parfaite égalité, et aux mêmes conditions que les nations les plus favorisées. Ils ne consentiront à aucune stipulation pour payer tribut à Alger, sous quelque forme que ce soit.

Les soussignés ont l'honneur de joindre à la présente note une lettre du président des États-Unis, et profitent de l'occasion pour assurer son Altesse de leur haute considération et de leur respect.

Signé W. SHALER, SEPHEN DECATUR.

Baie d'Alger, à bord de la Guerrière,
le 29 juin 1815.

James Madison, président des États-Unis, à son Altesse le dey d'Alger.

Votre Altesse ayant déclaré la guerre aux États-Unis, réduit à l'esclavage quelques uns de leurs sujets, et fait quelques autres insultes sans motif, le congrès des États-Unis a, dans sa dernière session, autorisé par un acte solennel les hostilités contre votre gouvernement. Une escadre de nos vaisseaux de guerre est envoyée dans la Méditerranée pour exécuter cette détermination; elle portera avec elle l'alternative de la paix ou de la guerre: c'est à vous de choisir. Nous aimons à croire que son Altesse, comparant les malheurs de la guerre avec les avantages résultant de la bonne intelligence avec une nation dont la puissance s'accroît tous les jours, sera disposée à revenir à ces relations d'amitié qui ont long-temps subsisté entre les deux peuples, et ainsi à entrer dans les vues de notre gouvernement, qui ne désire que la paix et l'amitié avec toutes les nations. Mais la paix, pour être durable, doit être fondée sur des stipulations également avantageuses aux deux parties ; l'une ne réclamant rien qu'elle ne veuille accorder à l'autre. Et c'est sur cette base seule que nous pouvons désirer la paix et la conserver ensuite.

J'ai autorisé William Shaler, un de nos citoyens distingués, les commodores Bainbridge et Décatur, à conclure la paix avec votre Altesse. Il vous feront parvenir cette lettre.

Je vous fais cette communication par le désir sincère de voir votre Altesse saisir cette occasion honorable de préférer la paix à la guerre.

Écrit à Washington, le 12 avril 1815.

Signé JAMES MADISON,
Par le président.

JAMES MONROE,
Secrétaire d'état.

—

E.

Lettre du dey d'Alger au président des Etats-Unis

Avec l'aide et l'assistance de la Divinité, et sous le règne de notre souverain, l'asile du monde, puissant et grand monarque, auteur de tout ce qui est bon, le meilleur des hommes, l'ombre de

Dieu, directeur du bon ordre, roi des rois, suprême arbitre du monde, empereur de la terre, rival d'Alexandre-le-Grand, possesseur de grandes forces, souverain des deux mondes et des mers, roi d'Arabie et de Perse, empereur, fils d'empereur et conquérant, Makmoud Khan (puisse Dieu le rappeler à lui dans la prospérité, et son règne être éternel et glorieux), son humble et obéissant serviteur, maintenant souverain gouverneur et chef d'Alger, soumis pour toujours aux ordres émanés du noble trône de sa majesté impériale Omar Pacha, puisse son gouvernement être heureux et prospère :

A sa majesté l'empereur d'Amérique, souverain des côtes et provinces qui lui sont adjacentes, et de tous les lieux où son gouvernement peut s'étendre ; notre noble ami, l'appui des rois du peuple de Jésus, le pilier de tous les souverains chrétiens, le plus glorieux des princes ; choisi parmi une foule de seigneurs et de nobles, l'heureux, le grand, l'aimable James Madison, empereur d'Amérique (puisse son règne être heureux et glorieux, et sa vie longue et prospère), lui souhaitant une longue possession du sceau de son trône sacré, longue vie et santé, amen.

Espérant que votre santé est en bon état, je vous informe que la mienne est bonne, grace à l'être suprême, et j'adresse constamment mes humbles prières au Tout-Puissant pour votre félicité.

Après que plusieurs années se sont écoulées, vous avez enfin envoyé une escadre commandée par l'amiral Decatur, votre très humble serviteur, dans le dessein de traiter de la paix avec nous. J'ai reçu la lettre dont il était porteur, et compris son contenu. L'inimitié qui était entre nous ayant été éteinte, vous désiriez faire la paix aux mêmes conditions que la France et l'Angleterre. Aussitôt après l'arrivée de votre escadre dans notre rade, j'ai envoyé ma réponse à votre serviteur l'amiral, par l'intermédiaire du consul de Suède. J'étais disposé à accepter ses propositions, à condition que notre frégate et notre corvette de guerre pris par vous nous seraient rendues, et ramenées à Alger. A ces conditions nous aurions signé la paix, suivant vos désirs et votre demande. Notre réponse ayant été expliquée par le consul suédois à votre serviteur l'amiral, il consentit à traiter avec nous. Ensuite il insista sur la délivrance de tous les sujets américains, aussi bien que sur le paiement d'une certaine somme pour quelques vaisseaux marchands déclarés par nous de bonne prise, et quelques autres objets appartenant aux Américains; et cependant nous n'hésitâmes pas à satisfaire ses désirs, et nous lui avons rendu tout ce qu'il a réclamé. Mais en même temps ledit amiral, qui avait donné sa parole de nous renvoyer nos deux bâtimens de guerre, n'ayant pas rempli sa promesse, a ainsi violé les fidèles articles de paix qui avaient été signés par nous. Une telle conduite exige un nouveau traité.

Je vous informe donc qu'un traité de paix ayant été signé entre l'Amérique et nous, sous le règne de Hassan Pacha, il y a vingt ans, je propose de renouveler ledit traité sur les mêmes bases stipulées alors, et si vous y consentez, notre amitié sera solide et durable.

Je voulais resserrer les nœuds d'amitié qui me lient aux Américains, parce qu'ils sont le premier peuple avec lequel j'ai fait la paix; mais comme ils n'ont pu mettre à exécution notre traité actuel, il nous paraît nécessaire d'en revenir aux anciennes conditions. Nous espérons qu'avec l'assistance de Dieu, vous répondrez à cette lettre aussitôt que vous aurez pris connaissance de son contenu. Si vous acceptez, conformément à notre demande, les conditions spécifiées dans ledit traité, veuillez nous envoyer une prompte réponse. Si, au contraire, vous n'êtes pas satisfait de mes propositions, vous agirez contre les devoirs sacrés de l'humanité et contre les lois des nations.

Nous finissons en vous priant de vouloir bien rappeler votre consul le plus tôt possible, vous assurant que cela nous sera très agréable. Sur ce, nous prions Dieu qu'il vous tienne en sa sainte garde.

Écrit l'an de l'hégyre 1231, le vingtième jour de la lune.

Correspondant au 24 avril 1815.

Signé, dans Alger notre ville bien aimée,

OMAR, fils de Mohamed, conquérant et grand.

F.

Bataille d'Alger. — Détails de la bataille écrite à la maison consulaire.

Le matin du 27 août 1816, le temps étant beau et doux, l'atmosphère à peine agité par le souffle des zéphirs, tout l'horizon visible de cette maison se couvrit, à l'occident, de vaisseaux de guerre de différentes formes et de différentes grandeurs, depuis le redoutable vaisseau à trois ponts jusqu'à la simple chaloupe canonnière. L'arrivée de cette flotte fut annoncée la veille par le canon d'alarme, et il paraît qu'elle s'approcha portée par un courant. A onze heures la brise fraîchit un peu, une frégate se détacha de la flotte, s'arrêta à portée des batteries de la marine après avoir arboré un pavillon parlementaire, et envoyé une barque à terre. Cette frégate conserve sa position jusqu'à une heure et toujours protégée par son pavillon parlementaire. En même temps le reste de la flotte se concentre dans la baie, comme si elle se préparait à attaquer. Le pavillon ayant été abattu à bord de la frégate, on voit plusieurs signaux parcourir la flotte, et six frégates sous pavillon hollandais former en avant une ligne serrée en bataille. Une corvette française qui se trouvait dans la baie, à l'apparition des flottes combinées, a quitté son ancrage et s'est dirigée vers elles. A une heure 45 minutes, quatre bombardes prennent position en face de la ville, à environ un mille des principales batteries. A deux heures un quart, on remarque beaucoup de signaux, et les manœuvres de la flotte indiquent l'intention de prendre position pour l'attaque. A deux heures et demie de l'après-midi, l'amiral anglais, à bord de la Reine Charlotte de cent-vingt canons, poussé par un vent frais du nord, s'avança majestueusement suivi de deux vaisseaux de soixante-quatorze, un de quatre-vingt-dix-huit et un autre de soixante-quatorze. Les frégates se mêlent dans l'intention apparente de prendre les postes désignés, et l'escadre hollandaise suit en ligne régulière de bataille. Un peu avant trois heures, l'amiral anglais s'avance hors de vue de cette position et semble effleurer de ses agrès cette formidable ligne de batteries (1). Alors deux vaisseaux de soixante-quatorze prennent position à distance d'environ une portée de pistolet, et en même temps s'avance l'Imprenable de 98 canons avec un pavillon de contre-amiral, quoiqu'à une plus grande distance; sans doute par erreur. Au même moment la flotte entière s'est ôtée de cette position, excepté les trois vaisseaux dont nous avons parlé, et plusieurs *sloops* et petits bâtimens qui continuent à manœuvrer sous voile

(1) Voyez, pour la position de cette flotte combinée, le plan au commencement du volume.

sans intention apparente de mettre à l'ancre. A trois heures précises, un coup de canon a été tiré par les Algériens contre l'amiral, et aussitôt la bataille est devenue générale. A trois heures vingt minutes, le feu des batteries de mer a paru s'arrêter, et nous avons vu des centaines de fuyards courant le long du rivage, sous les murailles de cette maison où beaucoup d'entre eux ont été écrasés par le feu de l'Imprenable. La canonnade continue avec violence du côté des Anglais, les Algériens y répondent avec courage. A cinq heures, le feu des batteries de mer recommence et continue par intervalles; à sept heures, on s'aperçoit que les vaisseaux du port sont en feu; à huit heures le consul américain est informé que le consul anglais a été arraché de sa maison par une troupe armée, chargé de chaînes et renfermé dans un cachot de la prison commune. A huit heures et demie, la canonnade continue, la partie supérieure de cette maison est en ruine : cinq bombes ont éclaté dans ses murs. A neuf heures, le feu commence à se ralentir des deux côtés; à onze, le canon gronde seulement à de longs intervalles. A minuit, de la terrasse de cette maison, tout dans le port paraît en flammes, deux débris de vaisseaux enflammés sont jetés hors du port. A ce moment surtout le spectacle fut grand et sublime. Un violent orage s'élève, sans doute par suite de la longue canonnade. De brillans éclairs montrent par intervalles les flottes ennemies se retirant avec la brise de terre, et les dessinent en relief sur la sombre obscurité de l'horizon. Les bombes et les fusées volantes sillonnant l'horizon de temps en temps, et les décharges de canon partant des vaisseaux encore à portée proclament un ennemi fatigué, épuisé, mais non vaincu. Tandis que les Algériens, par des décharges qui de temps en temps se font entendre le long d'une batterie de plus de trois milles, prétendent au même honneur.

Vers le matin du 28, les Algériens reconnaissent qu'ils sont incapables de résister plus longtemps tandis que les flottes combinées paraissent disposées à recommencer l'attaque. Dans le courant de la journée, les Algériens avouent leur défaite, et acceptent les conditions humiliantes qui leur sont offertes par les vainqueurs.

La marine et la ville, les fortifications d'Alger ont souffert une perte énorme ; mais les Algériens n'ont probablement pas perdu autant d'hommes que les ennemis. On a assuré depuis, autant qu'on peut garantir l'exactitude des recherches de cette nature, que la perte des Algériens en tués ou blessés n'a pas excédé six cents. En effet rien, après la bataille, n'indique qu'ils aient eu à regretter beaucoup d'hommes.

Lettre officielle de lord Exmouth; Gazette extraordinaire de Londres.

Dimanche, 15 septembre 1816.

MINISTÈRE DE L'AMIRAUTÉ, 15 SPTEMBRE.

Le capitaine Brisbane du vaisseau de sa Majesté la Reine Charlotte est arrivé ici hier soir avec les dépêches suivantes de l'amiral lord Exmouth G. C. B., adressées à John Wilson Croker, esq. à bord de la Reine Charlotte; baie d'Alger, 28 août.

« MONSIEUR,

« De tous les événemens d'une longue vie employée au service de l'état, aucun n'a produit sur mon esprit des impressions plus vives de joie et de reconnaissance que les succès d'hier. Avoir été l'un des humbles instrumens de la providence divine pour mettre à la raison un gouvernement cruel et détruire pour toujours le système horrible et intolérable de l'esclavage des Chrétiens, voilà ce qui ne peut jamais cesser d'être une source de joie et de bonheur pour tous les individus assez heureux pour avoir contribué à cette glorieuse entreprise.

« Permettez-moi d'offrir mes sincères félicitations à leurs seigneuries sur le succès complet de la flotte de sa Majesté dans l'attaque d'Alger et sur l'heureux résultat qui a amené aujourd'hui la signature de la paix.

« Ainsi, une guerre de deux jours a été suivie d'une victoire complète, et terminée par un traité de paix en faveur de l'Angleterre et de son allié le royaume des Pays-Bas, aux conditions dictées par la fermeté et la sagesse du gouvernement de sa Majesté, et imposées par la vigueur de ses mesures.

« Je dois de justes remercîmens aux ministres de sa Majesté, qui ont bien voulu confier à mon zèle cette affaire importante. Les mesures prises par eux s'accordèrent avec mes désirs, et la rapidité du succès proclame leur sagesse.

« Il n'y a pas plus de cent jours que j'avais

quitté Alger avec la flotte anglaise, sans soupçonner les atrocités commises à Bonne. Cette flotte, à son arrivée en Angleterre, fut nécessairement dispersée, et une autre, avec des ressources proportionnées à la grandeur de l'expédition, fut créée et équipée. Celle-ci, quoique arrêtée dans sa marche par des calmes et des vents contraires, a vengé l'insulte faite à la nation en châtiant un gouvernement féroce avec une promptitude sans exemple; elle a proclamé le caractère honorable de la nation anglaise, prompte à punir la cruauté et l'oppression exercées contre ceux qui vivent sous sa protection.

« Plût à Dieu que, dans notre triomphe, je n'eusse pas à déplorer la perte d'un grand nombre d'officiers et de soldats! Le sang a coulé abondamment dans cette bataille signalée par les traits d'un héroïsme extraordinaire et capable d'exciter le plus vif enthousiasme, si j'osais vous les rapporter.

« Leurs seigneuries auront déjà été informées par le sloop de sa Majesté, le Jasper, de mes opérations jusqu'au 14, jour où je partis de Gibraltar, après y avoir été retenu quatre jours par un gros temps.

« La flotte, complète en tous points, augmentée de cinq chaloupes canonnières préparées à Gibraltar, partit animée du meilleur esprit et paraissant devoir atteindre sa destination dans trois jours; mais un vent contraire détruisit nos espérances : je fus d'autant plus fâché de ce retard, qu'en partant de Gibraltar j'avais entendu dire que les Algériens rassemblaient une armée considérable et ajoutaient de nouvelles fortifications, non seulement des deux côtés de la ville, mais aussi à l'entrée du môle. D'après cela, je craignais que mon intention de diriger surtout mon attaque sur ce point, n'eût été découverte au dey par les mêmes moyens qui lui donnèrent vent de cette expédition.

Je fus confirmé dans ces rapports la nuit suivante par le Prométhée que j'avais dépêché à Alger quelque temps auparavant pour tâcher d'enlever le consul. Le capitaine Dashwood avait, avec la plus grande difficulté, réussi à emmener déguisées en matelots sa femme et sa sœur, et laissé une barque pour transporter leur enfant à la mamelle, qui était dans une corbeille portée par le chirurgien qui croyait l'avoir endormi. Mais malheureusement il cria sous la porte, et le chirurgien, trois matelots, en tout huit personnes, furent saisis et renfermés comme esclaves dans les prisons ordinaires. Je dois rappeler comme un exemple d'humanité qui honore le dey, que le lendemain matin il renvoya l'enfant.

Le capitaine Dashwood me confirma la nouvelle qu'environ quarante mille hommes avaient été amenés de l'intérieur, que tous les janissaires stationnés dans des garnisons éloignées avaient été rappelés, qu'ils étaient employés sans cesse aux batteries, aux chaloupes canonnières, et fortifiaient partout les approches du côté de la mer.

Le dey dit au capitaine Dashwood qu'il savait fort bien que l'expédition était dirigée contre Alger, et lui demanda si la chose était vraie. Il répondit qu'ainsi que son Altesse, il ne le savait que par les papiers publics.

Les vaisseaux étaient tous dans le port avec environ quarante ou cinquante chaloupes canonnières et bombardes, et quelques autres encore en état de réparation. Le dey avait mis le consul en prison, et refusait ou de le relâcher, ou de garantir la sûreté de sa personne. Il ne voulait rien entendre au sujet des officiers et des hommes saisis dans les canots du Prométhée.

Par suite des vents contraires et des calmes, nous n'atteignîmes la côte occidentale d'Alger que le 16, et le matin suivant, à la pointe du jour, la flotte s'avança en vue de la ville, mais pas aussi près que j'en avais l'intention. Comme la mer était calme, je saisis l'occasion de dépêcher un canot parlementaire sous l'escorte du Severn; l'officier qui le commandait était chargé des demandes que j'avais à faire au dey au nom du prince régent, et avait reçu l'ordre d'attendre deux ou trois heures une réponse. Au bout de ce temps, si l'on ne donnait aucune réponse, il devait rallier le vaisseau parlementaire. Cet officier fut rencontré près du môle par le capitaine du port qui, en apprenant qu'on attendait la réponse dans une heure, déclara que la chose était impossible. L'officier alors annonça qu'il attendrait deux ou trois heures, et il fit observer que deux heures seraient bien suffisantes.

Dans ce moment la flotte, poussée par une brise qui s'éleva de la mer, avait atteint la baie et préparait les canots et la flottille pour le service, jusqu'à près de deux heures. Alors apercevant l'officier, et voyant au signal donné par lui qu'aucune réponse n'avait été donnée après un délai de trois heures, je fis de suite le signal pour demander si tous les vaisseaux étaient prêts. Sur l'affirmative, la Reine Charlotte se porta en avant, suivie de toute la flotte, qui prit les positions indiquées. Le pavillon qui réglait l'ordre prescrit s'embossa à l'entrée du môle, à environ cinquante toises de distance (1). Pas un coup de canon n'avait été encore tiré, et je commençais à espérer qu'on accepterait enfin nos conditions. Le silence profond qui régnait, fut tout-à-coup troublé par un coup de canon tiré sur nous du môle; il fut suivi de deux autres contre les vaisseaux placés au nord. La Reine Charlotte riposta promptement. Elle s'amarrait alors au grand mât d'un brick serré contre le rivage à l'entrée du môle, et vers lequel nous avions cinglé comme guide de notre position. Alors commença le feu le mieux nourri que j'ai jamais vu, depuis trois heures moins un quart jusqu'à neuf sans discontinuer, et qui ne cessa tout-à-fait des deux côtés qu'à onze heures et demie.

Les vaisseaux qui me suivaient prirent à l'instant leurs positions avec un calme admirable, et avec une précision qui surpassait toutes mes espérances; jamais le pavillon anglais ne vit déployer plus de zèle et d'habileté. Je ne pouvais voir du point où

---

(1) Voyez le plan.

j'étais placé que ce qui m'environnait immédiatement; mais j'avais tant de confiance dans les braves officiers que j'avais l'honneur de commander, que j'étais parfaitement tranquille, et je devinais leurs positions par l'effet destructif de leur feu sur les murs et les batteries qui leur étaient opposées. A peu près, dans le même temps j'eus la satisfaction de voir le pavillon du vice-amiral Van-Capellen au poste que je lui avais assigné, et par intervalle le reste de ses frégates, qui continuaient un feu bien nourri contre les batteries de flanc, dont il s'était engagé à nous garantir; car il n'avait pas été en mon pouvoir, faute de place, de l'amener en tête du môle.

Au coucher du soleil je reçus un message du contre-amiral Milne, qui m'annonçait les pertes considérables qu'avait éprouvées l'Imprenable (il avait alors cent cinquante tués ou blessés), et me priait de lui envoyer, s'il était possible, une frégate pour diviser le feu auquel il était exposé.

Le Glascow, qui se trouvait près de moi, leva l'ancre aussitôt, mais le vent ayant fléchi par l'effet de la canonnade, cette frégate fut forcée de s'embosser de nouveau, cependant elle prit une meilleure position qu'auparavant. J'avais en ce moment envoyé des ordres au brûlot sous la direction du lieutenant Fléming et de M. Parker, par le capitaine Reade, du corps des ingénieurs, pour l'amener dans le môle. Mais le contre-amiral ayant pensé qu'il lui rendrait un service essentiel s'il faisait son explosion sous la batterie qui lui était opposée en front, j'envoyai de nouveaux ordres à cet effet : ils furent exécutés. Je fis informer aussi le contre-amiral que, voyant un grand nombre de vaisseaux ennemis en flammes, et certain qu'aucun n'échapperait à la destruction, je regardais comme remplie la partie la plus importante de mes instructions; qu'alors j'allais faire tous les préparatifs pour éloigner la flotte, et que je désirais qu'il fît la même chose le plus tôt possible avec sa division.

Il y eut durant le combat de terribles momens que je ne puis maintenant essayer de décrire, et qui étaient occasionés par l'incendie des vaisseaux qui se trouvaient très rapprochés de nous. Longtemps je résistai aux instances pressantes de ceux qui m'entouraient et qui me priaient de mettre le feu à la frégate placée à l'extérieur du môle, à une distance de cent pas ; enfin je cédai. Près de moi le major Gosset qui s'était empressé de débarquer ses mineurs, me demanda avec instance la permission d'accompagner le lieutenant Richard dans le canot de son vaisseau. La frégate fut aussitôt abordée, et en moins de dix minutes fut toute en flammes. Un brave aspirant de marine, appartenant au canot qui était chargé de fusées, fut, malgré la défense, entraîné, par son courage, à suivre, pour soutenir le canot; il fut blessé très-grièvement; un officier de ses camarades fut tué avec neuf hommes de son équipage.

Le canot ramant avec plus de rapidité souffrit moins et ne perdit que deux hommes.

Les batteries ennemies opposées à ma division, cessèrent leur feu vers dix heures, elles étaient entièrement détruites. Le feu des vaisseaux fut modéré autant que possible pour épargner la poudre et pour riposter à quelques coups qui de temps en temps portaient sur nous, bien qu'un fort, placé à l'angle supérieur de la ville, que notre artillerie ne pouvait atteindre, continuait d'accabler nos vaisseaux de boulets et de bombes pendant tout le temps.

Dans ce moment la Providence mit le comble à nos vœux en ramenant le vent de terre commun dans cette baie. Nous nous mîmes tous à la manœuvre, et grace à la brise qui fraîchit, nos vaisseaux furent sous voile, et mouillèrent hors de la portée des bombes vers deux heures du matin, après douze heures d'un travail continuel.

La flottille de chaloupes canonnières, à bombes et à fusées, sous la direction de ses officiers d'artillerie a partagé les honneurs de cette journée, et rendu de grands services. Ce fut par les feux qu'elle lança que tous les vaisseaux du port (à l'exception des frégates placées au-dehors du môle) furent embrasés. L'incendie s'étendit avec rapidité sur tout l'arsenal, sur les magasins, et sur les chaloupes canonnières, présenta un spectacle admirable et terrible qu'aucune plume ne saurait décrire.

Les sloops de guerre qui avaient été destinés à aider et à assister les vaisseaux de ligne, et à préparer leur retraite, non seulement remplirent parfaitement leur devoir, mais encore saisirent toutes les occasions de tirer dans les intervalles, et furent constamment en mouvement.

Les bombes furent admirablement lancées par l'artillerie de la marine royale, et quoique dirigées au milieu de nous et par-dessus nous, je ne sache pas qu'aucun vaisseau en ait éprouvé le moindre accident.

Les manœuvres se firent dans un silence parfait, au point que je n'entendis pas un seul cri sur toute la ligne.

L'artillerie fut bien servie et admirablement dirigée ; de long-temps on ne verra un feu mieux nourri : les Algériens s'en souviendront toujours. La manière dont le vaisseau amiral fut conduit à sa position par le maître pilote et les autres pilotes de la flotte, fut généralement admirée. Le premier a été mon compagnon d'armes pendant plus de vingt ans.

Ces détails, quoiqu'imparfaits, sur une affaire de si peu de durée, me font espérer que les services et le dévouement du commandant en chef, de ces officiers, et des hommes de toutes armes, que j'ai l'honneur de commander, seront reçus par son altesse royale le prince régent avec sa grace accoutumée.

Voir nos services approuvés par notre souverain, et nos succès applaudis par notre pays, tel est le but de nos vœux, tel est ce qui peut mettre le comble à notre satisfaction.

Essayer de nommer à vos seigneuries les nombreux officiers qui dans ce combat se sont particulièrement distingués, ce serait faire injustice au plus grand nombre. Il n'y a, je l'espère, dans la flotte que j'ai l'honneur de commander, aucun officier qui doute de ma vive reconnaissance pour ses nombreux services. Officiers et soldats, tous ont fait plus que leur devoir. J'avais plus de peine à retenir leur ardeur qu'à l'exciter. Nulle part je ne trouvai plus de courage et d'enthousiasme que dans mon capitaine et tous les officiers qui m'entouraient sur mon bord. Je dois de la reconnaissance et des remercîmens à tous ceux qui ont été sous mes ordres, ainsi qu'au vice-amiral Van Capellen et aux officiers de l'escadre de sa majesté le roi des Pays-Bas. Le souvenir de leurs services ne me quittera qu'avec la vie. Jamais je n'ai vu déployer plus de zèle et d'énergie; depuis les plus jeunes aspirans de marine jusqu'aux officiers du plus haut rang, tous semblaient animés d'un seul esprit; c'est avec le plus grand plaisir que je leur rendrai devant vos seigneuries ce témoignage, toutes les fois qu'il pourra leur être utile.

J'ai confié cette dépêche au contre-amiral Milne, mon commandant en second, dont j'ai reçu, durant le cours de cette expédition, les plus honorables services. Cet officier est parfaitement instruit de la conduite de la flotte, et peut satisfaire complètement vos seigneuries sur les points que j'aurais pu omettre, dans ce rapport faute de temps. J'espère avoir obtenu son estime; et si j'ai un regret, c'est de ne pas l'avoir connu plus tôt.

L'état des dommages éprouvés par les vaisseaux, et la liste des morts et des blessés, sont joints à cette dépêche. Je suis heureux de pouvoir annoncer que les capitaines Elkins et Coode vont bien, ainsi que la plupart des blessés. Des nouvelles de terre m'apprennent que la perte des ennemis est de six à sept mille hommes.

Je recommande mes officiers et la flotte à la protection et à la faveur de vos seigneuries.

J'ai l'honneur, etc.,

EXMOUTH.

Détails de la destruction des vaisseaux au môle d'Alger.

Dans l'attaque du 27 août 1816, quatre grosses frégates de quarante-quatre canons, cinq grosses corvettes de vingt-quatre à trente, toutes les chaloupes canonnières et bombardes, au nombre de 30, ont été totalement détruites excepté sept. Plusieurs bricks marchands et schooners, un grand nombre de petits vaisseaux de différentes formes, tous les pontons, les éclaireurs, les magasins, l'arsenal avec tous les bois de charpente et divers objets de marine, sont détruits en partie, ainsi qu'une grande quantité de caissons, d'affûts, de tonneaux et autres agrès.

Signé, EXMOUTH.

A bord du vaisseau de sa majesté la Reine Charlotte. Baie d'Alger, 28 août 1816.

A son altesse le dey d'Alger.

« Pour les cruautés que vous avez exercées à Bonn sur des chrétiens sans défense, et votre mépris inconvenant pour les demandes que je vous faisais hier au nom du prince régent, la flotte qui est sous mes ordres vous a infligé un châtiment signalé en détruisant totalement votre marine, vos magasins, votre arsenal, et la moitié de vos batteries.

Comme l'Angleterre ne fait pas la guerre pour détruire les villes, sans chercher à faire porter la peine de vos cruautés personnelles aux habitans inoffensifs du pays, je vous offre les mêmes conditions que je vous apportais hier au nom de mon souverain ; si vous ne les acceptez pas, vous ne devez pas espérer de paix avec l'Angleterre.

Si vous recevez ces offres, comme vous devez le faire, vous tirerez trois coups de canon ; je considérerai votre silence comme un refus, et prendrai les mesures convenables pour renouveler l'attaque.

Je vous offre ces conditions pourvu que ni le consul anglais, ni les officiers et soldats si indignement saisis par vous sur les canots d'un vaisseau de guerre anglais, n'aient éprouvé aucun mauvais traitement, ainsi que tous les esclaves chrétiens maintenant en votre pouvoir. Je demande que le consul, mes officiers et soldats me soient renvoyés, conformément aux anciens traités.

Signé Exmouth. »

ORDRE DU JOUR.

A bord de la Reine Charlotte, baie d'Alger,
le 30 août.

Le commandant en chef est heureux d'informer la flotte que, par suite de ses glorieux succès, la paix a été signée, et sera confirmée par un salut de 21 coups de canon, aux conditions suivantes, dictées par le prince régent d'Angleterre.

1º L'esclavages des chrétiens est aboli à jamais.

2º La remise de tous les esclaves qui sont dans les états du dey, à quelque nation qu'ils appartiennent, sera effectuée à mon bord, demain à midi.

3º Au même moment sera rendu tout l'argent reçu par lui pour la rédemption des esclaves, depuis le commencement de cette année.

4º Réparation sera faite au consul anglais, pour toutes les pertes qu'il peut avoir éprouvées par suite de son emprisonnement.

5º Le dey a fait des excuses publiques en présence de ses officiers et ministres, et a demandé pardon au consul dans les termes exigés par le commandant de la Reine Charlotte.

Le commandant en chef profite de cette occasion pour remercier publiquement les amiraux, capitaines, officiers, matelots, soldats de marine, l'artillerie de la marine royale, le corps royal des sapeurs et mineurs, les artificiers, pour leurs loyaux et fidèles services pendant toute la durée de l'expédition. Il annonce que, dimanche prochain, de solennelles actions de graces seront offertes au Tout-Puissant pour le secours signalé de sa divine providence pendant le combat du 27, entre la flotte de sa majesté et les féroces ennemis du genre humain.

Cet ordre du jour sera lu aux équipages de chaque vaisseau.

A John Wilson Croker.

Baie d'Alger, 1er septembre 1816.

Monsieur,

J'ai l'honneur de vous informer, pour leurs seigneuries, que j'ai envoyé le capitaine Brisbane avec un duplicata de mes dépêches, dans le crainte que l'amiral Milne, à bord du Léandre, qui est chargé des originaux, n'éprouve des retards, le vent contraire s'étant élevé peu d'heures après son départ. Le capitaine Brisbane, auquel je suis très redevable pour ses bons services pendant toute la durée de l'action, pourrra donner à leurs seigneuries tous les détails que je pourrais avoir omis.

L'amiral sir Charles Penrose est arrivé trop tard pour prendre part à l'attaque d'Alger : j'en suis fâché autant pour lui que pour moi.

J'ai la satisfaction de vous annoncer que tous les esclaves qui se trouvaient à Alger et dans le voisinage ont été aussitôt embarqués ainsi que 357,000 dollars pour le royaume de Naples, et 25,500 pour celui de Sardaigne. Les traités seront signés demain, et j'espère pouvoir mettre à la voile dans un ou deux jours.

Le Minden est parti pour Gibraltar où il doit être radoubé, et de là il partira pour la destination qui lui sera indiquée.

L'Albion sera réparé à Gibraltar pour recevoir le pavillon de sir Charles Penrose. Je serai obligé de ramener avec moi en Angleterre le Glascow.

Signé EXMOUTH.

LISTE

DES VAISSEAUX COMPOSANT LES FLOTTES COMBINÉES.

Anglais.

Vaisseaux.	Canons.	Tués.	Blessés.
La Reine Charlotte.....	100	8	131
L'Imprenable.........	98	60	160
Le Superbe...........	74	8	84
Le Minden...........	74	7	37
L'Albion.............	74	3	20
Le Léandre...........	50	17	118
La Severn............	40	3	34
Le Glascow...........	40	10	37
Le Granique..........	36	16	42
L'Hèbre.............	36	4	15

Le Héron....
La Mutine...
Le Prométhée. } *Sloops de guerre*, ni tués ni blessés.
La Cordélia..
Le Britomart.

L'Infernal..... *Bombarde.*   2   17

Le Belzébuth.
L'Hecla...... } *Bombardes*, ni tués ni blessés.
La Furie.....

Flotille composée de 4 chaloupes canonnières, 10 à bombes.

Anglais tués..... 138.   Blessés.... 695.

Vaisseaux hollandais.

Vaisseaux.	Canons.	Tués.	Blessés.
Le Mélampus	40	3	15
La Frédérica	44	0	5
Le Dageraad	36	0	4
La Diane	40	6	22
L'Amstel	44	4	6
L'Endracht	24	Ni tués ni blessés.	

	Tués.	Blessés.
Anglais	138	695
Hollandais	13	52
Total général	151	747

G.

Le président des États-Unis au dey d'Alger.

J'ai reçu votre lettre en date du 24 avril. Vous représentez que les deux vaisseaux de guerre pris par l'escadre américaine n'ont pas été rendus, suivant la promesse du commodore Decatur, et que par suite de cette violation d'un des articles de paix, le traité est rompu; vous proposez comme alternative le renouvellement du premier traité fait il y a déjà long-temps ou l'éloignement de notre consul. Les États-Unis désirant vivre en paix avec toutes les nations, je regrette que vous voyiez sous un faux point de vue ce qui s'est passé; c'est cette erreur qui a motivé le contenu de votre lettre.

Votre prédécesseur fit la guerre sans motif aux États-Unis, en chassant leur consul, et réduisant en esclavage le capitaine et l'équipage d'un de leurs vaisseaux, qui faisaient voile sous la foi d'un traité existant. Aussitôt que nous eûmes terminé honorablement notre guerre avec la nation la plus puissante de l'Europe sur mer, nous détachâmes de nos forces navales une escadre dans la Méditerranée, pour tirer satisfaction de la conduite injuste d'Alger à notre égard. Notre escadre rencontra la vôtre, la battit, prit votre plus gros vaisseau et un autre petit. Notre commandant cingla aussitôt vers Alger, vous offrit la paix; en l'acceptant vous sauvâtes le reste de vos vaisseaux qui n'étaient pas, nous le savions bien, rentrés dans le port, et seraient par conséquent tombés entre nos mains. Notre commandant aussi généreux que brave, vous promit de rendre les deux vaisseaux capturés : cependant il ne voulut pas faire de cette promesse un article du traité. Ils furent ainsi rendus. La frégate arriva à Alger peu de jours après : mais le gouvernement espagnol alléguant que le brick avait été capturé si près du rivage d'Espagne, qu'il n'était pas de bonne prise pour nous, le retint à Carthagène, après qu'il eut été remis par nous à votre officier. Non contens d'avoir rempli nos promesses, nous pressâmes le gouvernement espagnol de relâcher le brick qu'il n'avait pas droit de retenir, que la capture fût ou ne fût pas conforme aux lois des nations. Le gouvernement promit que le brick serait rendu, et quoique le délai ait été plus long qu'on n'aurait dû le croire, il paraît cependant que le brick aussi bien que la frégate sont maintenant en votre pouvoir.

Ce n'est donc pas sans surprise que nous vous voyons dans de telles circonstances exagérer un incident si peu important dans lequel nous sommes exempts de blâme, et vous appuyer sur un événement si insignifiant pour faire la proposition et les menaces contenues dans votre lettre. J'aime à croire qu'en réfléchissant plus mûrement sur ce sujet, vous partagerez les sentimens favorables qu'avait votre prédécesseur pour les États-Unis, après la guerre qu'il avait si injustement commencée contre eux. Les États-Unis tout en désirant de n'avoir la guerre avec aucune nation, n'acheteront jamais la paix. C'est un principe fondamental de notre politique, que la paix vaut mieux que la guerre, mais que la guerre est préférable à un tribut.

Notre consul et le commandant de notre escadre Chauncey sont autorisés à communiquer avec vous pour terminer les différens existant entre les deux nations par la reconnaissance et l'exécution mutuelle du traité dernièrement signé. Je prie Dieu qu'il vous inspire le même amour de paix et de justice dont nous sommes pénétrés, et qu'il vous ait sous sa sainte garde.

Ecrit à Washington le 21 août 1816.

Signé JAMES MADISON.
Par le président,
Signé JAMES MONROE.
Secrétaire-d'état.

Les commissaires Américains au dey d'Alger.

Les soussignés ont l'honneur de transmettre à son Altesse le dey d'Alger, une lettre du président des États-Unis, et de l'informer qu'ils ont été nommés commissaires pour traiter du rétablissement de la paix entre les Etats-Unis et la régence d'Alger.

Conformément à leurs instructions ils se sont empressés d'arriver dans cette baie, afin de terminer les différents qui séparent les deux nations, par un traité de paix soumis à la ratification du président, par et avec l'avis et le consentement du sénat.

Comme la promesse faite par le commodore

Decatur, de rendre les vaisseaux pris sur la régence par l'escadre sous ses ordres, avant les négociations du mois de juin 1815, a été rempli par la délivrance desdits vaisseaux entre les mains des officiers de la régence, envoyés pour cela à Carthagène, et par le retour de ces vaisseaux à Alger, les soussignés ne peuvent admettre cette réclamation mal fondée, et la soumettre à une discussion. Mais, afin de prouver à son Altesse que le gouvernement américain n'a pas mis de négligence à exécuter scrupuleusement la promesse du commandant de ses forces navales, ils transmettent ci-joint copie d'une correspondance entre le secrétaire d'état américain et le ministre de Sa Majesté le roi d'Espagne en Amérique; ces préliminaires étant consentis, les commissaires sont autorisés à proposer à son Altesse le renouvellement du traité de paix entre les deux États, aux conditions suivantes :

1° Le renouvellement du traité de paix de juin 1815, dans la forme et les termes alors convenus avec la régence par le consul général et le commodore Décatur. Mais comme preuves de l'esprit de conciliation qui anime le président, les soussignés sont chargés de proposer gratuitement à son Altesse une modification du 18ᵉ article de ce traité, en ajoutant l'article suivant qui l'explique :

« Les États-Unis, afin de donner au dey une preuve du désir qu'ils ont de maintenir la paix et les relations d'amitié entre les deux puissances sur le pied le plus libéral, et afin d'écarter tous les obstacles qui pourraient l'embarrasser dans ses relations avec les autres États;

Consentent à annuler la partie de l'article 18ᵉ dudit traité qui donne aux États-Unis dans les ports d'Alger tout avantage sur les nations les plus favorisées ayant des traités avec la régence. »

2° La régence d'Alger ayant mal compris les principes libéraux sur lesquels le traité de juin avait été conclu, et ayant, contre les conventions faites entre elle et les commissaires, introduit dans la traduction de ce traité une obligation de la part des États-Unis de payer à la régence un présent à la présentation de leurs consuls, les soussignés déclarent de la manière la plus claire et la plus formelle, qu'aucune clause obligeant les États-Unis à payer un présent à la régence ou à ses officiers, en quelque occasion que ce soit, ne sera pas consentie.

Les soussignés croient devoir assurer son Altesse qu'ils ne s'écarteront pas des conditions ci-dessus, laissant ainsi à la régence d'Alger le choix de la paix ou de la guerre. Les États-Unis, tout en désirant l'une, sont disposés à soutenir l'autre.

Les soussignés, pour faciliter au gouvernement d'Alger l'intelligence de cette note, en transmettent ci-joint à son Altesse une traduction exacte en langue arabe : ils espèrent que son Altesse fera répondre à cette communication par écrit, en Anglais, Français, Espagnol ou Italien, ou par un consul étranger autorisé par lui à en garantir l'exactitude.

Ils profitent de cette occasion pour offrir à son Altesse l'hommage de leur haute considération.

Signé, WILL. SHALER,
J. CHAUNCEY.

A bord de Washington, baie d'Alger,
9 décembre 1816.

Note du consul général américain.

Le soussigné, consul général des États-Unis aux états de Barbarie et commissaire nommé pour le renouvellement du traité de paix avec Alger, a l'honneur de déclarer à son Altesse le dey, que la proposition faite par son Altesse, de remettre la négociation à huit mois et un jour a été rejetée de nouveau. Le soussigné répète qu'il ne peut s'écarter de la teneur de la note qu'il a adressée à son Altesse, conjointement avec son collègue, en date du 9 courant; et que si ces propositions sont rejetées, il croira de son devoir de s'embarquer immédiatement, laissant la régence d'Alger en état de déclaration de guerre.

Le soussigné profite de cette occasion pour réitérer à son Altesse le dey d'Alger, l'assurance de sa haute considération et de son profond respect.

Signé SHALER.

Au consulat-général des États-Unis,
Alger, le 20 décembre 1816.

H.

DÉCLARATION.

Sa Majesté le roi des royaumes unis de la Grande-Bretagne et d'Irlande, nous ayant témoigné le désir de donner une interprétation plus étendue et plus libérales aux clauses du 17ᵉ article du traité conclu entre la Grande-Bretagne et Alger, le 5 avril 1686, qui pourvoit à la sûreté et à la liberté de la personne et des biens du consul-général de sa dite Majesté, résidant dans notre ville et royaume d'Alger ; nous sommes disposés à nous rendre aux vœux de Sa Majesté Britannique, pour lui prouver notre désir sincère de confirmer et établir, d'une manière plus durable, les relations de paix et de bonne harmonie qui heureusement subsistent entre les deux nations; nous promettons donc avec plaisir, et déclarons ce qui suit :

1° A l'avenir et pour toujours l'agent et consul-général anglais, résidant dans la ville et royaume d'Alger, sera traité en tout temps avec le respect et les égards dus à son caractère;

2° Sa personne, sa maison ou ses maisons seront inviolables : quiconque l'insulterait par paroles ou par action sera sévèrement puni;

3° Il aura la liberté de choisir son interprète et ses domestiques musulmans ou autres, qui ne sont pas obligés de payer une taxe ou contribution quelconque;

4° Il aura en tout temps la liberté de hisser le pavillon de Sa Majesté au haut de sa maison de ville ou de campagne, et de l'arborer à son canot, lorsqu'il sera en mer.

5° Il ne paiera pas de droits pour meubles, habits, bagages et autres objets nécessaires qu'il introduira dans la ville et territoire d'Alger pour son usage personnel et celui de sa famille. Si le service de Sa Majesté, ou tout autre motif, exige son absence de ce royaume, ni lui, ni ses domestiques, ni ses bagages et effets ne pourront être arrêtés sous aucun prétexte; mais il aura la liberté d'aller et de revenir aussi souvent qu'il le jugera nécessaire, et enfin tous les honneurs ou priviléges qui sont maintenant ou peuvent être accordés dans la suite aux agens, consuls ou vice-consuls des autres puissances, seront aussi accordés aux agens, consuls, vice-consuls de Sa Majesté Britannique.

Confirmé et scellé dans la belliqueuse capitale et royaume d'Alger, en présence du Tout-Puissant le 26 juillet 1824, et le 29° jour de la lune de zoulcadè l'an de l'hégyre 1239.

(Sceau du Pacha.)

Témoins signé R. C. SPENCER,
Capitaine du vaisseau de Sa Majesté britannique, la Nayade.

H. MACDONNEL,
Agent et consul général d'Angleterre.

PAR SON ALTESSE SÉRÉNISSIME LE DEY D'ALGER.

Une déclaration ayant été faite et conclue au mois d'août 1816, par notre prédécesseur Son Altesse sérénissime Omar-Pacha, avec l'honorable baron Exmouth, par laquelle Son Altesse s'engageait, dans le cas de guerre avec les puissances européennes, à ne plus réduire les prisonniers à l'esclavage, mais à les traiter en toute humanité comme prisonniers de guerre, jusqu'à ce qu'ils fussent échangés régulièrement suivant l'usage des Européens; nous déclarons ici clairement que nous voulons nous conformer scrupuleusement à l'esprit et à la lettre de cette déclaration.

Confirmé et scellé dans la belliqueuse capitale et royaume d'Alger, en présence du Tout-Puissant, le 26 juillet 1824, ère chrétienne, et le 29ᵉ jour de zoulcadè, l'an de l'hégire 1239.

(Sceau du Pacha.)

R. C Spencer.
Macdonnel.

Par son Altesse le dey d'Alger.

Comme il nous a été représenté que le schooner anglais, appelé the Dandy, se trouvant dans le môle d'Alger le 10 janvier dernier, fut abordé par quelques uns de nos sujets qui maltraitèrent le maître dudit schooner, nous assurons formellement sa Majesté le roi de la Grande-Bretagne que nous adopterons à l'avenir des mesures efficaces pour prévenir le renouvellement d'un tel outrage.

« Certifié et scellé, etc.

Le 26 juillet 1824.

(Sceau du Pacha.)

« R. C. Spencer,
« J. Macdonnel. »

« Son Altesse le dey d'Alger, pour prouver son intention sincère de respecter et maintenir inviolable, à l'avenir, les droits et priviléges attachés à la personne et à la demeure du consul de sa Majesté Britannique, consent à signer la déclaration qui lui a été présentée. Mais le dey ayant représenté sa répugnance pour cet article de la déclaration, qui stipule que le pavillon de sa Majesté sera arboré sur le haut de la maison du consul anglais, prie sa Majesté le roi d'Angleterre et d'Irlande de ne pas exiger la stricte exécution de cet article.

« Le dey cependant assure sa Majesté, dans les termes les plus forts et les plus explicites, qu'il n'entend pas que l'absence du pavillon anglais sur la maison du consul à Alger soit considérée comme privant en rien cette maison des droits et priviléges qui peuvent s'attacher au déploiement du pavillon sur la maison de campagne du consul.

« Certifié et scellé, etc.

Le 26 juillet 1824.

(Sceau du Pacha.)

« R. C. SPENCER,

« J. MACDONNEL. »

FIN.

TABLE DES CHAPITRES.

CHAPITRE PREMIER

Limites. — Étendue du royaume d'Alger. — Aspect général du pays. — Montagnes. — Climat. — Sol. — Animaux. — Productions naturelles. — Rivières. — Côtes. — Rades et ports. — Division politique. — Villes et population. 9

CHAPITRE II.

Religion. — Langues. — Forme du gouvernement, soumis à la Porte ottomane. — Gouvernement des provinces. — Institutions politiques et religieuses. — Jurisprudence. — Priviléges et licence des Turcs. — Finances. — Armée. — Force de mer. — Piraterie. — Principes politiques dont ils font l'aveu. — Traités et relations politiques avec les puissances étrangères. — Salut. — Étiquette. — Cérémonies publiques. — Ramadan. — Bayram. 23

CHAPITRE III.

Alger. — Sa position. — Son étendue. — Sa topographie et ses fortifications. — Sa garnison. — Son gouvernement civil et militaire. — Richesse des habitans. — Sûreté des personnes et des propriétés. — Variété. — Caractère des habitans. — État des nègres. — Éducation des enfans. — Habillemens. — Beauté des femmes. — Amélioration des coutumes musulmanes. — Leur manière de se vêtir et de se nourrir. — Juifs. — Leur condition civile. — État d'oppression dans lequel ils sont tenus. — Africains étrangers établis à Alger. — Arts mécaniques. — Manufactures. — Maisons. — Rues. — Quartiers. — Craintes superstitieuses des Algériens. — Édifices publics. — Fondations pieuses. — Condition des esclaves chrétiens à l'époque où l'esclavage n'était pas aboli. — Opulence d'Alger. — Ses effets. — Société des agens étrangers. — Plaine de Metidjah. — Poids et mesures. 62

CHAPITRE IV.

Des différentes nations ou tribus qui habitent le royaume d'Alger. — Leur origine probable. — Leurs mœurs. — Leur religion. — Leur langue tuarika. 110

CHAPITRE V.

De l'histoire politique d'Alger, depuis 1810 jusqu'à 1825. 134

CHAPITRE VI.

Destinée probable de ce beau pays. — La meilleure position de l'Afrique pour pousser des découvertes dans l'intérieur, et y introduire le commerce. — Influence que pourrait avoir sur la civilisation l'établissement d'une nation européenne dans le nord de l'Afrique, et la suppression de la traite des nègres. 304

CHAPITRE VII.

EXTRAIT DU JOURNAL TENU AU CONSULAT DES ETATS-UNIS A ALGER.

Troubles entre les Cabilé et les Algériens. — Protection du consul américain envers ses domestiques cabilé. — Protestation des consuls étrangers. — Différends entre le consul d'Angleterre et le gouvernement algérien.— Le consul d'Angleterre, forcé de quitter la ville, confie les affaires de son pays au consul américain. — Tentative de réconciliation entre l'amiral anglais et le gouvernement algérien. — Obstination du pacha. — Entrevue du consul américain avec le pacha. — Blocus du port et de la rade d'Alger par une escadre anglaise. — Arrangement définitif des différends entre la Grande-Bretagne et les Algériens sur des bases solides. — Naufrage d'un vaisseau américain sur la côte de Barbarie. — Rachat des officiers et de l'équipage par le consul américain. — Négociation hollandaise avec Alger.

APPENDICE.

Poids, mesures, monnaie. A. 305
Vocabulaire des langues chouiah, brèbe et mozabite. B. 305
Négociation pour l'abolition de la traite des nègres. C. 308
Note des commissaires américains, et lettre du président des États-Unis au dey d'Alger. D. 353

Lettre du dey d'Alger au président des États-Unis. E. 355

Bataille d'Alger. F. 359

Lettre du président des États-Unis au dey d'Alger. — Notes des commissaires américains et du consul-général de cette nation. G. 385

Déclaration du gouvernement algérien relativement à l'Angleterre. H. 393

FIN DE LA TABLE.

BIBLIOGRAPHIE

DES OUVRAGES SUR ALGER.

Topographie et histoire générale d'Alger, par Fray Diego de Staedo, abbé de St-Benoît. Valladolid, 1612. in-f°.

Relation d'une captivité de sept années, chez les Turcs d'Alger, subie par un captif anglais marchand; par François Hueght. Londres, 1640, en anglais, in-4°.

Les victoires de la charité, relation des voyages de Babr. faits en Alger, par le R. F. Lucien Sterault en 1644 et 1645. Paris, 1646, in-8°.

Aventures d'un marchand anglais pris par les Turcs d'Alger, avec la description du royaume d'Alger, par A. Roberto, en anglais. Londres, 1670, in-12.

L'Égypte, la Barbarie et la Libye du Beled el djerid, par John Ogilby, avec cartes et figures. Londres, 1670, in-f°, en anglais.

Relation de la captivité du sieur Emanuel d'Arauda esclave à Alger; plusieurs particularités sur l'Afrique dignes de remarques. Edit. de Leyde, 1671, in-12.

Relation des mœurs et du gouvernement d'Alger, par Roqueville. Paris, 1675.

Dialogue de Gênes et d'Alger, villes foudroyées par les armes invincibles de Louis-le-Grand, année 1684. Traduit de l'italien.

Description de l'Afrique, par Depper, 1686. Amsterdam, un vol. in-f°.

État des Royaumes de Barbarie, Tripoli, Tunis et Alger. Rouen, 1703, in-12.

Voyage pour la rédemption des captifs des royaumes d'Alger et Tunis en 1720, par les missionnaires. Paris, 1721, in-8°.

Histoire du gouvernement d'Alger, par Laugier de Tassy. Amsterdam, 1725, in-12.

Histoire complète d'Alger, par S. Morgan. Londres, 1731, in-4°.

Description historique et politique du royaume et de la ville d'Alger depuis 1516 jusqu'à 1732, avec cartes et figures; par Charles Resteius. Stockolm, 1737, en suédois, in-4°.

Histoire du royaume d'Alger avec l'état présent de ses forces de terre et de mer, par Antonio de Clariana. Barcelonne, 1733, in-8°. Le même auteur a donné une traduction de l'ouvrage de Laugier de Tassy.

Voyages de Shaw dans plusieurs provinces de la Barbarie et du Levant, contenant des observations géographiques, physiques, philologiques et mêlées sur les royaumes d'Alger et de Tunis, etc., traduit de l'anglais. La Haye, 1743, 2 vol. in-4°.

Histoire des états barbaresques qui exercent la piraterie, traduit de l'anglais, par Chabert. Paris, 1757, in-12, 2 vol.

Voyages dans les états barbaresques de Maroc, Alger, etc. Paris, 1785, in-12.

Voyages dans les états barbaresques de Maroc, Alger, etc., ou Lettre d'un captif. Paris, 1785, un vol. in-12.

Mémoire concernant le système de paix et de guerre que les puissances européennes pratiquent à l'égard des régences barbaresques; traduit de l'italien par le chevalier d'Henin. Venise, 1788.

Recherches sur les Maures, par Chénier.

Voyages d'Ali bey.

Alger, tableau statistique et topographique. Dessau. 1808, in-8°, en allemand.

Compte rendu de l'expédition d'Alger sous les ordres de lord Exmouth, par M....., interprète de l'expédition. Londres, 1819, avec un plan, 1 vol.

Relation d'un séjour à Alger, contenant des observations sur l'état actuel de cette régence, par Pananti; traduit de l'anglais. Paris, 1820, in-vol. in-8°.

Lettre topographique et médicale sur Alger, par M. Lauvergue, chirurgien de la marine royale de France; annales maritimes, cahier de septembre et octobre 1829, page 459.

Histoire d'Alger et du bombardement de cette ville en 1816, avec une carte du royaume. Paris, 1830, un vol. in-8°.

Esquisse de l'état d'Alger considéré sur les rapports politiques, historiques et civil, par Wiliam Shaler, consul général américain à Alger. Traduit de l'anglais par X. Bianchi. Paris, 1830, un vol. in-8°, avec un plan.

Au roi et aux chambres sur les véritables causes de la rupture avec Alger, par Alexandre de Laborde. Paris, 1830, un vol. in-8°.

Alger, esquisse topographique et historique du royaume et de la ville, par A. Ch. Perrot, un vol. in-8°. Paris, 1830.

Alger, tableau du royaume et de la ville d'Alger et de ses environs, état de son commerce, etc., par Renaudot. Paris, 1830, un vol. in-8°.

ERRATA.

Page 3, ligne 20, au lieu de : écrits, lisez récit.

Page 25, ligne 8, au lieu de : Haïreddin, lisez Khaïreddin.

Page 40, ligne 13, au lieu de : vaisseaux de louage, lisez navires marchands naulisés.

Page 91, ligne 16, au lieu de : arts nécessaires, lisez arts mécaniques.

Page 128, ligne 20, au lieu de : Asie, lisez Oasis.

Page 130, ligne 22, au lieu de : Arragum, lisez Agarum.

Page 132, ligne 18, au lieu de : à l'état, lisez dans l'état.

Page 208, ligne 8, au lieu de : à laisser pénétrer dans sa carrière politique, lisez : à montré dans sa politique.

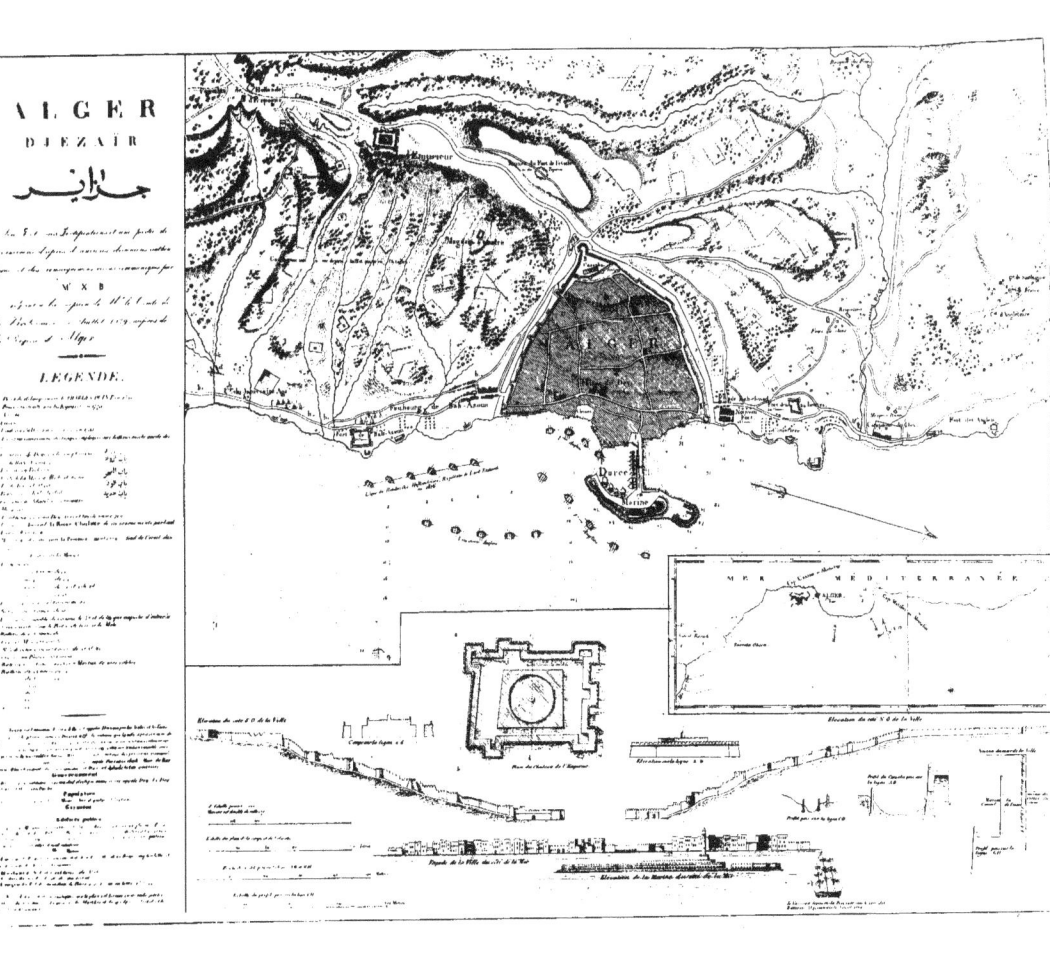

www.ingramcontent.com/pod-product-compliance
Lightning Source LLC
Chambersburg PA
CBHW051835230426
43671CB00008B/963